权威·前沿·原创

皮书系列为
"十二五""十三五""十四五"时期国家重点出版物出版专项规划项目

BLUE BOOK

智 库 成 果 出 版 与 传 播 平 台

河南省社会科学院哲学社会科学创新工程试点项目

河南蓝皮书
BLUE BOOK OF HENAN

河南工业发展报告
（2024）

ANNUAL REPORT ON INDUSTRIAL DEVELOPMENT
OF HENAN (2024)

建设现代化产业体系

主　编／王玲杰　赵西三
副主编／宋　歌　刘晓萍

社会科学文献出版社
SOCIAL SCIENCES ACADEMIC PRESS（CHINA）

图书在版编目（CIP）数据

河南工业发展报告 . 2024：建设现代化产业体系／
王玲杰，赵西三主编 . -- 北京：社会科学文献出版社，
2023.12
（河南蓝皮书）
ISBN 978-7-5228-2833-6

Ⅰ.①河…　Ⅱ.①王…②赵…　Ⅲ.①地方工业经济
-经济发展-研究报告-河南-2024　Ⅳ.①F427.61

中国国家版本馆 CIP 数据核字（2023）第 219832 号

河南蓝皮书

河南工业发展报告（2024）
——建设现代化产业体系

主　　编／王玲杰　赵西三
副 主 编／宋　歌　刘晓萍

出 版 人／冀祥德
责任编辑／王玉霞
文稿编辑／白　银
责任印制／王京美

出　　版／社会科学文献出版社·城市和绿色发展分社（010）59367143
　　　　　地址：北京市北三环中路甲 29 号院华龙大厦　邮编：100029
　　　　　网址：www.ssap.com.cn
发　　行／社会科学文献出版社（010）59367028
印　　装／天津千鹤文化传播有限公司

规　　格／开本：787mm×1092mm　1/16
　　　　　印 张：18.25　字 数：269 千字
版　　次／2023 年 12 月第 1 版　2023 年 12 月第 1 次印刷
书　　号／ISBN 978-7-5228-2833-6
定　　价／128.00 元

读者服务电话：4008918866

主要编撰者简介

王玲杰 河南省社会科学院党委委员、副院长，经济学博士，二级研究员。享受河南省政府特殊津贴专家、河南省学术技术带头人、全省百名优秀青年社会科学理论人才。主持国家级、省部级社会科学研究项目 20 余项；发表论文 80 余篇，出版著作 20 余部。

赵西三 河南省社会科学院数字经济与工业经济研究所副所长、副研究员，研究方向为产业经济学，主持国家社会科学基金项目 2 项，发表论文 40 余篇，出版著作 1 部，获省级及以上社会科学优秀成果奖 10 余项，主持或参与区域发展规划 20 余项。

宋　歌 河南省社会科学院数字经济与工业经济研究所副研究员，主持省部级及以上课题 6 项，公开发表学术论文 40 余篇，主编和参编理论著作 10 余部，撰写决策咨询研究报告 30 余篇。

刘晓萍 河南省社会科学院数字经济与工业经济研究所副研究员，主持、参与省部级及以上课题 12 项，荣获省部级奖励 5 项，公开发表学术论文 40 余篇，主编或参与撰写学术专著 16 部，参与编制省级、市级经济和产业发展规划 20 余项。

摘　要

　　本书由河南省社会科学院主持编撰，主题为"建设现代化产业体系"，全面分析了 2023 年河南工业经济运行的总体态势和突出特点，对 2024 年河南工业发展面临的形势进行了研判，并对工业经济运行趋势进行了预测和展望。全书分为总报告、评价篇、产业篇、专题篇、区域篇五个部分，聚焦建设现代化产业体系，从多个层面提出了加快河南工业高质量发展的思路和对策，夯实新发展格局的产业基础。

　　总报告由河南省社会科学院数字经济与工业经济研究所课题组撰写，代表了本书对 2023～2024 年河南工业经济运行态势与发展趋势的基本观点。报告认为，2023 年以来，面对全球经济增长低迷、内外需求走弱、投资放缓等诸多不利因素，河南工业经济总体呈现"低位运行、承压回升、行业分化、创新升级"的特点。2024 年河南工业发展仍将面临诸多不确定因素，但工业经济回稳向好基础不断巩固，预计 2023 年全年河南规模以上工业增加值增速有望高于全国平均水平；2024 年河南工业发展将继续顶压前行，预计规模以上工业增加值增速仍高于全国平均水平，整体呈现"增长平稳、结构优化、创新活跃、量质齐升"的发展趋势。

　　本书对河南工业发展态势进行了深入研究，为提升工业现代化水平、加快建设现代化产业体系提供了思路建议。评价篇主要对全省 18 个省辖市制造业高质量发展情况进行了评价。产业篇对加快构建现代化产业体系的路径进行了研究，分析了节能环保产业、先进计算产业、新消费产业、未来产业、大数据产业等的发展现状、运行态势，提出了促进发展的对策建议。专

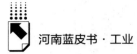

题篇从新型工业化发展、工业技术创新、产业集群竞争优势提升、县域制造业高质量发展、制造业绿色转型等多角度展开研究。区域篇对郑州、洛阳、新乡、鹤壁四市工业运行态势进行了深入研究。

关键词: 河南工业 制造业 现代化产业体系

目 录

Ⅰ 总报告

Ⅱ 评价篇

Ⅲ 产业篇

Ⅳ　专题篇

Ⅴ　区域篇

皮书数据库阅读**使用指南**

总报告

B.1

2023~2024年河南工业发展态势
分析与展望

河南省社会科学院数字经济与工业经济研究所课题组*

摘　要： 2023年以来，面对全球经济增长低迷、内外需求走弱、投资放缓等诸多不利因素，河南工业经济总体呈现"低位运行、承压回升、行业分化、创新升级"的特点。2024年，河南工业发展仍将面临诸多不确定因素，但工业经济回稳向好基础将不断巩固，预计2023年全年河南规模以上工业增加值增速有望高于全国平均水平；2024年河南工业发展将继续顶压前行，预计规模以上工业增加值增速仍高于全国平均水平，整体呈现"增长平稳、结构优化、创新活跃、量质齐升"的发展趋势。

* 课题组组长：赵西三，河南省社会科学院数字经济与工业经济研究所副所长、副研究员，研究方向为产业经济学。课题组成员：宋歌，河南省社会科学院数字经济与工业经济研究所副研究员，研究方向为产业经济学；刘晓萍，河南省社会科学院数字经济与工业经济研究所副研究员，研究方向为产业经济学。

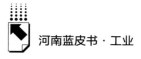
关键词： 河南 工业经济 高质量发展

一 2023年河南工业经济运行态势分析

2023年以来，面对更加复杂多变的外部环境，河南强化战略谋划，系统推进重点产业链能级提升，分行业出台产业链提升方案，全方位延链补链、建链升链，促进了工业经济平稳运行。

（一）工业生产持续回升

2023年以来，全省坚持把制造业高质量发展作为主攻方向，积极培育重点产业链，深入开展"万人助万企"，加大惠企纾困力度，全省工业生产加快恢复回升。1~9月全省规上工业增加值同比增长4.0%，与全国增速持平。其中，9月规上工业增加值同比增长6.0%，高于全国增速1.5个百分点，比上月加快0.5个百分点，增速连续6个月回升，整体呈现"平稳开局、失速下滑、承压回升"的"V"形发展态势（见图1）。

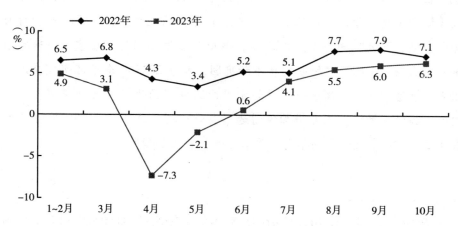

图1 2022年1~10月及2023年1~10月河南规上工业增加值月度增速

资料来源：国家统计局。

从全国来看，2023 年前 9 个月有 21 个省份规上工业增加值增速高于全国平均水平，河南规上工业增加值增速居全国第 22 位。站位六个工业大省看，河南增速居第 4 位，分别落后江苏、山东、浙江 3.0 个百分点、2.9 个百分点及 1.3 个百分点，相比三个工业大省体量依旧保持较高增速的发展态势，河南工业经济回升势头还不够强劲。站位中部六省看，河南与江西并列第 3 位，与安徽、湖北增速分别相差 3.1 个百分点和 1.4 个百分点（见表 1），相比山西工业受制于能源产品价格下行，河南工业更多受制于内因。

表 1 　 2023 年 1~9 月六个工业大省及中部六省规模以上工业增加值增速

单位：%

省份	增速	位次
江苏	7.2	9
广东	3.1	25
浙江	5.5	17
山东	7.1	10
福建	2.5	28
河南	4.2	22
湖北	5.6	16
湖南	2.6	27
安徽	7.3	7
山西	3.5	24
江西	4.2	21

资料来源：国家统计局。

（二）主导产业支撑有力

2023 年以来，河南工业持续恢复，主要是受益于重点产业的有力支撑。1~8 月，全省 40 个行业大类中有 24 个行业增加值保持增长，增长面达到 60%，一方面，新动能加速集聚成势，战略性新兴产业增加值增速达到 10.5%，高于规上工业近 7 个百分点；另一方面，五大主导产业支撑有力，规上工业增加值增速达到9.2%，高于全部规上工业增加值增速5.6个百分点（见表2）。从具体产业来看，汽车及零部件产业受新项目投产及骨干企业拉动，产业大幅增长，规上工业增加值增速达到35.6%；电子信息产业受消费复苏带动，产业发展保持了两位数增长，增加值增速达到11.6%；装备制造业在电气装备及矿山机械等细分领域的拉动下稳定增长，增加值增速达到8.8%；食品行业消费市场比较稳定，整体运行态势较好，增加值增速达到6%。

表2　2023年1~8月河南重点行业规上工业增加值增速

单位：%

类别	规上工业增加值增速	类别	规上工业增加值增速
传统支柱产业	0.3	战略性新兴产业	10.5
五大主导产业	9.2	高技术产业	11.1
高载能产业	2.3		

资料来源：河南省统计局。

此外，在主导产业保持较高增速的同时，产业特色优势正在不断重塑。如食品产业作为河南第一支柱产业，面临新消费时代到来，正在通过聚焦新消费赛道不断推动品类多元化、品牌年轻化、原料标准化、供应链一体化。其中，蜜雪冰城、锅圈食汇"万店级"品牌企业强势崛起，姐弟俩、西部来客、槐店王婆等餐饮连锁品牌在全国迅速扩张，辣条、酸辣粉等一批现象级网红食品"出圈"，新锐轻食品牌"舌里"凭借深耕"轻食代餐+健康零食"细分赛道稳居全麦面包品类市场占有率第一位。从整体上看，河南凭借一批网红品牌、一批强竞争易复制的经营模式以及日渐完善的产业生态，正在全力重塑食品工业竞争力。

（三）企业效益明显承压

2023年以来，受全球经济持续波动、国内市场竞争压力等国内外经济形势影响，以及消费市场需求不足、成品价格下行和企业自身运营效率限制，河南工业企业营业收入与利润下降明显，企业经营效益并未得到明显改善提升。2023年1~9月，全省规上工业企业营业收入同比下降2.9%，比全国平均水平低2.9个百分点；利润同比下降4.0%，比全国平均水平高5个百分点。鼓舞人心的是，4月以后河南规上工业企业各项指标降幅总体收窄，尤其是利润降幅收窄态势显著（见图2）。

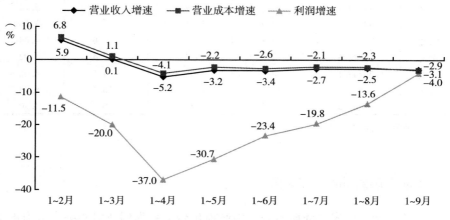

图2　2023年1~9月河南规上工业企业经济指标增速

资料来源：国家统计局。

站位全国，2023年以来多个省份工业企业运行不如预期，河南工业企业的表现也不尽如人意。从六个工业大省看，江苏、广东、浙江、山东作为外向型经济大省，海外需求迟迟不能恢复对其工业企业出口影响较大，四省规上工业企业营收只保持低速增长，且利润只有广东、山东实现同比正增长。此外，除福建与河南处于工业发展减速态势外，其余四个大省工业经济整体比较稳健。从中部六省看，安徽得益于创新驱动在中西部省份中表现惊艳，营收、利润都实现了正增长，山西因能源价格下跌整体工业效益有所下滑，除此之外，河南与湖北、湖南、江西相比，个别方面表现稍有逊色，尤其是工业企业利润率，河南不仅处于六个工业大省末位，在中部六省中也属最差，需要奋起直追（见表3）。

表3　2023年1~9月六个工业大省及中部六省规上工业企业效益指标

单位：亿元，%

省份	营业收入	营业收入增速	利润	利润增速	利润率
江苏	120731.4	1.7	6074.6	-1.9	5.03
广东	133782.9	0	7569.8	10.2	5.66
浙江	80413	0.3	4165.3	-6.4	5.18
山东	82283.4	2.8	3511.2	1.2	4.27
福建	41367.2	-0.4	2109.4	-2	5.10
河南	33189.5	-2.9	1161	-4	3.50
湖北	32619.6	-0.8	1317	-27.6	4.04
湖南	27032.5	-2	1329	-2.4	4.92
安徽	36447.1	8.2	1706.8	4.5	4.68
山西	25433.5	-12.3	2219.2	-26.7	8.73
江西	28486.3	1.7	1252	-18.7	4.40

资料来源：国家统计局。

（四）创新动能加速积蓄

党的二十大以来，河南省委、省政府出台一系列创新引领举措全力推动创新驱动战略，尤其是在省实验室、产业研究院、创新中心等载体的支撑带动下，河南工业新动能增势强劲。一方面，国家级平台不断实现新突破，国家技术转移郑州中心、国家超算郑州中心、国家农机装备创新中心、国家生物育种产业创新中心、郑州国家新一代人工智能创新发展试验区等"国字号"平台先后落户河南，持续强化河南工业创新策源能力。另一方面，规上工业企业研发活动全覆盖高质量推进，《规上工业企业研发活动全覆盖若干意见》《"万人助万企"暨推动规上工业企业研发活动全覆盖工作方案》《科技创新惠企政策汇编》等政策先后出台，加快推动全省工业企业研发中心和创新平台建设，截至2023年上半年，169家省管规上工业企业研发投入合计29.8亿元，率先在全省企业中实现研发活动全覆盖。此外，河南省科技厅数据显示，在"四有"研发企业填报中，全省系统已经填报企业17339家，占全部规上工业企业的比例达到74.72%。

正是受益于河南持续强化工业企业自主研发能力，产业创新发展动能加速集聚。2023年前三季度，全省高技术制造业增加值占全省规上工业增加值的比重为13.5%，同比提高1.6个百分点；全省工业投资增长7.7%，其中高技术制造业投资占比达到16.1%。

（五）产业集群优化升级

2023年以来，省委、省政府部署将全省制造业的发展重点聚焦到提升产业链现代化水平上。一方面，全省着力培育壮大重点产业链，聚力打造新材料、新能源汽车、电子信息、先进装备、现代食品、现代轻纺等七大万亿级及现代医药五千亿级制造集群，全方位延链补链、建链升链。截至9月底，全省已经拥有郑州信息技术服务等4个国家级战略性新兴产业集群、郑州智能仪器仪表等8个国家级创新型产业集群以及中牟新能源专用车制造等6个国家中小企业特色产业集群。

另一方面，依托头部企业强大的产业链供应链整合力，县域产业集群不断优化升级。如作为家庭食材头部企业的锅圈食汇，在鹿邑投资兴建澄明食品产业园，不仅借助平台所汇集的庞大消费者需求形成长期稳定的订单，帮助鹿邑农户专注于引入先进农作物种植管理技术，进而提升产品品质、丰富产品种类、提升产品结构，还通过开设工厂提高鹿邑食品加工技术水平、培育食品产业工人、搭建食品供应链等，更是围绕产业链吸引锅圈食汇供应链主要食材配套企业落户鹿邑，进而全面带动鹿邑食品产业集群优化升级。此外，还有国民奶茶品牌蜜雪冰城，其总部工厂大咖国际坐落于温县，不仅带动温县建立新式茶饮供应链服务全球新茶饮行业10余个品牌，更是依托蜜雪冰城影响力打造工业旅游项目，推动温县休闲饮品产业集群快速崛起。

二　2024年河南工业经济发展形势研判与趋势展望

（一）2024年发展形势研判

总体上看，2024年，全球经济下行压力大，中国经济有望平稳向好，

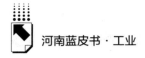
河南工业经济尽管仍面临多重不确定因素，但稳中向好、稳步提质态势不变。

从国际上看，全球经济仍将艰难前行，制造业发展形势不容乐观。在俄乌冲突等多重因素交织作用下，世界银行预计2023年全球经济增长大幅放缓，且2024年仍将疲软。国际货币基金组织也在2023年10月初发布的《世界经济展望》报告中将2024年全球GDP增长预期从3%下调至2.9%。制造业的不景气也是造成全球经济增长乏力的主要原因之一。2023年以来，全球制造业持续低迷，萎缩疲软态势尽显。据中国物流与采购联合会发布的数据，2023年9月全球制造业采购经理指数（PMI）为48.7%。尽管连续3个月环比上升，但总体上仍处于收缩空间，全球对制造业产品需求疲弱，制造业大国中国、日本乃至欧洲各国均面临制造业增长乏力的状况。

与此同时，各国之间制造业竞争不断升级，全球制造业格局正面临深度调整。2023年以来，全球主要经济体对制造业的扶持政策持续加码。尽管俄乌冲突全面升级且深陷能源危机，但欧洲各国也在围绕制造业持续发力。2023年欧盟委员会提出了《绿色协议工业计划》，计划通过补贴、税收等扶持政策支持工业绿色化发展，以增强欧洲零碳产业竞争力。为加速推进再工业化，法国于2023年5月公布了"再工业化"计划，意大利也在2023年6月通过"意大利制造"法案。而在亚洲，越南、印度等国竞相采取优惠政策优化制造业发展环境，两国制造业正快速崛起。近年来，越南在劳动力低成本优势的基础上，相继出台了"四免九减半"、特殊投资优惠等一系列政策措施，一跃成为跨国公司对外投资的主要目的地之一。印度连续推出"印度制造""印度技能"等一系列政策，大力吸引外商投资及国际产业转移，目标直指打造全球制造业中心。随着越来越多欧美跨国公司以及中国企业将生产线搬迁至越南、印度，这两个国家也成为亚洲新兴的制造业基地。

从国内来看，我国经济增长的积极因素不断增多，整体上呈回升向好态势，制造业同样升级发展势头不减。进入2023年，中国经济跨入疫后修复阶段，第一季度开局良好，第二季度延缓恢复态势，下半年以来经济运行持续恢复，尤其是制造业增速明显加快。国家统计局数据显示，2023年9月，制造业采购经理指数在连续4个月回升后重返扩张区间，达到50.2%，制造业以及重点行业生产指数和新订单指数保持上升态势，产需两端继续改善。同时，"加快建设现代化产业体系""推进新型工业化"等内容频繁出现在中央顶层设计和部署之中，制造业绿色转型、数字化转型步伐加快，产业结构有望加速调整优化。尽管在全球经济复杂多变的环境下，需求不足、原材料成本高企、资金紧张等问题依然突出，但随着存量政策与增量政策叠加发力，政策效应不断累积，制造业恢复向好态势不变。

我国各级政府高度重视制造业发展。尤其是近两年，"制造业首位"的热度持续攀升，各区域纷纷加快了对先进制造业的布局和先进制造资源的争夺。深圳继2005年之后，于2022年5月再一次旗帜鲜明地喊出了"工业立市、制造强市"的口号。广州也在2022年初政府工作报告中首次提出"坚持产业第一、制造业立市"。两地的做法将制造业的重要性推向了新高度。2023年一开局，各地即围绕制造业开启新的布局，为制造业发展提供强势驱动。江苏省在政府工作报告中将制造业摆在突出位置，提出加快构建现代化产业体系，要求进一步提升先进制造业集群能级，深入实施产业强链行动计划。重庆市政府工作报告亦明确提出，要构建现代化产业体系，实施传统支柱产业提升行动和先进制造业产业集聚提升培育行动。广东省委、省政府出台《关于高质量建设制造强省的意见》，拟着力实施大产业、大平台、大项目、大企业、大环境"五大提升行动"，推动制造业高端化智能化绿色化发展，加快实现由制造大省向制造强省跨越。山东围绕建设先进制造业强省，将2023年作为制造业"突破提升年"，聚焦"强创新、强产业、强企业、强平台、强融合、强投资"六个方面，谋划提出了22项重点任务。

从河南来看，通过贯彻落实党中央、国务院和省委、省政府稳住经济大盘各项决策部署，全省经济增速持续回升，工业运行亦呈企稳向好之势。2023年以来，面对复杂严峻的国内外形势和多重超预期因素冲击，河南经济顶压前行，全省经济运行保持稳定。但由于工业发展面临需求不足、成本制约、效益下滑、资金不足、投资乏力等一系列困难和挑战，全省工业经济连续多个月低位运行，工业发展中的主要矛盾和问题日益凸显。一方面，传统产业回落明显，优势产业竞争力下降。全省高耗能产业增长缓慢，化工、建材等部分行业生产放缓，食品、煤电铝、现代农机、电力装备、纺织服装等传统优势行业规模日益缩小，尤其是作为五大主导产业之首的食品行业，规上企业的营收已从 2018 年的全国第二位降到 2021 年、2022 年的全国第五位，陆续被四川、广东、福建超越。另一方面，新动能支撑不足。近年来，全省战略性新兴产业、高技术制造业增加值占规上工业的比重远低于东部及沿海发达省份；先进制造业则明显能级不高，在目前工业和信息化部公布的 45 个国家先进制造业产业集群中，中部六省只有河南与山西无一集群入选。

为应对经济因素和非经济因素的双重压力，河南将培育重点产业链、加快构建现代化产业体系作为全省工业经济发展的主要抓手，多措并举夯实工业经济回稳基础。一是为助力河南重点产业链发展，2023 年河南"万人助万企"活动聚焦建设先进制造业集群、提升产业链规模能级、强化产业链上下对接、以补链延链为方向精准招商扩增量等任务，新成立了 6 个助企强链工作专班，重点围绕产业基金、金融生态、上市培育、人才引育、税务服务、平台企业问题等为企业有针对性地排忧解难。二是深化产业链招商，大力延链补链强链，成功举办"2023 中国产业转移发展对接活动"和全国优强民营企业助推河南高质量发展大会，分别签下 5820 亿元投资大单、达成 1759 亿元投资意向。三是从战略上谋划重点产业链培育，通过调研各产业链国内外最新动态，准确把握国内国际前沿技术、发展动向、市场走势，相继完成超硬材料、新能源汽车等一批重点行业产业链三年行动方案和细分领域攻坚方案，完成了重点产业链培育的顶层设计。

（二）2024年发展趋势展望

综合形势研判，在当前河南工业加压奋进态势下，预计 2023 年全年全省规上工业增加值增速有望高于全国平均水平。预计 2024 年，国内外经济形势仍不容乐观，但随着中央及地方各项扶持政策的持续发力，工业经济回稳向好基础将不断巩固，河南规上工业增加值增速预计仍高于全国平均水平，全省工业经济将呈现持续恢复、稳步增长态势，运行总体平稳。从具体行业来看，战略性新兴产业、高技术制造业规模日益扩大、增速不减，拉动经济增长的"引擎"作用更加凸显；传统产业改造升级被摆在越来越重要的位置，但传统行业深度转型与调整的阵痛仍未结束，加之周期性等因素影响，传统产业仍将保持低速增长，高耗能产业占比将进一步下降。伴随重点产业链培育工作的深入推进，河南一批重点产业链以及先进制造业集群培育将取得积极进展。

三 推进河南工业量质齐升的对策建议

（一）发展壮大新质生产力

按照习近平总书记提出的"发展新质生产力"要求，结合河南实际，持续实施换道领跑战略，加快培育形成新质生产力。一是依托高端创新平台培育新质生产力，重点推动省实验室、产业研究院、中试基地等与省内企业对接，导入新型研发机构理念，创新产品联合开发模式，深化产学研用融合发展，拓展科技成果转化渠道，尽快开发一批技术含量高、附加值高、市场潜力大、产业链带动强的新产品，加快把科技创新成果转化为新产业、新产品。二是加快新兴产业和未来产业培育，结合河南产业基础，发挥优势产业支撑作用，突出依托优势产业培育壮大新兴产业和未来产业，重点在新材料、新能源、生命健康、智能装备、食品与服装新消费等领域，培育一批科技含量高、根植性强、引领性强的新产业增长点。三是引导传统产业催生新质生产力。传统产业蕴含着新质生产力，深化行业新技术和数字新技术与传统产业融合，支持传统领域的企业通过对接数字技术、数字消费平台、数字分析平台等，挖潜消费数据，开发新产品、打造新模式、培育新品牌，开拓企业第二增长曲线。

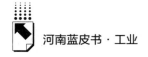

（二）提升重点产业链竞争力

围绕河南正在谋划的七大产业集群及 28 条重点产业链，提高支持政策含金量，创新举措、优化布局、强化协同，全面提升重点产业链能级和竞争力。一是围绕创新平台、新品开发、集群培育、龙头引培、双招双引等主要领域，梳理未来一段时期重点突破的项目清单，集聚资源要素实现优先突破，带动提升重点产业链在全国的竞争力和影响力，打造一批标志性优势产业链。二是提升政策措施含金量。根据各重点产业链特点，谋划一批超常规政策措施，打造一批重点平台、载体，加快行业高端要素集聚，吸引一批优势企业、优秀团队和关键人才，提升产业链竞争优势。三是引导各地产业链培育再聚焦。当前，各市县也谋划重点产业链培育，但很多地方谋划的产业链数量太多，不容易聚焦形成独特优势，也难以形成竞争力，建议全省统筹谋划，引导各地错位布局，聚焦优势领域培育重点产业链，重点引导县域打造首位产业，提升产业辨识度，真正形成产业链整体竞争力和品牌影响力，以吸引该产业链上的龙头企业和先进要素集聚，提升本地产业链能级和配套能力。

（三）围绕"六新"优先突破

当前，伴随技术迭代和消费升级，各产业领域新赛道新业态持续涌现，与先进地区相比，河南在产业新赛道培育方面相对滞后，新兴与未来产业新动能支撑不够，传统产业新业态新模式培育不足。培育新基建、新技术、新材料、新装备、新产品、新业态等已经成为后发地区换道赶超的关键路径，河南"六新"领域中的部分细分赛道已经具备一定的基础优势，建议聚焦新基建、新技术、新材料、新装备、新产品、新业态"六新"领域，实现优先突破，形成带动全省产业转型升级的新引擎。一是实施"六新"专项行动。对"六新"领域展开专题调研，摸清基本情况，厘清发展趋势，研究出台六大专项行动，整合各部门、各领域的政策措施，形成发展合力。建议优先研究出台新业态培育专项行动，当前随着信息消费蓬勃发展，基于数字平台的新业态持续涌现，河南很多企业抓住机遇拓展新业务，因此应强化顶层设计和政策引导，加快推动新业态由"自发生长"向"群体培育"转型。二是完善"六新"支持政策。建议参考上海、成都、合肥等地经验，创设新政策、新举措，突破常规发展思路和路径，加快"六新"领域突破发展。

（四）实施国产替代突破

抓住当前国产替代机遇，围绕智能装备、新材料、传感器、先进计算、生物医药、新能源等领域，聚焦"五基"关键环节，支持企业联合高等院校、科研机构组建创新联合体，协同突破一批"进口替代"产品。一是争取国家重大科技项目支持，鼓励企业聚焦行业"卡脖子"问题申报工业强基、重大科技专项等，对国家级项目给予配套政策支持，形成一批"国产替代"标志性成果。二是建立"国产替代"全链条支持机制，针对关键核心技术和进口替代产品投资成本高的问题，统筹产、销、研、用等上下游产业链一体化建设工作，在关键核心技术和进口替代产品的研发平台建设、装置审批、产业化应用、人才引育等方面，给予政策、资金和税收优惠等多方面支持。围绕智能传感器、新材料、先进计算等重点优势领域，争取国家重大创新平台、大科学装置落地，积极搭建行业公共服务平台，持续推进共性技术攻关突破。三是完善"国产替代"产品推广机制，破解进口替代产品"投入大、推广难"问题，加大对首台套装备、首批次材料、首版次软件政策支持力度，创新政策鼓励国有企业和政府采购，打破国际垄断企业在行业上下游的壁垒。

（五）培育壮大"专精特新"企业群

当前，一些地方招商引资思路正在从"招大引强"向招引"专精特新"转变，河南一些国家级"专精特新"企业也成为其他地方甚至是沿海城市的反向招商对象。要警惕反向招商问题，引导支持"专精特新"企业在河南做精做大做强。一是实施"专精特新"企业要素保障专项行动。近年来，由于在新增投资项目时受到土地、资金等制约，而沿海地区在土地指标、投资基金支持等方面有更好的政策，一些"专精特新"企业已经在省外投资。建议对"专精特新"企业未来三年新投项目进行调研梳理、分类研究，一企一策给予支持，引导新增项目本地投资。二是搭建"专精特新"企业供需对接平台。"专精特新"企业一般都是细分领域的头部企业，在产业链中具有一定地位，但是本地企业未必了解而从外省配套，应分行业、分领域组织"专精特新"企业供需对接，定期发布"专精特新"企业能力清单，提升产业链本地配套能力。三是支持创建国家级"专精特新"企业。完善省级"专精特新"企业库，支持能够发挥"补短板""锻长板""填空白"等重要作用的企业申报国家级专精特新"小巨人"、制造业"单项冠军"企业。

（六）推动新一轮数字化转型

当前，随着人工智能、大模型、工业互联网平台等数字技术成熟突破，数字化转型正进入新阶段，数据价值加速释放，软件定义、数据驱动、智能主导、平台支撑、服务增值的先进制造模式正在全面呈现，而河南制造业数字化转型正加快从单点突破、示范试点转向面上展开、体系融合的新阶段，应突出以数字化转型引领制造业高端化、智能化、绿色化，实施新一轮数字化转型行动。一是深化"产业大脑+智能工厂"渗透。进一步加大对工业互联网平台的支持力度，围绕重点产业链打造一批产业大脑，引导产业数据集聚和工业知识沉淀，引导现有工业互联网平台整合形成行业大脑，为智能工厂提供平台和模型支撑，真正把智能工厂链接起来，避免企业数字化"孤岛化"，持续提升全产业链智能制造水平。二是突出郑州数据交易中心引领作用，协同布局算据、算力、算法，引导郑州数据交易中心与重点产业链工业互联网平台对接，加快各产业链中的行业数据要素汇聚和价值化开发，沉淀工业模型和产业知识，以数字赋能提升重点产业链能级。三是支持中小企业导入"小快轻准"数字化转型方案。针对量大面广的中小企业，要结合河南实际，支持企业导入小型化、快速化、轻量化、精准化等"小快轻准"

的数字化转型解决方案，鼓励数字服务企业和平台围绕河南中小企业需求开发"小快轻准"数字化转型产品。

（七）培育壮大软件产业

软件定义制造加速渗透，工业软件、嵌入式软件、平台软件等对制造业升级和数字化转型的支撑越来越强，而河南软件产业发展滞后，2022年全省软件业务收入为597.88亿元，仅排全国第17位，在中部六省中仅列第4位，规上软件企业仅有288家。建议培育壮大软件产业，形成软件赋能制造业高质量发展新格局。一是强化软件产业发展顶层设计和政策支持。研究出台软件产业发展行动，明确河南软件产业突破发展的战略方向、基本思路、特色路径、主要任务，出台推进软件产业发展的一揽子支持政策，围绕企业与平台招引、人才引育、税收政策、财政扶持、基金支持等方面，出台突破性政策。二是培育软件产业发展载体。加快省级软件产业园区建设，打造一批高品质软件载体，支持郑州争创中国软件名城，支持重点园区争创中国软件名园，提升河南软件辨识度和影响力，吸引域外软件企业集聚落地。三是深化软件场景应用与供需对接。围绕制造业数字化转型，定期梳理发布软件应用场景清单，探索推广"软件服务券"，支持软件企业和平台围绕河南制造业开发个性化软件和解决方案，组织开展"线上+线下"联动的软件企业与行业用户精准对接，带动软件产品、技术和平台的规模化应用。

（八）强化产业基金支撑

培育壮大政府参与设立基金的种类与规模，适当放宽政府投资基金单个项目投资限额，适度提高投资容错率，探索实施全生命周期考核与尽职免责制度，积极吸引域外基金落地。一是发挥产业基金作用。建议借鉴安徽省、四川省等做法与经验，提高产业基金容错率，强化尽职免责，尤其对天使轮风险投资的失败宽容度最高放大到投资项目的80%，真正让产业基金落到产业发展上。二是探索"产业基金+资本招商"运作模式，打造

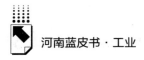

"国资引导—项目落地—企业培育—股权退出—循环发展"的产业投资模式，构建"基金团队+招商团队"常态化联动机制，提升产业基金招商引资效能。

参考文献

河南省社会科学院课题组：《2023年河南经济运行分析与走势预测研究》，《区域经济评论》2023年第5期。

胡海波、毛纯兵、周洁：《中国工业数字化转型的演变逻辑与未来展望》，《管理学刊》，网络首发日期：2023年10月11日。

王建平、廖运生：《中国共产党领导推进中国式现代化的理论意蕴、逻辑进路与实践要求》，《江西社会科学》2023年第7期。

评价篇 ⟩

B.2
河南区域制造业高质量发展评价报告

河南省社会科学院数字经济与工业经济研究所课题组 *

摘　要： 　工业制造是立国之本、兴国之器、强国之基。伴随全球新一轮工业革命与科技变革浪潮，中国已全面开启迈向制造强国的新征程，在产业重构、区域重塑的新发展阶段，推动制造业高质量发展是促进河南经济实现更均衡更充分发展的迫切需要，也是建设先进制造业强省、开启建设现代化河南新征程的必然要求。本报告在延续前期研究的基础上，对评价指标设置进行微调，构建河南区域制造业高质量发展评价指标体系。在收集《河南统计年鉴（2022）》中18个省辖市工业制造相关原始数据的基础上，对评价指标进行无量纲化处理，具体包括规模实力、创新水平、效益效率、数字转型、绿色发展和开放合作6个一级指标，24

---

* 课题组组长：赵西三，河南省社会科学院数字经济与工业经济研究所副所长、副研究员，研究方向为产业经济学。课题组成员：林凤霞，河南省社会科学院数字经济与工业经济研究所副研究员，研究方向为产业经济；韩树宇，河南省社会科学院数字经济与工业经济研究所研究实习员，研究方向为产业经济；尚思宁，河南省社会科学院数字经济与工业经济研究所研究实习员，研究方向为产业经济。

个二级指标，全方位展示了河南区域制造业发展的最新排名情况。郑州、洛阳、许昌、新乡、南阳、周口居河南制造业高质量发展综合排名前六。具体到一级指标，规模实力方面，郑州、洛阳、许昌、新乡、南阳、平顶山位居全省前六；创新水平方面，郑州、洛阳、南阳、新乡、许昌、焦作位居全省前六；效益效率方面，周口、漯河、许昌、商丘、开封、驻马店位居全省前六；数字转型方面，郑州、洛阳、南阳、新乡、周口、许昌位居全省前六；绿色发展方面，漯河、郑州、驻马店、许昌、鹤壁、信阳位居全省前六；开放合作方面，济源、鹤壁、三门峡、郑州、焦作、漯河位居全省前六。在新发展阶段，聚焦新型工业化，各省辖市应积极培育新增长点、强化创新驱动发展、增强集聚集群链式发展能力、加快数智转型步伐、推动绿色化发展、促进高水平开放合作，持续为区域制造业高质量发展积蓄力量。

关键词： 工业经济　制造业　高质量发展　河南省

　　党的二十大报告提出："坚持把发展经济的着力点放在实体经济上，推进新型工业化，加快建设制造强国、质量强国、航天强国、交通强国、网络强国、数字中国。"工业化发展是现代化建设的重中之重，制造业高质量发展是建设现代化产业体系的必然路径，也是构筑未来发展新优势的必然选择。"十四五"时期是河南工业制造由"大"到"强"转变的关键阶段，站在新起点面对新形势，河南工业制造需聚焦"高质量发展"主题谋篇布局。《河南省"十四五"制造业高质量发展规划》《河南省建设制造强省三年行动计划（2023—2025年）》《河南省先进制造业集群培育行动方案（2021—2025年）》《河南省制造业绿色低碳高质量发展三年行动计划（2023—2025年）》等文件陆续印发实施，以务实举措提升区域工业制造竞争力，为现代化河南建设提供坚实支撑。对区域制造业高质量发展水平展开实证评价研究，有利于准确把握省辖市制造业高质量发展的相对水平，为各地各级政府谋划工业发展项目和出台相关政策提供重要依据，有助于各市对标对表先进、补足软肋短板，对提升河南工业制造竞争优势，推动经济发展进入新阶段具有重要的现实意义。

一　河南区域制造业高质量发展评价指标体系构建

综观国内相关研究，众多学术专家已围绕高质量发展的内涵和评价体系的构建做出了坚实探索。关于高质量发展概念，金碚提出系统性地创造发展优势，走符合实际和具有特色的道路，以各种有效和可持续方式满足人民不断增长的多方面需要，是高质量发展的本质性特征。[1] 赵剑波、史丹、邓洲从系统平衡观、经济发展观、民生指向观三个视角阐释高质量发展的内涵，指出高质量发展这一由量变到质变的转型过程使得经济运行更有效率、产业结构更加合理、企业提供的产品和服务具有更高品质，最终将实现经济发展更可持续、生态环境更绿色、社会分配更公平。[2] 余东华提出工业高质量发展是指在产品生命周期全过程中，能够实现低要素投入、高配置效率、强品质实力、优生态环境，形成良好可持续的经济社会增益。[3]

关于工业制造高质量发展评价研究，中国电子信息产业发展研究院工业经济研究所张文会、乔宝华初步构建了我国制造业高质量发展指标体系，涵盖创新驱动、结构优化、速度效益、要素效率、品质品牌、融合发展、绿色制造七大类，共计 27 项指标。[4] 国家发展和改革委员会经济研究所安淑新也提出高质量发展指标体系需体现多维度、动态性、关注长远发展目标的构建思路，以及借鉴如"欧洲 2020 战略"、日本新增长战略、韩国绿色增长战略等指标体系。[5] 李金昌、史龙梅、徐蔼婷构建了由经济活力、创新效

---

① 金碚：《关于"高质量发展"的经济学研究》，《中国工业经济》2018 年第 4 期。
② 赵剑波、史丹、邓洲：《高质量发展的内涵研究》，《经济与管理研究》2019 年第 11 期。
③ 余东华：《制造业高质量发展的内涵、路径与动力机制》，《产业经济评论》2020 年第 1 期。
④ 张文会、乔宝华：《构建我国制造业高质量发展指标体系的几点思考》，《工业经济论坛》2018 年第 4 期。
⑤ 安淑新：《促进经济高质量发展的路经研究：一个文献综述》，《当代经济管理》2018 年第 9 期。

率、绿色发展、人民生活、社会和谐 5 个部分共 27 项指标构成的高质量发展评价指标体系。[①] 中国社会科学院张涛进一步探讨高质量发展的丰富内涵，较为系统地构建了包含企业、行业、区域三个层面，涉及创新、绿色、开放、共享、高效和风险防控六个维度的宏微观一体化高质量发展测度体系，其中区域高质量发展指标体系共包含 14 个一级复合指标和 22 个二级复合指标。[②] 黄顺春、张书齐系统梳理了中国制造业高质量发展评价指标体系，并提出需对开放程度、民生共享、品质品牌、社会保障与支撑等指标进行深入考察。[③] 叶圣、查笑梅、唐志强从经济效益、创新驱动、绿色发展、服务保障和信息化水平五个方面利用 AHP 赋权法、熵值法系统分析安徽省整体及各地级市制造业高质量发展水平。[④] 方梓旭、戴志敏采用熵值法测度 2015~2020 年中国 30 个省份制造业高质量发展水平，并采用泰尔指数和莫兰指数分析区域差异和空间集聚特征。[⑤]

遵循科学性、可比性、可操作性原则，本报告充分借鉴已有制造业高质量发展评价相关学术成果，重点参考赛迪研究院《制造业高质量发展白皮书》构建的指标体系，并依据河南省工信厅编制的评价指标体系进行优化调整，最终确定河南区域制造业高质量发展评价指标体系，共分为规模实力、创新水平、效益效率、数字转型、绿色发展和开放合作 6 个一级指标，26 个二级指标（见表 1）。需要说明的是，规模实力方面，增添了入围河南民营企业制造业百强企业数量，该指标数值来自河南省工商业联合会、河南省总商会共同发布的《2022 河南民营企业 100 强调研分析报告》。数字转型是最新纳入体系的一级指标，本报告除了参考河南规模以

---

① 李金昌、史龙梅、徐蔼婷：《高质量发展评价指标体系探讨》，《统计研究》2019 年第 1 期。

② 张涛：《高质量发展的理论阐释及测度方法研究》，《数量经济技术经济研究》2020 年第 5 期。

③ 黄顺春、张书齐：《中国制造业高质量发展评价指标体系研究综述》，《统计与决策》2021 年第 2 期。

④ 叶圣、查笑梅、唐志强：《安徽省制造业高质量发展水平测度与提升路径》，《现代管理科学》2021 年第 6 期。

⑤ 方梓旭、戴志敏：《中国制造业高质量发展水平测度及时空特征研究》，《软科学》2023 年第 10 期。

上信息传输、软件和信息技术服务业企业营业收入外，新增添采用了河南省工信厅统计的智能工厂、智能车间数量，企业上云数量，省级工业互联网平台数量三项指标的最新数据。绿色发展方面，最新增添了《中国城市统计年鉴（2022）》中河南各地市万元工业增加值工业颗粒物排放量、污水处理厂集中处理率两项指标。

表1 河南区域制造业高质量发展评价指标体系

一级指标（权重）	二级指标		
	代码	名称	权重（%）
规模实力（30%）	A1	规模以上工业企业营业收入（亿元）	10
	A2	规模以上工业企业资产总计（亿元）	7
	A3	工业增加值（亿元）	5
	A4	工业增加值增速（%）	3
	A5	规上工业企业单位数（个）	3
	A6	入围河南民营企业制造业百强企业数量（家）	2
创新水平（25%）	B1	规模以上工业企业新产品销售收入（亿元）	5
	B2	规模以上工业企业 R&D 投入强度（%）	5
	B3	规模以上工业企业 R&D 经费支出（万元）	5
	B4	规模以上工业企业有效发明专利数（件）	5
	B5	技术市场合同成交额（亿元）	5
效益效率（12%）	C1	成本费用利润率（%）	4
	C2	总资产贡献率（%）	4
	C3	产品销售率（%）	4
数字转型（13%）	D1	规模以上信息传输、软件和信息技术服务业企业营业收入（亿元）	3
	D2	智能工厂、智能车间数量（个）	3
	D3	企业上云数量（家）	4
	D4	省级工业互联网平台数量（个）	3
绿色发展（10%）	E1	万元工业增加值能源消费量（吨标准煤）	2
	E2	万元工业增加值工业颗粒物排放量（吨）	2
	E3	万元工业增加值二氧化硫排放量（吨）	2
	E4	万元工业增加值氮氧化物排放量（吨）	2
	E5	污水处理厂集中处理率（%）	2
开放合作（10%）	F1	进出口总额占 GDP 比重（%）	4
	F2	实际利用外资占 GDP 比重（%）	4
	F3	实际利用省外资金占 GDP 比重（%）	2

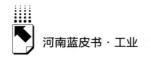

二 河南区域制造业高质量发展评价结果分析

（一）评价过程与结果

1. 利用专家调查法确定指标权重

本报告利用专家调查法确定一级指标、二级指标的权重，按重要性对一级指标由高到低排序，规模实力、创新水平、数字转型、效益效率、绿色发展和开放合作，分别赋予权重 30%、25%、13%、12%、10% 和 10%，对于每个二级指标也按照重要性赋予相应权重。

2. 对各指标进行无量纲化处理

本报告原始数据来源于《河南统计年鉴（2022）》、《中国城市统计年鉴（2022）》、《2022 河南民营企业 100 强调研分析报告》、省辖市统计公报以及调研数据等。由于《中国城市统计年鉴（2022）》未收录济源市的工业颗粒物排放量、工业二氧化硫排放量、工业氮氧化物排放量和污水处理厂集中处理率数据，4 项指标数据缺失，因此以其余 17 个省辖市的均值代替。因此，附表中除济源市的工业颗粒物排放量、工业二氧化硫排放量、工业氮氧化物排放量和污水处理厂集中处理率为均值替代数据外，其余指标数据均为年鉴及政府公布数据。此外，在原始数据中，智能工厂、智能车间数量指标的数据年份为 2017~2022 年，企业上云数量、省级工业互联网平台数量两个指标数据为截至 2023 年上半年数据，其余指标的数据年份均为 2021 年。

对于正向指标，无量纲化处理采用如下公式。

$$Z(x_i) = \frac{x_i - \min x_i}{\max x_i - \min x_i} \times 40 + 60 \tag{1}$$

对于逆向指标，无量纲化处理采用如下公式。

$$Z(y_i) = \frac{\max y_i - y_i}{\max y_i - \min y_i} \times 40 + 60 \tag{2}$$

在上面两个公式中，x_i、y_i 为 18 个省辖市单项二级指标数据，$\max x_i$、$\max y_i$ 为该指标的最大值，$\min x_i$、$\min y_i$ 为该指标的最小值，$Z(x_i)$、$Z(y_i)$ 为该指标经过无量纲化处理后的标准值。

在 26 个二级指标中，万元工业增加值能源消费量、万元工业增加值工业颗粒物排放量、万元工业增加值二氧化硫排放量、万元工业增加值氮氧化物排放量为逆向指标，其余指标均为正向指标。正向指标数值越大，制造业高质量发展水平越高；逆向指标数值越小，制造业高质量发展水平越高。需要说明的是，规模以上工业企业 R&D 投入强度为规模以上工业企业 R&D 内部经费支出与规模以上工业企业营业收入之比。

3. 计算省辖市制造业高质量发展水平

河南区域制造业高质量发展评价指标体系中，每一个指标的数值都会影响到综合评价结果，但每一个具体指标都无法完整地刻画出该区域制造业高质量发展的全貌。把各个具体指标的标准化值乘以其权重，加总求和，计算得到各个区域制造业高质量发展水平的综合评价得分。河南 18 个省辖市制造业高质量发展综合评价得分、排名，以及各一级指标得分、排名见表 2。

（二）对评价结果的分析

1. 综合排名

制造业高质量发展综合排名前六的城市分别为郑州、洛阳、许昌、新乡、南阳和周口，处于全省第一方阵。其中，郑州以总分 94.0789 位居全省第一，在规模实力、创新水平和数字转型方面均排名第一。郑州作为全省发展的"领头羊"，在制造业高质量发展中肩负着重要责任和使命。近年来，郑州抢抓战略机遇，把制造业高质量发展作为主攻方向，聚焦加快打造国家先进制造业高地，构建现代化产业体系，推动制造业转型升级，高质量发展支撑更加坚实，制造业在高端化、智能化、绿色化发展上迈出了坚实的步伐，为国家中心城市建设奠定了坚实产业基础，为全省高质量发展贡献了力量。洛阳、许昌分别以 79.26475 和 74.96254 位居全省第二、第三。近年来，洛阳抢抓"构建新发展格局、中部地区高质量发展、黄河流域生态保护

表2 河南区域制造业高质量发展评价结果及排名

省辖市	综合评价		规模实力		创新水平		效益效率		数字转型		绿色发展		开放合作	
	分值	排名	分值	排名	分值	排名	分值	排名	分值	排名	分值	排名	分值	排名
郑州	94.0789	1	29.93736	1	23.87027	1	9.748454	13	13	1	9.606072	2	7.916745	4
开封	71.19859	10	20.09306	13	16.4717	9	10.4627	5	8.294864	10	8.932528	9	6.94374	10
洛阳	79.26475	2	23.31229	2	19.75539	2	10.0841	11	9.773711	2	9.177611	7	7.161637	7
平顶山	71.57979	8	21.67901	6	16.76682	7	10.24332	9	8.314669	9	7.99764	15	6.578334	12
安阳	68.36992	16	20.22489	11	16.18006	12	9.871757	12	8.440456	8	6.672995	18	6.979764	9
鹤壁	70.54002	14	19.0382	18	16.19376	11	9.321109	16	8.142232	16	9.325277	5	8.51944	2
新乡	74.955	4	22.07717	4	18.41014	4	9.677711	14	8.844261	4	8.899192	11	7.04653	8
焦作	70.99017	12	20.17424	12	16.79849	6	10.28904	7	8.237857	12	7.889198	16	7.601351	5
濮阳	68.75939	17	19.96099	15	16.20689	10	8.54991	18	8.212232	14	8.919781	10	6.909586	11
许昌	74.96254	3	22.66495	3	17.04334	5	10.76179	3	8.545913	6	9.419361	4	6.527183	14
漯河	72.37096	7	19.52693	17	16.17183	13	11.22089	2	8.269549	11	9.858415	1	7.323343	6
三门峡	71.26615	9	20.24757	10	16.08807	14	10.09945	10	7.881701	18	8.514304	13	8.435065	3
南阳	74.58199	5	22.07319	5	18.88862	3	9.508844	15	9.007052	3	8.832443	12	6.271834	16
商丘	70.84809	13	20.87014	8	15.90029	15	10.68872	4	8.471266	7	8.378836	14	6.538831	13
信阳	70.16715	15	20.57924	9	15.69793	16	10.24676	8	8.182513	15	9.307402	6	6.153306	17
周口	72.45267	6	21.66941	7	15.08563	18	11.38513	1	8.746471	5	9.165514	8	6.400517	15
驻马店	70.99971	11	20.04135	14	16.70857	8	10.43975	6	8.228046	13	9.499638	3	6.082357	18
济源	68.257	18	19.55797	16	15.43676	17	8.705693	17	8.088302	17	7.427636	17	9.040635	1

和高质量发展"等战略机遇，加快推动制造业高质量发展，构建包括 39 个行业大类的综合性工业体系，形成先进装备制造、新材料 2 个千亿级和 7 个百亿级产业集群。同时，洛阳加快制造业转型升级步伐，制造业高端化改造提速升级，智能化改造提效扩面，绿色化改造提标示范，万亿级全国先进制造业基地建设步伐不断加快。许昌牢固树立"工业兴市、制造强市"的理念，始终把制造业高质量发展作为主攻方向，坚定不移以创新驱动制造业高质量发展，加快新旧动能转换、促进经济转型升级，工业经济得到快速发展，质量和效益得到明显提升。漯河、平顶山、三门峡、开封、驻马店和焦作综合实力排在第 7~12 位，制造业高质量发展综合水平较高，处于全省第二方阵。而剩余的 6 个省辖市，制造业高质量发展综合水平年度排名相对靠后，处于全省第三方阵。

2. 规模实力

制造业规模实力排名前六的城市分别为郑州、洛阳、许昌、新乡、南阳和平顶山，这些城市制造业规模综合实力位列全省第一方阵。郑州市作为河南的省会城市，凝聚了河南省最好的工业力量，在规上工业企业单位数以及入围河南民营企业制造业百强企业数量方面拥有绝对优势，因此在规模以上工业企业营业收入、规模以上工业企业资产总计以及工业增加值方面处于领先地位。2021 年，郑州市规模以上工业企业营业收入达到 12603.3 亿元，规模以上工业企业资产总计为 11764.04 亿元，工业增加值为 3400.56 亿元，在规模实力方面遥遥领先于河南其他省辖市。洛阳市作为河南老牌工业城市，工业实力一直处于全省第一梯队，在规模实力方面仅次于郑州。2021 年，洛阳市规模以上工业企业营业收入、规模以上工业企业资产总计以及工业增加值分别为 5276.28 亿元、6596.48 亿元、1899.5 亿元，均居全省第二位。许昌市在规模实力方面处于全省第三位，2021 年规模以上工业企业营业收入、规模以上工业企业资产总计以及工业增加值分别为 4824.14 亿元、4215.17 亿元、1688.8 亿元，与第二位的洛阳差距较小。周口、商丘、信阳、三门峡、安阳和焦作排在第 7~12 位，制造业规模实力处于全省第二方阵。

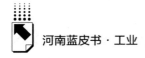

3. 创新水平

制造业创新水平处于前六位的城市分别为郑州、洛阳、南阳、新乡、许昌和焦作，制造业创新能力位列全省第一方阵。近年来，郑州发挥省会城市高端科教资源最为丰富的优势，大力实施创新驱动发展战略，高起点规划中原科技城，积极搭建省实验室等高端创新平台，以高能级创新载体平台吸引创新要素集聚，建立健全科技企业梯次培育体系，综合科技创新能力得到持续提升，2021年，郑州市规模以上工业企业新产品销售收入、规模以上工业企业 R&D 经费支出、规模以上工业企业有效发明专利数、技术市场合同成交额分别达到 3542.56 亿元、168.92 亿元、12372 件、306.57 亿元，均居全省第一位。南阳市全面实施创新驱动、科教兴宛、人才强市战略，围绕重点产业链大力打造高能级科技创新平台，积极引入高层次人才和团队，持续完善创新企业梯次培育机制，鼓励企业开展核心技术攻关和成果转化。2021年，南阳市规模以上工业企业 R&D 投入强度达到 2.63%，位居全省第一，规模以上工业企业新产品销售收入、规模以上工业企业 R&D 经费支出、规模以上工业企业有效发明专利数、技术市场合同成交额分别达到 505.09 亿元、67.15 亿元、4569 件、38.58 亿元，均居全省前三位。平顶山、驻马店、开封、濮阳、鹤壁和安阳制造业创新水平排在第 7~12 位，处于全省第二方阵。

4. 效益效率

制造业效益效率处于前六位的城市分别为周口、漯河、许昌、商丘、开封和驻马店，制造业效益效率位列全省第一方阵。周口市积极推动制造业向中高端迈进，邀请专家对企业把脉问诊，指导企业开展"四化改造"（高端化改造、智能化改造、绿色化改造、服务化改造），顺应产业集聚集群链式发展要求，强化产业集聚区建设，按照"一县一主业"规划目标打造特色产业集群，推动"五链耦合"（产业链、创新链、供应链、要素链、制度链耦合），充分发挥产业的集聚效应、集群规模效应、链式效应，为制造业高质量发展不断积蓄力量。2021年，周口市成本费用利润率达到 10.31%，居全省第一位；总资产贡献率达到 15.29%，居全省第二位。漯河市聚焦传统产业优势再造,大力实施骨干企业营收、利润、税金"倍增工程",出台"倍增工程"提速发展行动方案,设立专项基金支持"倍增工程"企业发展,建立五级问题解决机制倾力为企业纾困解难。2021年,漯河市总资产贡献率达到16.82%,居全省第一位;成本费用利润率达到8.58%,居全省第二位。开封积极引导制造企业加快智能化、绿色化技术改造,支持企业走科技创新、"专精特新"发展道路,着力提升农副产品加工、精细化工、汽车及零部件等优势产业能级,大力推动装备制造、纺织服装等传统产业"绿色、减量、提质、增效"转型发展。2021年,开封市成本费用利润率达到7.2%,居全省第三位。焦作、信阳、平顶山、三门峡、洛阳和安阳制造业效益效率排在第7~12位,处于全省第二方阵。

5. 数字转型

制造业数字转型处于前六位的城市分别为郑州、洛阳、南阳、新乡、周口和许昌,制造业数字化转型水平位列全省第一方阵。近年来,郑州市深入实施数字化转型战略,持续推进产业数字化、数字产业化,加快推进数字经济与制造业融合发展,制造业数字化水平不断提升。洛阳市也高度重视制造业数字化转型工作,将数字化转型作为引领"三大改造"的重要举措,分类施策推动制造业数字化转型。2021年,郑州市规模以上信息传输、软件和信息技术服务业企业营业收入为618.36亿元,为全省最高,"两化"融合程度较深。2017~2022年,郑州市智能工厂、智能车间数量为179个,截至2023年上半年郑州市企业上云数量为68693家,省级工业互联网平台有15个,均居全省第一位,制造业企业数字化水平为全省最高。近年来,南阳市也抢抓数字经济发展先机,加快构建数字化转型发展新格局,数字转型水平居全省第三位。2017~2022年,南阳市智能工厂、智能车间数量为112个,位居全省第二;截至2023年上半年,企业上云数量为11733家,位居全省第三。商丘、安阳、平顶山、开封、漯河和焦作制造业数字转型排在第7~12位,处于全省第二方阵。

6. 绿色发展

制造业绿色发展处于前六位的城市分别为漯河、郑州、驻马店、许昌、鹤壁和信阳，绿色节能水平位列全省第一方阵。漯河市锚定绿色低碳发展要求，算好"绿色账"，走好"绿色路"，打好"绿色牌"，2021年漯河市工业颗粒物排放量仅为157吨，工业二氧化硫排放量仅为586吨，均为全省最低；污水处理厂集中处理率高达99.99%，为全省最高。漯河经济技术开发区入选"国家级绿色工业园区"，并成功入选国家新型工业化产业示范基地。许昌市强化保障措施，精准实施"十大行动"，加快构建绿色制造体系，全力推进工业节能减碳，全面提高资源综合利用效率，高效长期推动制造业绿色低碳高质量发展，成功获批全国首批"无废城市"建设试点，"无废经济"市场体系建设等4个经验模式在全国推广，节能环保产业集群入选第一批国家战略性新兴产业集群名单，绿色园区、绿色工厂、绿色供应链等创建工作走在了全省前列，并有11家企业入选2022年河南省能碳管理示范企业。2021年，许昌规上工业企业综合能源消费量约433万吨标准煤，万元工业增加值能源消费量约为0.25吨标准煤，排名全省倒数第二，仅略高于全省最低值周口0.18吨标准煤。洛阳、周口、开封、濮阳、新乡和南阳制造业绿色发展排名分居第7~12位，处于全省制造业绿色化转型第二方阵。

7. 开放合作

制造业开放合作处于前六位的城市分别为济源、鹤壁、三门峡、郑州、焦作和漯河，开放合作水平位列全省第一方阵。济源深入实施制度型开放招商战略，以开放促改革、促发展，积极与南京中晟建机、上海联影集团、美国缔科等龙头企业进行"点对点"精准对接，2022年累计签约项目135个，总投资额608.7亿元，"招大引强"实现新突破。同时，济源深耕国际市场，扩大外贸合作"朋友圈"，当前已与30多个共建"一带一路"国家和地区建立了贸易关系，中环木树、暖煌电暖、绿茵种苗等一批"济源造"发展势头越发迅猛。2021年，济源货物进出口总额386.30亿元，占GDP比重为50.68%，高居全省首位；实际利用外资占GDP比重为3.86%，位居全省前列。焦作市积极打造郑洛"双圈"联动优先发展区，加快洛焦济产业带建设，做强"南北新城"，并加强河南德众保税物流园区与洛阳综保区合作，为焦作市中小外贸企业提供服务。2021年，焦作实际利用省外资金占

GDP 比重为 33.91%，居全省第二位，仅次于鹤壁市的 34.42%。2022 年，焦作全市完成外贸进出口总值 203.8 亿元，首次突破 200 亿元大关，同比增长 20.3%。洛阳、新乡、安阳、开封、濮阳和平顶山制造业开放合作排名分居第 7~12 位，处于全省第二方阵。

三　推动河南区域制造业高质量发展的对策建议

近年来，随着制造强国战略的深入贯彻，河南各省辖市不断开创制造业高质量发展新局面。但是，由于目前全球经济仍然处于艰难的复苏中，河南制造业也面临需求不足、效益下滑以及传统行业增长动能减弱、核心竞争力不强等困难和挑战。河南各区域应抓牢经济复苏机会，更加坚定地走制造业高质量发展之路，持续厚植制造业高质量发展新优势，不断提升制造业发展能级，为中国式现代化的河南实践奠定坚实的产业支撑。

（一）积极培育制造业新增长点

各区域应坚持扩内需战略，继续把制造业稳增长放在重要位置，推动产业结构优化升级，以高质量产品和服务供给引领和创造新需求，推动有效需求持续扩大。推动产业结构优化升级，加快构建新型制造业体系，培育制造业新增长点，增强区域制造业规模实力。第一，要推动区域优势主导产业提质发展，实施产业链补链固链强链行动，打造全产业链竞争优势，培育有影响力的区域制造名片。第二，培育壮大新一代信息技术等新兴产业，加快重点领域核心技术突破及产业化，不断开辟新领域新赛道，积极打造一批区域特色突出、规模优势明显、创新水平高、支撑带动强、空间集约的新兴产业集群。第三，前瞻布局未来产业，在河南"十四五"规划要求重点发展的量子信息、类脑智能、未来网络、氢能与新型储能、前沿新材料、生命健康等六大领域抢先布局，争取在区域优势突出、发展潜力大的细分领域率先突破，抢占未来竞争制高点。第四，要加快推动传统产业改造升级，鼓励企业采用先进适用技术，加强设备更新和数字化改造，开发新产品，培育新业态，提升区域传统产业在全球价值链分工中的地位和竞争力。第五，积极培育发展生产性服务业，引导企业培育服务型制造等新业态，促进先进制造业和现代服务业深度融合发展。第六，要积极落实汽车、家电消费等政策，建立健全常态化企业问题诉求解决闭环机制，激发市场主体活力。

（二）强化制造业创新驱动发展

深入实施创新驱动发展战略，聚焦产业自主创新发展，完善科技创新体制机制，持续优化产业创新生态，推动创新链、人才链、教育链、资金链和产业链深度耦合，促进各类创新资源向企业集聚，夯实产业高质量发展的技术、人才、资本支撑，打造自主可控产业链，不断塑造产业发展的新动能新优势。要进一步健全区域科技创新体系，建立完善创新投入机制、创新激励机制、人才引进培育评价机制、知识产权保护制度等。持续优化产业创新生态，围绕区域重点领域和产业关键环节，积极引进培育创新创业人才团队，提高创新型企业的技术创新能力，打造高能级产业创新平台，引导创新型企业和产业创新平台持续加大研发投入；完善产业链上下游企业协同创新机制，打造系统创新生态，提高上下游环节联动发展水平；支持企业和高校、科研机构、创新平台等协同开展产业关键技术攻关；加强新产品应用推广，加强对首台（套）装备、首版次软件等新产品新服务的推广应用。

（三）增强制造业集聚集群链式发展能力

聚焦产业集聚集群发展，优化区域产业布局，引导产业集聚发展，推动区域之间产业政策协同，加快特色集群培育。在产业布局方面，要坚持差异化原则，各区域要结合自然禀赋、产业基础等开展产业分工和协作，并根据不同产业分工制定不同的产业引导政策，避免产业同质化竞争。着力引导产业集聚区加快转变发展方式，提高产业集聚区公共服务能力，推进主导产业集群提质增效。围绕特色集群培育，强化财税、金融、创新、人才、土地等政策集成创新，突出集群主攻方向，打造本土化、创新型产业集群。聚焦产业链式发展，优化制造业招商模式，全面推动产业链招商。动态掌握区域重点产业链发展现状，厘清产业链短板、薄弱和优势环节，确定目标企业，有目的、有针对性地开展产业链招商，通过补短板、强弱项、锻长板、固根基，提升产业链供应链韧性和安全水平，增强产业综合竞争力。

（四）加快制造业数智化转型步伐

数字经济发展浪潮之下，数智化转型已经成为制造业提升效率效益、发展质量和核心竞争力的重要抓手。因此，加快推动数字经济和实体经济深度融合，让新一代数字技术赋能制造业生产方式、研发设计、组织模式、商业模式全方位变革，是制造业高质量发展的必由之路。聚焦提升区域制造业数字化、网络化、智能化发展水平，协同推进数字产业化和产业数字化。一要加强区域 5G、工业互联网、数据中心、超算中心、大数据、物联网等新型信息基础设施建设，持续完善新一代信息基础设施应用生态；二要围绕企业数字化转型需求，引培一批网络改造方案服务商、信息安全服务商、智能制造系统集成服务商、系统解决方案服务商等，同时，在重点产业、重点园区搭建数字化公共服务平台，为行业或园区内企业提供专业的数字化诊断和解决方案；三要积极打造智能车间、智能工厂等数字化转型标杆企业，以典型示范引导制造企业应用智能制造新模式；四要鼓励链主企业搭建区域或行业工业互联网平台，加大对中小企业数智化转型的政策支持力度，支持链主企业拓展数据链、服务链，为上下游企业特别是中小企业的数改智转提供"小轻快准"的数字化服务和产品，以链主的"头雁效应"激发产业数字化的"雁阵"活力，降低中小企业数字化转型门槛和成本。

（五）推动制造业绿色化发展

制造业绿色化是新型工业化的必然要求。深入贯彻绿色低碳发展理念，加快构建资源节约、环境友好的绿色制造体系，一是抓好区域重点领域高耗能、高污染落后产能的淘汰工作，积极发展新材料、电子信息等低碳产业；二是加大对绿色技术创新的支持力度，鼓励企业加快研发制造绿色产品及节

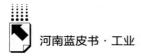

能环保装备；三是加快车间、企业、园区、产业等的绿色低碳技术改造，打
造绿色车间、绿色工厂、绿色园区、绿色产业链供应链。

（六）促进制造业高水平开放合作

一是推动区域营商环境市场化法治化国际化，为制造业高水平开放合作
奠定基础。二是完善跨区域合作机制，深化与长三角、珠三角、粤港澳大湾
区等地区的产业转移合作，加强省内区域之间的产业协作，探索产业转移对
接、产业协作新模式。三是坚持"引进来"和"走出去"并重，扩大区域
制造业国际开放合作水平。要加强与共建"一带一路"国家和地区的合作
交流，推动优势企业"走出去"、优质资源"引进来"；加强与欧、美、日、
韩等国家和地区的合作交流，打造高水平合作交流平台，积极承接国际制造
业和技术转移，推动区域制造业全面融入全球价值链。

附表

河南区域制造业高质量发展评价指标体系原始数据

省辖市	规上工业企业(主)营业(务)收入(亿元)	规上工业企业资产总计(亿元)	工业增加值(亿元)	工业增加值指数	入围河南民营企业百强制造业企业数量(家)	规上工业企业单位数(个)	规上工业企业新产品销售收入(万元)	规上工业企业R&D经费支出(万元)	规上工业企业有效发明专利数(件)	技术市场合同成交额(万元)	成本费用利润率(%)	总资产贡献率(%)	产品销售率(%)
郑州	12603.3	11764.04	3400.558	110.3979	14	2534	35425646	1689216	12372	3065743	3.57	7.25	98.3
开封	1725.11	1825.79	785.8089	108.7032	0	1111	3071628	259642.2	971	95493.36	7.2	9.2	98.5
洛阳	5276.28	6596.48	1899.495	101.301	10	1790	8096261	1076558	6897	845098.2	6.58	9.25	97.3
平顶山	3278.75	4596.05	1015.672	109.3996	3	942	2814200	433718.1	2358	118666.5	6.63	7.53	98.6
安阳	2630.08	2653.62	718.6124	102.8001	9	869	4173948	283998.7	979	71358.11	3.11	7.29	99
鹤壁	867.38	1383.21	546.4497	106.6981	2	444	1061600	137492.1	793	26076.19	2.46	4.23	98.4
新乡	2983.53	3292.46	1085.29	108.2993	13	1636	6828779	668478.1	3253	361359.4	4.82	6.99	97.5
焦作	2362.61	2771.46	716.2365	104.1003	6	907	5022269	320660.8	1905	263655.5	5.65	7.46	99.3
濮阳	1295.44	1534.39	515.5612	110.0026	6	666	1081090	184620.5	1024	106596.4	-2.25	1.3	96.5
许昌	4824.14	4215.17	1688.797	106.6001	4	1709	5033784	587401.7	2669	105694.7	6.53	12.19	98.8
漯河	1642.73	1165.28	641.741	108.0008	1	659	1956284	212885	1018	94776.39	8.58	16.82	97.7
三门峡	1666.86	2015.78	582.6871	110.899	6	428	635126.9	234362.1	450	37631.11	3.88	6.33	99.9
南阳	2550.81	3334.11	1019.594	110.4965	11	1667	5050893	671474.1	4569	385797.8	5.31	7.21	96.5

续表

省辖市	规上工业（主）营业（务）收入（亿元）	规上工业企业资产总计（亿元）	工业增加值（亿元）	工业增加值指数	入围河南省民营制造业百强企业数量（家）	规上工业企业单位数（个）	规上工业企业新产品销售收入（万元）	规上工业企业R&D经费支出（万元）	规上工业企业有效发明专利数（件）	技术市场合同成交额（万元）	成本费用利润率（%）	总资产贡献率（%）	产品销售率（%）
商丘	3542.21	2566.19	936.853	103.7001	2	1823	1198175	303218.9	1414	56307.41	7.26	12.55	98
信阳	2285.03	1727.87	801.5694	109.0953	2	1393	1689575	193289.6	591	141813.1	6.15	10.62	97.6
周口	3934.76	2982.58	1167.4	107.803	2	1608	1079943	135726.2	475	71962.86	10.31	15.29	98.1
驻马店	1897.34	2132.62	837.5691	105.2986	2	1274	2572538	315993.7	803	218190.4	7.05	8.67	98.7
济源	1897.15	1522.87	422.2293	107	7	237	1466381	146758.6	308	22705.13	3.84	8.38	93.6

省辖市	规上信息传输、软件和信息技术服务业营业收入（亿元）	智能工厂、智能车间数量（个）	企业上云数量（家）	省级工业互联网平台数量（个）	规上工业企业综合能源消费量（万吨标准煤）	工业颗粒物排放量（吨）	工业二氧化硫排放量（吨）	工业氮氧化物排放量（吨）	污水处理厂集中处理率（%）	货物进出口总额（亿元）	2021年地区生产总值（亿元）	实际利用外资（万美元）	实际利用省外资金（亿元）
郑州	618.3586	179	68693	15	1301.79	6632	5067	10690	99.68	5892.10	12691.02	486330	1252.4
开封	40.92895	58	7423	0	416.77	362	1408	1910	96.35	93.30	2557.03	81712	680.4
洛阳	154.1789	82	15639	11	1282.34	4876	5606	10369	99.63	232.40	5447.12	321118	893
平顶山	36.79318	29	7707	3	1018.05	11233	5255	6447	98.96	41.90	2694.16	58311	638.7
安阳	40.1013	40	5874	4	1543.60	7328	6076	14851	99.11	63.90	2435.47	62037	795.2
鹤壁	13.62889	45	4024	1	405.44	1003	1282	2310	99.65	55.60	1064.64	102809	366.5

续表

省辖市	规上信息传输、软件和信息技术服务业企业营业收入（亿元）	智能工厂、智能车间数量（个）	企业上云数量（家）	省级工业互联网平台数量（个）	规上工业企业综合能源消费量（万吨标准煤）	工业颗粒物排放量（吨）	工业二氧化硫排放量（吨）	工业氮氧化物排放量（吨）	污水处理厂集中处理率（%）	货物进出口总额（亿元）	2021年地区生产总值（亿元）	实际利用外资（万美元）	实际利用省外资金（亿元）
新乡	52.23751	98	10164	2	929.66	3296	2435	6866	98.67	112.90	3232.53	139813	746.9
焦作	28.63463	48	9207	0	1041.36	2582	3731	6632	97.35	169.50	2136.84	98738	724.7
濮阳	30.5091	51	7029	0	565.67	558	1228	2716	98.41	115.80	1771.54	78122	271.9
许昌	51.88871	52	12240	2	433.25	4037	3081	5605	98.93	254.59	3655.42	87106	563.3
漯河	22.18668	32	6065	3	339.40	157	586	1152	99.99	59.20	1721.08	117823	283.1
三门峡	18.97086	20	3927	0	642.76	940	2869	5437	98.77	271.10	1582.54	131154	446.1
南阳	62.30463	112	11733	2	701.37	3448	2876	5743	98.31	165.60	4342.22	72984	649.5
商丘	59.72396	56	10555	1	763.39	2119	3581	4013	96.3	54.30	3083.32	46730	807.9
信阳	46.99649	34	9809	0	419.68	2029	1663	3050	99.18	63.10	3064.96	66006	313.3
周口	64.29235	82	10137	2	210.94	609	2938	2812	97.14	102.30	3496.23	66421	645.9
驻马店	47.84388	50	6585	0	380.77	1253	888	1783	98.76	74.10	3082.82	49774	337.6
济源	5.62394	37	1597	2	715.23	3086	2975	5435	98.54	386.30	762.23	40359	238.5

资料来源：《河南统计年鉴（2022）》、《中国城市统计年鉴（2022）》、《2022河南民营企业100强调研分析报告》、省辖市统计公报及调研数据等。

产 业 篇

B.3
河南加快构建现代化产业体系路径研究

仝宝琛　冶伟平　任静雯　申晓鹏*

摘　要：　产业是经济发展的脊梁，也是未来竞争的主舵手。要树立战略眼光，坚持系统观念，强化生态思维，一体推进传统、新兴、未来产业协同发展。本研究立足河南、面向全球，通过阐述河南产业升级基本现状、挖掘产业深层存在的瓶颈问题，着重从推动未来产业谋篇布局、新兴产业培育壮大、传统产业提质升级、构建良好发展生态、促进市场主体持续壮大等方面提出针对性建议，助力河南打造现代化产业体系。

关键词：　现代化　产业升级　河南省

---

* 仝宝琛，河南省工业和信息化厅，研究方向为工业经济；冶伟平，河南省工业和信息化厅，研究方向为工业经济；任静雯，河南省工业和信息化厅，研究方向为工业经济；申晓鹏，河南省工业和信息化厅，研究方向为工业经济。

构建现代化产业体系是促进中部崛起、实现现代化河南的必由之路，是引领河南占领未来产业高地的关键举措。要坚持前沿科技突破和远景需求牵引，着力构建高能级的产业生态圈层和高效能赛道转换机制，在保持制造业占比基本稳定的基础上，不断提升产业核心竞争力。

一　产业发展总体情况

（一）产业结构持续优化

2022 年，全省制造业增加值占地区生产总值（GDP）的比重为 27.9%，与 2021 年持平。2022 年，河南战略性新兴产业增加值同比增长 8.0%，占规上工业增加值的 25.9%，占比同比提高 1.9 个百分点，引领作用增强；高技术制造业增加值同比增长 12.3%，占规上工业增加值的 12.9%，占比同比提高 0.9 个百分点，赋能带动明显；新一代信息技术、高端装备、节能装备、生物医药等四大产业增加值同比增长 9.3%，占规上工业增加值的 21.1%，占比同比提高 2.1 个百分点。

（二）产业基础较为扎实

河南发展新兴产业有基础、有优势、有潜力，广大企业对实施智能化改造已经从犹豫观望逐步转到主动参与，加速数字化发展、塑造数字经济新优势基础扎实、恰逢其时。这些年，河南在新兴产业领域也实现了一些关键性的突破。比如，由郑州三磨所研究开发的高效精密超薄硅片划片刀，能够精细到在一根直径 10 微米的头发丝上开 7 道槽，做到了对硅片的微米级精准"裁剪"，实现了芯片单体化，达到世界领先水平。持续深耕尼龙新材料领域，特高强尼龙 66 工业丝等高端航空领域材料已经进入工程化阶段，尼龙 66 特种纤维等军工领域产品业已进入产业化阶段。5G 产业项目加速推进，鹤壁市垂天 5G 智慧合杆智能制造项目进展有序，平高电气自主研发国内首台±1100 千伏直流穿墙套管，焦作多氟多攻克超净高纯电子级氢氟酸技术，濮阳发布全球首款氢动力人形机器人。

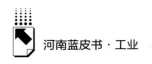

二 存在的问题

（一）产业转型步入瓶颈

尽管近年来河南加快产业结构优化步伐，但是整体上结构调整相对缓慢，2022 年规模以上工业增加值中战略性新兴产业占比 25.9%，传统产业占比则高达 49.5%，新兴产业支撑明显不足。产业转型缓慢，一方面在于河南整体上产业发展理念相对滞后，多数地区重稳定轻转型、重效益轻创新，转型发展的勇气不够、魄力不足；另一方面，部分企业家对创新、智能化、数字经济、生态环保等新理念、新概念认识不够，满足于在传统领域、周边市场低层次竞争，不敢开辟新产品新市场，难以适应新的市场竞争。

（二）换道领跑起步较晚

河南产业结构偏重，转型升级缓慢。拿轴承产业来讲，中国在世界上整体销售额占比达到 24%，但是出口的大多数都是中低端轴承，我国自身使用的高端轴承长期受到国外制约。洛轴作为省内轴承企业的龙头，有一定的技术和市场，但仍旧有很多核心零部件需要从国外进口，仍旧在很多环节上被卡住了脖子，高端产品的标准品质和稳定性还存在较大的不确定性，"国产替代"尚比较勉强，更不用说攻入欧美高端领域了。换道领跑产业落点不够具体、精准，技术、材料、设计、产品不够清晰，具体谁来做、谁在做、谁有可能做尚且需要理一理、排排队。

（三）产品质量相对较低

目前，河南仍旧处于工业化中期，工业发展不充分不平衡现象突出，工业化还有很长一段路要走，市场主体培育壮大力度亟须加大，产业标准、产品品质提升亟须加快。经常有建筑企业反映招标门槛太高，也有医药企业反映很难进入医保采购目录，市政工程、新型基建本地企业常常连申报的条件都不够，更谈不上中标了。这是企业资质的问题，必须加以重视。医疗领域也存在这样的问题，医保目录和带量采购都对医药企业的产品和生产提出了更高要求。这是产品品质的问题，更需要积极应对。

三　构建现代化产业体系路径探索

要完整、准确、全面贯彻新发展理念，深刻把握新时代新征程推进新型工业化的基本规律，把高质量发展的要求贯穿新型工业化全过程。要统筹产业、企业协调发展，强化产业链、供应链协同，培育优质市场主体，建立先进制造体系，加快产业集群化、链条化发展，加速弯道超车、换道领航。

（一）加快建立先进制造体系

制造强则产业强。要坚定不移地以制造业高质量发展为主攻方向，统筹贯通、一体推进传统产业提质发展、新兴产业培育壮大和未来产业前瞻布局，构建以传统产业为基础、新兴产业为支柱、未来产业为先导的先进制造业体系。

1.科学谋划产业未来

未来产业依托新科技、引领新需求、创造新动力、拓展新空间，必将对未来经济社会变迁起到关键性、支撑性和引领性作用。展望全球，未来产业大势已起；放眼国内，未来产业已经成为竞争新焦点。面对"标兵领跑、追兵包抄"的双重挤压局势，河南要加力提速、加快布局，快速启动未来产业，力争在新一轮区域竞争中实现跨越式、引领性发展。未来产业发展，要着眼"新"、强化"融"，要在"创新"上"融合"，全方位、多维度协同推进，加快构建创新型未来产业体系。要有系统思维、全局眼光，着眼最前端科技理念，加强前沿技术多路径探索和交叉融合。河南不仅要加强创新"超车"，跳出冯·诺依曼架构的传统芯片技术路线，超前研发类脑芯片，从底层技术上谋划推进类脑智能快速发展，还要强化融合"领航"，探索以最新的"元宇宙"理念融合引领未来网络、类脑智能和量子信息等产业，超前谋划、跨越发展。在未来产业发展上，理念要领先、措施要跟上，要实施未来产业培育示范工程。加快在氢能与储能、量子信息、前沿新材料、类脑智能、生命健康、未来网络等领域拓展"新赛道"、抢占制高点。积极推进国家燃料电池汽车示范应用郑州城市群、郑州新一代人工智能创新应用试验区、郑州区块链发展先导区建设，积极谋划创建国家元宇宙应用先导区。绘制未来产业数字地图，建立多元服务体系，持续优化未来产业发展生态。

2. 积极布局未来产业

要积极发挥职能部门和财政资金作用，全面助力产业踢好"临门一脚"、企业跨过"最后门槛"。支持能源、化工、装备等优势企业发展绿色制氢技术，重点突破氢燃料电池、氢能源装备、氢储存和加注等领域，加快膜电极、双极板、催化剂等氢燃料电池电堆系统核心零部件项目建成投产，全力抢占氢能技术和产业发展制高点。在量子信息领域，要尽快建设一批研究测试平台，集中突破量子精密测量及相关材料和装置制备关键技术，加快推动量子成像科技成果转化应用。在类脑智能领域，加强人机混合增强智能、感知识别、知识计算、认知推理、运动执行等关键技术攻关，加快类脑芯片与系统、类脑智能机器人、脑控设备等研发和产业化。在未来网络领域，聚焦下一代网络、卫星互联网、区块链等重点领域，强化通信感知一体化、通信与人工智能融合、跨链互联互通等核心技术研发。在生命健康领域，强化新型疫苗、基因工程药物、细胞治疗产品、体外诊断产品等关键技术研发与产业化，推动细胞技术临床应用、合成生物学技术工业应用。要把新材料产业作为战略性、基础性产业，发展新型材料、高端材料、"卡脖子"材料，积极布局前沿新材料，围绕超导复合材料、智能仿生材料、石墨烯基材料、微纳米材料、量子材料等重点领域，推动建设前沿新材料产业化基地。加强技术协同攻坚，充分挖掘自身潜能，重点着眼煤炭资源，变煤基优势为碳基优势。

3. 加快培育新兴产业

坚持"有中育新""抢滩占先"，将新兴产业作为未来制造业的支柱和主导，全方位加快、多路径推进，实施战略性新兴产业跨越发展工程与规模化倍增专项行动。聚焦新一代信息技术、高端装备等7个重点产业，加快布局新型显示与智能终端、智能传感器等10条新兴产业链，集全省之力攻坚，加快形成竞争优势，促使新兴产业成为制造业高质量发展的新支柱、新主导。目前，国家正在加快布局芯片产业，河南已经落后一程，现在必须铆足力气、积极突围，一定要把芯片产业作为战略性新兴主导产业去培育发展，奋力挤进集成电路领域、抢占芯片高地。超硬材料产业也存在巨大机遇。作为我国超硬材料的发源地，目前全球90%以上的金刚石产自河南，产值和比重都是全国甚至全球领先的，但产业链条还不全、附加值还不高、利润效益还不足。要在大颗粒单晶钻石上深挖细磨，下大功夫创产品、延链条、拓市场，"全球借力"解决市场最后一公里问题，实现产业链条"出钻""亮钻"。

4. 提质升级传统产业

传统产业目前还是全省工业的稳定器、定盘星，要分业施策、科学推进、转型发展、提质升级。坚持"高端化、智能化、绿色化、服务化"转型方向，培育装备制造、绿色食品等高能级万亿产业集群，深耕优势产业"大赛道"。充分利用新一代信息技术"高位嫁接"传统产业，实现制造模式新变革和"材料+装备+品牌"大提升，推动产业链向中高端延伸。实施基础材料产业焕新工程、优势产业链提升行动，重点推动装备、汽车、食品、轻纺4个优势产业扩优势、提规模、塑品牌，钢铁、有色、化工、建材4个材料产业调结构、优布局、降能耗，迈入新兴与未来产业发展"新赛道"。强化新技改支撑，开展新技改提升行动，优化调整技改奖补政策，集中实施一批重大企业技术改造项目，强力推动技改高增长、比重大提升，塑造传统产业竞争新优势。

（二）加强产业技术链条提升

产业链是一个区域产业发展的梁柱，必须要充满韧性、富有根植性。产业链、技术链是一个整体、两个维度，要逐行业系统梳理全省的产业链、技

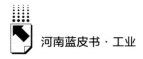

术链，从产业链需要去研究技术链、从技术链需要去研究产业链，有针对性地延链、补链、强链。

1. 强力推动技术深化创新

高度重视创新领域商业化运作，重视技术转化和应用，尤其注重单个核心关键技术的攻关，探索有中国特色的产学研合作模式。要大力发展技术转化中介，通过专业的技术服务和技术转让，与企业紧密合作，联合进行成果转化与产业化工作，推动产业技术快速发展、聚链成群。依托龙头企业整合产业链、创新链、资金链、人才链，加快规上工业企业研发全覆盖。强化产业研究院、制造业创新中心一体联动，加强前沿和关键共性技术研发供给、转移扩散及首次商业化，推进产学研用深度融合。加强先进制造技术研发，推进前沿技术创新，加快发展新型制造技术和工艺，增强高度复杂产品研发设计和系统集成能力。

2. 大力推动产业强链提升

统筹推动产业链、创新链、供应链、要素链、制度链五链深度耦合，协同推进创新强链、数字融链、转型延链、多元稳链、招商补链、生态畅链"六大行动"，加快培育产业生态主导性"链主"企业、供应链综合服务商，持续提升产业链现代化水平。创新集群发展服务模式，深入实施产业链链长和产业联盟会长"双长制"，积极协调解决产业链中存在的"断点""堵点""卡点""痛点""难点"问题，加快补链、延链、建链、强链、提链，全力提升产业链韧性、根植性和竞争力。加快筹建河南"产业大脑"，提升产业集群和链条数字化服务与决策能力，推动河南更多的产业链在全国乃至全球领先。

3. 加快产业群链协同

统筹推进高端产业发展和中低端产业升级，促进产业门类合理布局、协调发展。深化技术改造和科技赋能，加强新技术、新工艺、新材料、新设备应用，加快材料、装备、汽车、食品、轻纺等传统支柱产业结构升级，增强全产业链竞争优势。加快关键核心技术创新应用，构建引领河南制造、具有河南特色的新兴产业生态，打造制造业强省新引擎、新支柱。深入推进重点产业链与先进集群培育。坚持一群多链、聚链成群，以培育壮大 28 个重点产业链为核心，聚力打造七大先进制造业集群，促进要素高效集聚、资源高效整合、协作高效紧密，构建先进制造业集群网络，实现产业由空间集聚向集群发展的全面跃升。

（三）加大培育市场主体力度

市场主体是现代经济的力量载体，也是产业高质量发展的重要支撑。习近平总书记强调，"要千方百计把市场主体保护好，为经济发展积蓄基本力量"。[①]

1. 培育优质市场主体

市场主体是青山，也是金山。实践证明，市场主体多、发展好的地方，经济更有活力和韧性。目前河南规模以上工业企业才 2 万多家，不足广东、江苏、浙江的一半，与工业大省的地位不太匹配。必须把标尺标杆树起来，全方位、多领域加大小型微型企业支持力度，加快"个转企、小升规"进程，推动规下企业批量、加速晋档升级。要把培育优质企业放在更加突出的位置，围绕培育一流企业、做强市场主体，部署开展头雁企业、"专精特新"企业、"单项冠军"企业培育和民营企业对标提升活动，健全梯队培育机制，壮大优质企业。在传统优势产业领域中重点培育扶持百亿级"头雁"和"链主"企业，形成一批制造业"单项冠军"；在新兴产业领域加快培育 10 亿级和生态主导型企业，带动产业建链延链补链强链；在未来产业领域依托现有关联产业企业基础和研发机构，重点孵化一批能够规模化倍增发展的中小微企业。当前，"专精特新"已成为中小企业实现高质量发展的普遍共识和必由之路。"专精特新"企业"小而尖""小而专"，拥有各自的"独门绝技"，在产业链上具备一定的话语权，正是一个产业补链、延链、强链的根基。针对"专精特新"企业，要一企一策、精准培育、创新推动发展。加强部门协同联动，充分发挥政策叠加效应，为"专精特新"中小

[①] 《习近平在企业家座谈会上的讲话》，《人民日报》2020 年 7 月 22 日，第 2 版。

企业定制专属服务包，提供个性化、专业化的贴身服务，推动"专精特新"中小企业高质量发展。加快形成由创新型中小企业、"专精特新"中小企业、专精特新"小巨人"企业、制造业"单项冠军"企业构成的优质企业梯度培育体系，让"专精特新"充分涌流、"瞪羚"企业"铺天盖地"、"独角兽"龙头顶天立地，让中小企业实实在在办大事、挑大梁。

2. 推动企业融通发展

一条产业链、供应链上的大中小企业是利益共同体，也是命运共同体，需要协同推进、融通发展。我们要看到，很多中小微企业抵御风险的能力相对较弱、实现盈利的水平相对较低，需要扶一下、帮一把。在扶持独角兽、巨无霸企业的同时，要让更多的"专精特新"企业获得普惠支撑。大企业必须为中小企业留出"市场缝隙"，才会有健康的产业和商业生态。要积极搭建大中小企业融通发展平台，分行业探索建立大中小微企业协作配套产业联盟，充分发挥大企业作用，带动产业链上下游中小企业加强协作配套。引导企业开展供应链协同、创新能力共享等融通发展模式，支持大企业将中小企业纳入供应链体系，鼓励中小企业对接行业龙头，走"以小补大""以专配套""专精结合"的融通发展道路。推动大中小企业协同创新，支持龙头企业牵头组织创新联盟、创新联合体，推动上下游、大中小企业创新资源融通、整合、共享。

3. 构建企业成长良好生态

"草灌乔"是20世纪80年代西部开发当中的一个经验教训，因为当时西部很干旱，直接种大树的话，很可能会活不了。这给河南带来的启示是：一定要把种草作为改造底层生态的关键，首先在草这个"点"上立足，水分涵养够了，自然就会长出灌木、乔木，还能形成一个"草灌乔"大生态。要为市场主体生存与发展创造有韧劲、有弹性的良好生态，盯紧制约企业发展的瓶颈难题、产业发展的共性问题精准发力，建立公平、开放、透明的市场规则和市场化、法治化、国际化的营商环境，增强产业生态辐射力、亲和力和韧性，充分释放各类市场主体活力。要落地、落细、落实各项惠企政策，着力推动将"企业找政策"转变为"政策找企业"，把惠企政策用好、用实、用足。加强对企业家的培养、激励和保护，建立健全企业家参与涉企政策制定机制，大力弘扬企业家精神和新时代豫商精神。推动企业发挥市场主体作用，培养战略眼光、全局思维，在新发展格局当中抢抓机遇、提档晋级，加快成为中高端、关键环。

参考文献

河南省统计局、国家统计局河南调查总队：《2022 年河南省国民经济和社会发展统计公报》，2023 年 3 月 23 日。

徐金海、夏杰长：《加快建设以实体经济为支撑的现代化产业体系》，《改革》2023 年第 8 期。

刘戈非、任保平：《新时代中国省域地方经济现代化产业体系的构建》，《经济问题探索》2020 年第 7 期。

李铎：《建设具有河南特色的现代化产业体系》，《河南日报》2023 年 7 月 30 日。

B.4
河南节能环保产业发展态势
与提升对策研究

牛雪妍*

摘 要： 节能环保产业作为战略性新兴产业之首，是推动绿色低碳发展的重要保障。发展节能环保产业有助于实现碳达峰碳中和目标，推动经济可持续发展，建设资源循环型产业体系。"十三五"期间，河南节能环保产业规模逐渐扩大、部分领域优势突出、集聚效应初步显现、创新能力持续增强、平台载体相继建立，呈现较好的发展态势，成为全省制造业高质量发展新的增长点。但从总体上看，河南节能环保产业仍面临着产业规模小、龙头企业数量少、创新驱动不足、服务体系不健全、部分政策执行不到位等问题。"十四五"期间，为进一步推动河南节能环保产业发展，可以通过促进产业集群式发展、构建优质企业梯度培育体系、加强技术创新驱动、数智赋能引领产业纵横向拓展、加大政策扶持力度等方式，助力节能环保产业链提能晋级，建立具有河南特色和比较优势的现代化产业体系，为河南制造业高质量发展提供强劲的绿色动力。

关键词： 节能环保产业 河南省 绿色低碳 现代化产业体系

随着全球气候变化和资源环境等问题日益突出，依靠以牺牲环境为代价的高投入、高消耗、高排放的粗放型经济增长方式已成为过去式，

---

* 牛雪妍，河南省社会科学院数字经济与工业经济研究所研究实习员，研究方向为产业经济。

坚持走高效清洁、绿色低碳发展道路成为全球共识。党的十八大报告首次提出要"着力推进绿色发展、循环发展、低碳发展",党的二十大报告又进一步指出"推动经济社会发展绿色化、低碳化是实现高质量发展的关键环节","加快节能降碳先进技术研发和推广应用,倡导绿色消费,推动形成绿色低碳的生产方式和生活方式"。作为经济高质量发展的绿色新动能,节能环保产业是绿色产业的主力军,指为节约能源资源、发展循环经济、保护生态环境提供物质基础和技术保障的产业,包括节能、环保、资源循环利用三大分支产业,涉及 23 个细分行业,具有产业链长、关联度大、应用空间广、拉动就业能力强的特点。节能环保产业是国家七大战略性新兴产业之首,对于推进经济社会绿色低碳转型、实现碳达峰碳中和目标、应对气候变化、建设资源节约型环境友好型社会具有重要的现实意义。

一 河南省节能环保产业发展态势

近年来,河南省委、省政府坚持"绿水青山就是金山银山"的发展理念,以绿色低碳高质量发展为主攻方向,以实现碳达峰碳中和为主要抓手,全面提升节能环保技术、装备和服务供给水平。"十三五"期间,河南将节能环保产业视为经济稳增长的重要支撑点,深入打好污染防治攻坚战,不断强化政策支撑,深化市场带动,推动传统产业绿色升级,使节能环保产业得到迅速发展。进入"十四五"时期,河南进一步培育壮大节能环保产业,加快建链、强链、补链、延链,提升产业链、供应链现代化水平,打造研发、设计、制造、服务"四位一体"的现代化产业体系,推动河南节能环保产业在现有基础上实现又好又快发展。

(一)产业规模逐渐扩大

河南高度重视节能环保产业发展,相继出台了《河南省"十四五"生态环境保护和生态经济发展规划》、《河南省"十四五"节能减排综合工作方案》和《河南省工业领域碳达峰实施方案》等政策，将节能环保产业作为"十四五"期间重点培育的十个重大先进制造业集群和十个优势战略性新兴产业链之一，并成立产业链工作专班，力争到2025年建成全国重要的万亿级节能环保装备及服务产业集群，形成链式集群新格局，成为拉动全省经济增长的新动能。当前，河南节能环保产业呈加速发展态势，产业规模不断扩大，行业整体发展态势良好，绿色转型持续推进，项目带动作用明显。据初步统计，"十三五"以来全省节能环保产业主营业务收入年均增长近15%，2022年主营业务收入超过5200亿元，2023年上半年全省规上节能环保产业增加值增长12.4%。节能环保装备及应用规模约2000亿元，其中节能环保装备规模500亿元左右；节能环保装备企业近5000家，其中规模以上企业近300家；直接和间接从事环保技术及装备产业的企事业单位3000多家，其中产值达亿元以上的企业有30家，从业人数超过50万人；实施"三个一批"重点项目200多个，总投资超过1000亿元；遴选出3批共计69家节能环保示范企业，龙头企业引领带动作用进一步增强。

（二）部分领域优势凸显

河南在节能环保装备领域优势突出，尤其是在固体废弃物处理装备、大气污染防治装备、生活垃圾回收利用装备、大气监测仪器、节能锅炉、节能变压器和电机、余能回收利用装备等整机制造方面，部分技术及装备国内领先。其中，在固体废弃物处理方面，中信重工自主研发的"利用水泥窑协同处置生活垃圾技术及装备研究开发"项目，在城市生活垃圾处置上取得革命性创新突破。在大气污染防治装备方面，东大高温节能材料与中国科学院过程所合作开展的低成本宽温度烟气脱硝催化剂项目、天誉环保的湿式氨—硫酸铵脱硫工艺及系统、中材环保的电袋复合除尘技术等在国内具备较强的影响力。在生活垃圾回收利用方面，宇通重工形成了以环保设备、环保工程、工程起重机和矿用自卸车为代表的新业务。在节能锅炉方面，郑锅股份研发了DHX型/SHX型循环流化床锅炉、QXX高速外循环/低速内循环流化床锅炉、ZG 型节能低氮循环流化床锅炉等序列化高效清洁循环流化床锅炉，成为能源行业的绿色先锋。

（三）集聚效应初步显现

立足各地产业基础和功能定位，河南已在郑州、洛阳、平顶山、许昌、南阳、商丘、周口等地初步形成了产业特色鲜明、规模效益明显的节能环保产业集聚区，如周口节能锅炉、许昌节能电气、商丘医疗垃圾处置装备、民权制冷等产业集群。其中，郑州经济技术开发区和高新技术产业开发区依托康宁特、郑州锅炉、宇通重工、中原环保、华夏碧水、郑煤机等一批龙头企业，在节能制冷设备、大气污染防治装备、节能低碳锅炉以及环保工程施工和服务等领域占据领先优势。洛阳拥有中原绿色智造产业园和偃师产业集聚区，培育出以中信重工、隆华科技、双瑞特装、中重发电、天誉环保、瑞昌环境等为代表的龙头企业，在余热余压发电设备、烟气治理设备、节能通用设备等产业链环节占据优势地位。鹤壁、许昌和周口等地形成了鹤壁市静脉产业园、许昌环保装备和服务产业园、长葛市大周再生金属循环经济产业集聚区、太康县产业集聚区等，拥有天海环球电器、森源电气、艾浦生、鑫金汇、葛天再生资源、四通锅炉等一批在生活垃圾焚烧发电、工业废弃物资源循环利用、节能锅炉等领域具有特色的优势企业。

（四）创新能力持续增强

科技创新是引领产业低碳转型的第一动力。近年来，河南不断提升技术研发和创新能力，推动节能环保技术从"跟跑并跑"转向"创新主导"。在创新平台建设上，重点企业充分发挥创新主体作用，加强与专业化研究机构和科研院所的联合，打造了一批国家级、省级重点实验室，建立了一批工程技术研究中心、产业技术创新战略联盟、产业研究院和制造业创新中心。例如，中信重工的矿山重型装备领域企业国家重点实验室、四通锅炉的真空锅炉工程技术研究中心、清水源的水处理剂工程技术研究中心、华北水

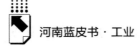

利水电大学与水利投资集团合作建立的水环境模拟与治理重点实验室等，在资源循环利用、先进环保、高效节能等装备领域取得重大创新成果。在绿色生产上，河南拥有一大批国家认定的节能环保技术装备和节能产品，包括变压器、锅炉、内燃机等，带动了高效节能技术、装备和产品的绿色消费和绿色生产的应用推广。2023年，河南共30家企业以先进的生产技术、工艺和设施入选数字化能碳管理中心，通过数字赋能持续引领行业绿色低碳转型发展。

（五）平台载体相继建立

河南是国家循环经济试点省，具有较好的产业基础条件、丰富的人力资源、巨大的市场需求和承东启西的区位优势。当前，河南正积极扩大对外开放，深化交流合作，围绕节能环保领域开展产销对接、技术研讨、招才引智等，不断加强平台载体建设，促进资源集聚，提供优质服务，打造具有竞争力的现代化产业体系。在经贸合作上，承办了中国（河南）国际节能环保装备产业链产销对接博览会、河南省节能技术改造与服务供需对接会、中国产业转移发展对接活动（河南）等一系列大会，通过高端论坛、专题推介、产业对接、展览展示等方式吸引国内外节能环保装备龙头企业和大批带动能力强的好项目到河南落地发展。此外，河南通过举办节能环保装备产业链工作推进会、先进水处理技术产业对接会、绿色技术科技成果对接交流会等，分享先进技术和政策机制，促进问题和应用技术精准对接，推动产学研深度融合创新，加速科技成果推广应用和产业化，加强产业链分工协作和各自领域精耕细作，共谋绿色低碳发展之路，推动河南节能环保产业发展壮大。

二 河南省节能环保产业发展存在的问题

我国大力实施节能减排工程，建立绿色低碳循环经济体，持续改善生态环境质量，为节能环保产业提供了巨大的市场空间和需求潜力，使其迎来了前所未有的发展机遇。河南节能环保产业经过多年发展，虽势头良好且取得了积极成效，但仍处于起步探索阶段，发展基础较为薄弱，对产业绿色转型的助推作用尚未完全发挥，与经济社会整体发展水平还不相适应。主要表现在产业规模、企业培育、创新效能、服务体系、市场环境等方面与发达地区相比仍存在一定差距，制约河南节能环保产业高质量发展和提质跃升。

（一）产业规模总体偏小，财政支出额下降

"十三五"以来，河南省节能环保产业虽得到较快发展，但从整体上看，发展水平还比较低。统计数据显示，中国节能环保产业产值从2015年的4.5万亿元上升到2020年的7.5万亿元左右，2022年产值超8万亿元，预计"十四五"期间，市场规模有望突破10万亿元。而2022年河南省节能环保产业规模仅占全国的6.5%，产业规模总体较小。同时，与国内发达地区相比存在较大差距。数据显示，江苏省是全国节能环保产业发祥地，起步早、发展快、规模大、质效高，集群化特征明显，"十三五"以来，江苏节能环保产业以年均8%以上的速度增长，2022年主营业务收入超8300亿元，规模约占全国的25%，在国内具有较强的比较优势；2022年浙江省节能环保制造业规模以上工业增加值为2585亿元，同比增长4.1%，基本形成了门类较齐全、具有一定规模的产业体系。河南与之相比，尚处于产业化初期，规模效应不明显，对经济的贡献率偏低，综合实力有待进一步提升。

从财政预算支出来看，2022年，我国节能环保支出为5396亿元，比上年下降2.5%；广东省是节能环保支出最高的省份，达457.61亿元，浙江省则支出223.16亿元。与全国和其他省份相比，河南节能环保支出明显不足，2022年支出额为184.21亿元，仅占全国的3.4%，同比下降12.5%，相比于2017年下降57.44亿元（见图1），占全省全年一般公共预算支出的比重由2017的2.9%下降到2021年的2.2%，一定程度上制约了河南节能环保产业的健康发展。

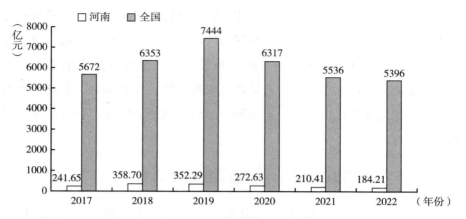

图1　2017~2022年全国与河南节能环保一般公共预算支出对比

资料来源：财政部和河南省统计局。

（二）龙头企业数量较少，集群辨识度不高

河南支持节能环保产业发展壮大，鼓励企业做大做强，大力培育龙头企业，并积极引进优质技术、优质资本、优质企业入驻，虽有中信重工、清水源、森源电气、华夏碧水、康宁特等一批知名企业，但在全国有影响力和竞争力的大企业不多，品牌影响力不够，带动引领能力不强，缺少优势鲜明、特色明显的龙头企业。目前，河南节能环保企业体量偏小，以中小企业为主，约占总数的70%；规上企业数量不足全国的5%，产业规模仅占全国的7%左右。其中，产值超过100亿元的节能环保装备企业仅1家，50亿~100亿元的企业2家，10亿~50亿元的企业7家，4亿~10亿元的企业14家，规模普遍较小，整体实力较弱，产业发展后劲不足。

此外，河南节能环保产业发展集中度不高，特色集群辨识度不明显。虽然围绕郑州、洛阳、新乡、许昌、商丘、南阳等地布局了一些专业园区和产业基地，拥有一批相关企业，但企业数量较少，尚未聚点成链，未在全国形成如江苏无锡的中国宜兴环保科技工业园、合肥蜀山的"中国环境谷"、四川成都的金堂节能环保产业基地等具有一定知名度和影响力的标志性产业链和特色优势集群。

（三）自主创新能力偏弱，技术支撑力不足

科技创新能力不足一直是制约河南工业发展最突出的短板。一方面，河南节能环保产业技术研发能力不强，一些关键核心技术掌握不透，设计与制造力量薄弱，关键设备需进口，尤其是在高性能膜材料、关键零部件、土壤污染修复装备、环卫清洁装备、节能和环境监测装备等产业链关键环节存在技术瓶颈，性能、可靠性、稳定性和整机制造能力有待提高。同时，研发投入不足，2022年河南R&D经费投入1143.3亿元，位居中部六省第四；研发投入强度为1.86%，低于全国平均水平（2.54%），严重影响产业发展壮大。

另一方面，河南节能环保专业人才匮乏，具有创新能力的高端团队和人才偏少，且地域分布不均衡，人才配置和流动有限，对产业的引领带动能力不强。目前，全省紧缺钢铁、化工等材料研发专家，污泥、生态修复、大气监测仪器等环境技术研发专家，传感器、轴承等关键零部件研发专家，大气环境监测、水生态等施工及服务工程师。同时，以企业为主体的节能环保技术创新体系不完善，产学研用协同创新发展程度不高，产业链创新链耦合不紧密，导致基础研究和产业化应用脱节，科研成果转化率不高。

（四）产业整体质量不高，服务业发展滞后

河南省节能环保产业多集中在较为低端的节能环保设备制造、建筑材料制造以及废矿废渣的重复利用上，成套能力弱，设备标准化、智能化、模块化发展程度不高，低水平重复建设现象严重。同时，产业结构不合理，以一般产品为主，低端产品同质化竞争激烈，节能装备中余热高效利用技术及装备、大型储能装备少，系统能源优化装备更少，高端产品供给能力远远不能满足日益增长的市场需求，产品技术含量和附加值不高，产业整体质量效益有待进一步提升。

此外，河南节能环保产业链下游应用服务领域发展滞后，大多数服务企业规模较小、服务水平较低，尤其是节能诊断、能源审计、水平衡测试等节

能服务以及系统设计、工程施工、调试运行、维护管理等环保服务，需重点提升服务品质和能力，不断向新兴节能环保服务业延伸。同时，配套服务体系不健全，合同能源管理、环境污染责任保险和火电厂烟气脱硫特许经营等市场化服务模式亟待完善。节能环保公共服务平台较为缺失，特别是依托数字技术与平台创新的服务模式发展相对滞后，制约了产业进一步落地发展。

（五）政策机制有待完善，产业生态不健全

产业高质量发展离不开完善的政策支撑和高效的市场管理体制。目前，河南节能环保产业与国内外发达地区相比，发展环境仍需进一步优化。一方面，政策机制有待完善。尽管已出台了多个节能环保领域的行动规划方案，但市场制度未能有效建立，节能环保法律法规和标准体系不健全，资源性产业价格改革和环保收费政策不到位，财税、金融、人才补贴等政策与构建现代化产业体系的现实需求不匹配。另一方面，市场秩序和规范度不足，存在地方保护、行业垄断、恶性竞争的现象。企业对技术改造和创新的积极性越来越低，部分中小企业面临较高的行业门槛，只能以低质低价获取市场份额，严重影响了节能环保产业落地生根、有序发展。同时，在制度实施过程中，由于节能环保产业经常同时涉及节能和环保两个行业，不同行业间标准存在差异，因此市场监管困难，难以保障市场正常运行和市场主体的合法权益，从而破坏市场竞争秩序。

三 推进河南节能环保产业发展的对策建议

当前，我国经济社会已进入加快绿色化、低碳化的高质量发展阶段，依靠过度消耗资源、严重破坏环境来推动经济增长，不仅难以为继，还会危及人类社会发展。通过同步推进高质量发展和高水平保护，坚持在发展中保护、在保护中发展，在绿色低碳转型中推动经济实现质的有效提升和量的合理增长成为新发展阶段的必由之路。我国作为世界上最大的能源消费国之一，面临着资源能源约束紧、环境容量有限、生态系统脆弱的挑战，在碳达

峰碳中和目标下，节能环保产业已成为新的经济增长点。发展节能环保产业是调整经济结构、转变经济发展方式的内在要求，更是经济新常态下的必然选择。河南坚决落实好黄河流域生态保护与高质量发展重大战略，加大力度培育发展节能环保产业，把生态绿色低碳作为现代化产业体系的鲜明底色，为统筹经济高质量发展和生态环境高水平保护提供新动能。

（一）实施精准招商，打造特色优势产业集群

按照河南节能环保产业链图谱，以"建链、补链、强链"为抓手，实施精准招商，壮大产业集群，构建现代化产业体系。一要聚焦优势领域，打好基金招商、飞地招商、以商招商等"组合拳"。发挥省新兴产业投资引导基金的带动作用，引导社会资本共同参与；鼓励河南与先进地区共建"飞地"园区，吸引优质企业和重点项目落地；发挥中信重工、许继电气、清水源、康宁特等龙头企业的资源优势与掌控力，招引上下游配套企业入驻，延展产业链布局，提升产业集聚力。二要树立招商引资"一盘棋"思想。落实"链长制"，明确"双招双引"重点企业、集群和技术团队。积极组织河南节能环保企业参与中国河南国际投资贸易洽谈会、中国产业转移发展对接活动（河南）、进博会、工博会等，举办专题招商推介会，搭建供需对接平台，深化开放合作，支持落地企业与本地企业和上下游企业加强协作，吸引企业集聚。三要依托郑州、洛阳、周口、许昌等地在大气污染治理、余热余压利用、节能锅炉、节能电机等领域的产业基础和优势特色，打造郑州节能环保综合装备和服务、洛阳高效热能传导装备和固废处理装备、周口节能锅炉、许昌节能电气等产业集群，培育一批集技术研发、成果孵化、设备制造、工程设计、公共服务等于一体的产业基地，强化集群引进，努力打造具有全国影响力、竞争力和知名度的特色节能环保产业集群。

（二）激发主体活力，开展优质企业梯队培育

企业是产业发展的核心主体，加强优质企业梯度培育，充分发挥大企业主力军和中小企业生力军作用，构建大中小企业融通发展的良好生态，是激

发市场主体活力、推动制造业高质量发展的必然要求。一要做大做强龙头企业。深入实施制造业头雁企业培育行动，依托郑州、洛阳、商丘、许昌等地的产业基础，"外引+内培"一批有规模、有潜力、竞争力强的龙头企业，打造集装备研发制造、工程总承包、运营管理维护于一体的头雁企业和综合解决方案提供商，发挥辐射带动作用。二要做精做优中小企业。建立"专精特新"企业培育库，提升节能环保中小企业专业化水平和配套服务能力。引导"专精特新"中小企业聚焦特定细分领域精耕细作，在激光器、密封件、传感器等关键核心零部件上实现自主可控，加快产品创新和迭代升级，打造一批专注细分市场、创新能力强、市场占有率高、质量效益优的单项冠军、隐形冠军，实现行业领跑。三要促进大中小企业融通发展。支持龙头企业发挥产业生态引领作用，向中小企业开放品牌、技术、设备、场地、资金、人才等资源禀赋和要素优势，支持中小企业进入龙头企业供应链，实现精准补链，鼓励各地培育大中小企业融通创新平台和基地，通过"以大带小、以小托大"，形成协同、高效、融合、顺畅的大中小企业融通创新生态。

（三）重视科技引领，健全产业技术创新体系

坚持科技自立自强，实施创新驱动战略，为产业高质量发展提供重要动力和方向。一要强化龙头企业技术创新主体地位。引导各类创新要素向企业汇聚，鼓励企业组建省级制造业创新中心、产业技术研究院、产业链创新联合体等。依托创新平台引培高层次团队和人才，开展重大装备技术攻关，突破固废处理装备整机制造技术、节能和环境监测技术、垃圾压缩设备整机生产技术等一批基础共性技术，研制一批高端智能节能环保装备，提高企业科创能力。二要形成以企业为主体、产学研高效协同的创新体系。畅通企业、高校和科研院所沟通交流渠道，共建节能环保领域国家和省级重点实验室、技术创新战略联盟、交叉学科研究平台等，实施节能减排、污染治理、生态保护等重大科技专项，加快科技成果向现实生产力转化，实现科学研究、实验开发、推广应用三级跳，使更多创新成果走出实验室、进入产业链。三要

围绕本地节能环保产业发展需求，支持市县企业"走出去"。在郑州及沿海发达城市设立"科创飞地"和研发中心，利用飞入地人才、技术等资源，开展技术联合攻关，实现科创要素与产业要素对接，推动域外研发孵化、本地科研成果转化落地，促进创新资源共享和跨区域"双链融合"，构建创新生态圈，为本地节能环保产业高质量发展服务。

（四）强化数字赋能，提升产业链现代化水平

以产业数字化推进绿色低碳转型，形成数字化绿色生产方式，是实现"双碳"目标的关键抓手。一要推动新一代信息技术与节能环保产业深度融合，加快企业数字化、网络化、智能化转型，支持企业建设数字化车间、智能工厂，打造智能制造标杆企业，推进制造业集群数字化转型，探索链式智能化改造模式，带动全产业链数字化智能化升级。二要引导企业利用大数据、物联网、云计算等信息技术，探索"互联网+"模式，打造行业级工业互联网平台，支持企业上云，汇聚行业数据、降低运营成本、提供服务增值，以数据赋能带动产业价值链提升，推动节能环保企业从传统生产制造向高端智能制造迈进。三要推动先进制造业和现代服务业深度融合。支持节能环保企业向产业链后端延伸，推动服务模式创新，探索"装备+平台+服务"一体化发展模式，建设融合公共服务平台，提升节能环保装备成套化水平、产品远程运维和智能化改造服务能力，培育一批节能环保综合解决方案提供商，实现生产型制造向平台服务型制造转型。

（五）完善体制机制，加快示范推广品质升级

河南节能环保产业正处于提质增效的关键阶段，应进一步完善政策体系，优化营商环境，引导产业规范健康发展。一要加强政策保障和扶持力度。落实国家有关节能、环保、资源综合利用等优惠政策，开展"万人助万企"活动，为企业提供针对性有效服务。加强土地、资金、财税、政府采购等要素保障，为优势项目优先供地，引导各类资本进入节能环保领域，落实税收优惠制度，搭建政银企项目合作平台，加大绿色创新产品政府采购

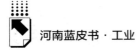

力度。加强行业监管，形成有效的行业标准和准入门槛，保障行业发展质量，营造公平竞争的市场环境。二要加大示范推广。在大气污染治理、城乡污水和垃圾处理、建筑垃圾综合化处理、医疗垃圾处理等领域，实施一批示范作用明显、带动性强的项目工程。通过示范目录、专业展会、诊断应用等方式，加快新型节能环保装备产品推广和先进技术产品应用落地。鼓励企业实施绿色化改造，建立绿色工厂、绿色园区、绿色供应链，推广应用新型节能环保装备。三要发展品质制造。开展质量提升专项行动，支持企业建立全员、全方位、全过程的质量管理体系，应用国际先进质量管理方法，实现质量水平和产品档次跃升。鼓励企业积极参与标准制定，实施高于国家标准的企业标准，推动优势技术和标准成为国际标准，全面提升河南节能环保企业品牌知名度和集群影响力。

参考文献

时希杰：《"十四五"时期，推进节能环保产业高质量发展的思考》，《中国能源》2022 年第 6 期。

王鹏辉：《我国节能环保产业的发展现状与发展路径研究》，《企业科技与发展》2019 年第 10 期。

木其坚：《节能环保产业政策工具评述与展望》，《中国环境管理》2019 年第 6 期。

裴其娟：《节能环保装备产业向"绿"而行》，《郑州日报》2023 年 6 月 12 日。

于善甫：《绿色低碳转型：引领生态强省建设》，《河南日报》2023 年 3 月 2 日。

B.5
河南先进计算产业发展态势
与提升路径

摘　要： 近年来，河南抓住先进计算产业发展机遇抢先布局，先进计算产业实现了从无到有的跨越发展，产业链条逐步完整，集群优势逐步显现，产业生态日益优化，应用场景快速拓展。但是与快速增长的算力需求相比，河南先进计算产业发展能级仍有待提升，产业高质量发展存在自主创新能力不够强、产业链条不够完整、计算人才储备不够足等制约因素，应通过系统化创新、集群化布局、链条式发展等提升路径突破产业高质量发展的瓶颈。

关键词： 先进计算产业　算力　河南省

随着数字化和智能化的快速发展，"算力是新的生产要素"成为全球共识，与算力有密切关系的先进计算技术和先进计算产业也展现出了强大的活力和巨大的发展潜力。世界多国政府、科研机构、市场主体等正加速推进先进计算领域的基础研究、应用研究和前沿布局。河南为抓住先进计算产业发展机遇，率先在全国布局鲲鹏计算产业，积极推动计算产业与传统产业深度融合，经过几年的发展，河南先进计算产业不但实现了从无到有的跨越，还带动了传统产业加速转型。但是，不管是与快速增长的算力需求相比，还是与先进计算产业强省相比，河南先进计算产业发展能级仍有待提升，产业自主可控发展还面临诸多挑战。

---

*　林风霞，河南省社会科学院数字经济与工业经济研究所副研究员，研究方向为产业经济。

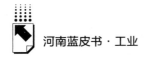
一 河南先进计算产业发展现状分析

2020 年以来，河南先后出台《河南省鲲鹏计算产业发展规划》《河南省大数据产业发展行动计划（2022—2025 年）》《河南省"十四五"数字经济和信息化发展规划》等，积极打造先进计算产业新高地。到 2022 年底，全省核心计算产业规模已经接近 300 亿元，2023 年产业规模预计超过 500 亿元。

（一）企业引育初见成效，产业链条逐步完整

先进计算产业链是目前河南重点培育的 28 条产业链之一，包括核心元器件、整机、基础软件、平台、应用、数据等层次。围绕打造先进计算产业链，河南瞄准行业龙头企业，引进培育了超聚变、黄河信产、浪潮（郑州）、龙芯中科、紫光、长城等重点企业，并以这些企业为龙头，引进培育上下游配套企业，逐步形成了从核心部件制造、整机组装、外围设备生产到软件适配较为完整的先进计算产业链。其中，超聚变是全球领先的算力基础设施及算力服务提供商，2022 年产值达到 235 亿元，市场份额居全国前三。该公司努力成为一家生态型企业，目前已经引进落地记忆科技、美盈森等 10 多家上下游配套企业，随着该公司将研发中心和全球总部基地建在郑州，河南先进计算产业的整体研发水平有望得到持续提升。黄河信产主要自主设计生产服务器、PC、板卡，以及提供软硬一体解决方案，具备年产 36 万台服务器和 75 万台 PC 的产能。浪潮（郑州）生产基地主要生产自主创新的计算机和云计算装备。龙芯中科围绕芯片、主板、CPU 等关键环节，已经布局板卡、芯片封装测试等项目。在软件方面，超聚变开发的服务器操作系统，填补了河南在操作系统等基础软件领域的空白；在适配中心建设方面，河南建成了中原鲲鹏生态创新中心、河南省信创服务保障中心等。

（二）集群优势逐步显现，产业生态日益优化

按照省政府建设千亿级先进计算产业集群的要求，河南突出集群建设原则，积极与华为等龙头企业合作，在服务器、计算机等领域引进培育引领型链主企业和具有"撒手锏"的配套企业，推动产业的集约化、基地化发展。全力打造集研发、生产、融合应用于一体的产业发展生态，持续完善政府资金稳健投入机制，统筹应用先进制造业集群培育基金、战略新兴产业基金、新兴产业投资引导基金等，支持先进计算产业重大项目建设；围绕产业链部署创新链，初步建立了相对开放、协同发展的创新生态系统；支持人才引进培育，形成了分层次、特色化的鲲鹏人才培养体系，校企联合培养的研发型、应用型、技能型等各类计算人才已经超过2万人，有效破解了全省计算产业自主创新应用体系建设的人才短缺问题；深化行业应用，积极推动计算产品在政务、能源、交通等领域的示范应用；推动合作交流，在郑州举办了计算产业生态大会等，积极扩大品牌影响力。目前，河南在郑州、许昌、鹤壁、洛阳等市已经逐步形成特色鲜明、相对集聚的先进计算产业集群，产业链关键环节的支撑能力不断增强，自主创新应用生态加速形成。如郑州超聚变全球总部及研发基地、许昌黄河鲲鹏生产基地、鹤壁龙芯中科产业基地，均实现了引入一个龙头企业，培育一流的产业链条，发展成为一个特色产业集群。

（三）算力基建加快布局，应用场景快速拓展

河南积极布局超算、智算等先进算力设施，加快建设新型数据中心和边缘数据中心等通用算力设施，以期打造中部算力高地。目前，河南已经建成国家超级计算郑州中心、中原人工智能计算中心一期。在数据中心建设方面，仅郑州一市已经具有17个在用的互联网数据中心（IDC），包括5个超大型IDC、1个大型IDC、11个小型IDC，机架设计规模和服务器设计规模分别达到8.1万架和80万台，算力规模达到2100P。积极支持算力应用，探索建立了以"算力券"为核心的算力平台运营结算分担机制。围绕融入

我国"东数西算"工程，河南率先在全国加快城市算力网络建设，全面启动数据、算力和算法基础设施化产业规划项目，推动各方算力资源的有效整合、灵活调度和高效利用。算力加速赋能千行百业，目前，国家超级计算郑州中心具备了高计算密度与广泛的业务适配性，可以广泛应用在精准医学、生物育种、国土资源管理等场景，满足高性能计算、大数据、人工智能等的算力需求。中原人工智能计算中心的 AI 算力已经应用在反诈模型等场景，为人工智能、元宇宙等产业发展提供算力供给。

二 河南先进计算产业高质量发展面临的制约因素分析

近年来，由于在先进计算产业领域引入华为、浪潮、龙芯中科、紫光等行业龙头企业，河南自主先进计算产业体系得到较快发展，但是自主创新能力不够强、产业链条不够完整、计算人才储备不够足等问题仍然制约先进计算产业进一步发展。

（一）自主创新能力不够强

在国家自主可控体系建设要求下，我国计算机、CPU、芯片等国产化进程加快，特别是芯片产业。近年来，美国联合其他国家持续对我国芯片产业进行封锁，试图阻止我国高端芯片技术的发展，反而促使我国加快芯片研发，目前国产高端芯片已经获得突破。但是，我国先进计算产业整体技术水平仍与国际行业巨头存在较大差距，计算核心技术受制于人、部分关键零部件严重依赖进口问题仍然存在，自主创新能力及产业发展的自主性仍需提高，河南亦是如此。一直以来，英特尔、英伟达、三星、SK 海力士等国际巨头凭借在计算核心部件、高端芯片方面的技术领先优势，持续主导行业发展。我国在高性能 CPU、GPU、FPGA、ASIC 等核心部件领域，仍需提升整体研发实力。

（二）产业链条不够完整

目前，河南电子信息产业规模总体偏小，占全国比重不高，计算终端产品结构单一，以组装和代工为主，研发设计能力相对薄弱，软件业务收入占比较低，这导致电子信息产业对河南先进计算产业发展的支撑作用不强。河南先进计算产业链主要布局在中游的整机、服务器环节，布局在上游芯片、核心元器件等环节的企业还不多，主板、显卡、硬盘等核心零部件生产方面亟须提升产业配套能力，处理器、射频功放、滤波器等关键核心部件的研发与制造能力均有待提高，在操作系统、数据库、应用软件、外接设备等适配方面需要加快发展。此外，河南计算终端产品生产以组装为主，如许昌黄河鲲鹏计算机生产基地是全国众多的鲲鹏系生产基地之一，存在不掌握核心技术、产品同质化问题，还需完善产学研用协同创新体系，积极建设高水平科技研发平台，面向重点行业场景推进融合应用创新。

（三）计算人才储备不够足

计算技术领域需要大量的人才，包括算法设计师、系统架构师、软件工程师、网络安全工程师等。目前，河南省先进计算产业既缺少具有行业创新引领能力的高端人才，又缺少经验丰富的技能型人才。高端人才储备不足表现为河南在类脑、量子等前沿计算技术领域缺少研发领军人才及团队，前沿技术积累较少。技能型人才紧缺主要表现在技能人才总量短缺，且结构也欠合理，尤其是高技能人才的需求缺口较大。具体来看，在产业链上游，重点缺乏系统集成方案工程师、软件开发工程师、嵌入式工程师、硬件工程师等；在产业链中游，重点缺乏产品机械设计师、技术研发工程师、应用工程师等；在产业链下游，重点缺乏运维工程师、售前技术支持工程师等。据笔者在郑州软件企业调研，一些已经引入的软件企业因相关人才短缺问题不得已选择离开。当前，国内技能型人才短缺是普遍问题。河南省所面临的计算人才短缺问题在未来几年可能仍将存在，这必将成为制约区域产业进一步可

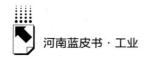

持续协调发展的瓶颈，影响先进计算产业发展方式的转变和产业结构的优化升级。

三 先进计算产业发展态势预测

先进计算已经成为数字经济高质量发展的新引擎，2023年，人工智能等的广泛应用将驱动先进计算设施建设提速，为先进计算产业提供广阔的增长空间，系统化创新显著提升算力供给能力、智能算力爆发式增长、自主生态加速形成、先进计算向各行业深度渗透等，将成为先进计算产业未来的发展趋势。

（一）技术创新加速迭代，系统性创新显著提升算力供给能力

先进计算产业技术创新加速迭代，是顺应时代发展的必然趋势。随着人工智能、大数据等新兴技术的广泛应用，各行业对计算的需求日益复杂，需要计算技术和计算系统向更高效、更安全、更绿色方向演进。为保持技术领先优势，行业巨头持续加大以算力、算法、算据为核心的先进计算领域研发投入，推动全球先进计算技术加速迭代创新。但目前经典的计算理论与技术升级已经面临摩尔定律不断逼近物理极限、登纳德缩放定律失效、阿姆达尔定律限制等重大瓶颈。在传统创新路径逼近极限、颠覆技术尚未成熟的背景下，计算技术与产业固有的升级模式遇阻，需要从单一技术点创新向系统化创新转变。先进计算通过软硬协同创新、算网一体等，极大地提升了算力供给能力。

（二）产业发展潜力巨大，智能算力爆发式增长

先进计算技术及产业已经成为全球科技创新和产业革命的主战场，以异构计算、智能计算、量子计算为代表的先进计算技术正不断引领技术变革，并带来一些新的产业发展方向，这为先进计算产业带来更多的发展机遇。中国电子信息产业发展研究院发布的《先进计算产业发展白皮书（2022）》

提出，"十四五"期间，预计我国先进计算产业年均增速接近10%，2025年直接产业规模有望超过3.5万亿元。2023年以来，AI大模型密集涌现，对智能算力的需求呈现爆发性增长趋势，驱动各地区加快智能算力设施布局，预计2026年我国新增算力设施中智能算力占比将从现在的50%提高到90%以上。

（三）自主生态加速形成，产业可持续发展能力明显提升

计算需求的指数级增长，不仅需要各计算模块融合创新，实现软硬协同，还需要产业链上下游企业的深度协同创新，采用开放包容的发展理念共创产业发展生态，以满足多元化、定制化的应用场景需求，支撑人工智能等新兴产业发展。对于我国计算产业来说，由于美国在半导体领域的技术封锁和出口管制，我国获取高端芯片、先进技术面临挑战，打造自主生态、加快国产化进程成为产业发展的必然选择。近年来，我国坚持打造先进计算自主生态，积极推动集群发展，初步实现了软硬件生态跨界全覆盖的良好发展态势，产业可持续发展能力明显提升。

（四）先进计算向各行业深度渗透，引领产业智能化发展

随着人工智能、大数据、物联网、量子计算等新兴技术的发展，先进计算正加速从互联网领域向交通、制造、医疗、娱乐等诸多传统行业深度渗透，工业大脑、城市大脑、智能制造、智慧医疗、自动驾驶等新模式、新业态、新产品层出不穷，并对传统产业发展产生颠覆性影响。未来，先进计算技术将围绕应用场景进一步下沉，从供给侧的技术驱动导向向需求侧的场景化应用主导转型，推动传统产业智能化发展。

四　河南先进计算产业高质量发展的能级提升路径

河南先进计算产业应通过推动系统化创新、集群化布局、链条式发展等路径提升发展能级，突破产业高质量发展的瓶颈。

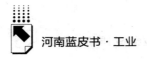

（一）实施科技创新工程，以系统化创新提升技术支撑力

实施科技创新工程，加大对先进计算产业创新的支持力度，完善产业创新生态，以系统化创新提升产业发展的技术支撑力。加强计算领域创新人才的引进培养，打造具有国际竞争力的研发团队。打造高水平创新平台，大力引进计算产业链优势企业、研发平台落地。扩大省先进制造业发展基金规模，统筹使用省重大科技专项资金，重点支持先进计算技术研发及产业化、试点示范等项目建设。支持引导省内高校、科研机构、骨干企业参与国家重大科技计划项目，加强对类脑、量子计算等前沿技术研发攻关，增加前沿核心技术储备，鼓励高校、科研机构、企业联合开展基于鲲鹏架构的边缘计算、异构计算、分布式存储等关键共性技术攻关。推动产业链上下游企业协同创新，以产业协同创新推动技术变革和应用拓展。

（二）实施集群培育工程，以集群化优化产业布局

实施集群培育工程，推动产业基地化、集群化、特色化发展。瞄准先进计算产业境内外核心节点企业和知名商协会、投资促进机构，开展产业集群招商。鼓励龙头企业加快引进上下游配套企业。优化产业的区域布局，以郑州大都市区为核心，推动省内各地协同发展，着力打造具有国际竞争力的计算产业集群，支持郑州加快构建计算产业发展核心区，提高中国长城（郑州）自主创新基地、浪潮安全可靠生产基地的产业化水平，加快紫光智慧计算终端全球总部基地建设；支持许昌建设中原信创产业基地，加快提升鲲鹏计算产业硬件生产基地制造水平；推动安阳市加快建设中科曙光生产基地。

（三）实施产业链补链固链强链行动，加快打造自主生态

实施产业链补链固链强链行动，着力补短板、强弱项、增优势，进一步提升河南产业链整体水平。着力发展整机设计、核心元器件、关键材料等产业链短板环节，提升产业链关键环节的配套能力；强化操作系统、数据库、

应用软件、外接设备等的国产适配，推动产业应用落地；依托华为、浪潮、长城、中科曙光等龙头企业技术力量，做强做优计算终端优势环节，提升整机生产制造能力，积极打造以研发设计、生产制造、软件适配、创新集成、人才培养为核心的产业自主发展生态。发挥政府、行业协会的组织协调作用，完善产业链招商引资机制，围绕薄弱环节、关键环节、重点环节等，建立招商引资重点项目储备库，紧盯产业"头部企业"和分行业领军企业、隐形冠军企业，推动相关企业在河南落地。

（四）实施人才引进培育工程，夯实人才支撑

依托省"中原百人计划"，引进一批计算领域的高端人才和创新团队，建立健全计算人才评价机制和人才激励体系，严格落实人才奖补、薪酬、社保、家属安置、住房等各项政策优惠，营造人才发展最优环境。继续发挥高校、企业、科研机构联合培养人才作用，共同培育计算领域的研发型人才、技术型人才和应用创新型人才，夯实产业高质量发展的人才支撑。

参考文献

《工信部：坚持问题导向和需求导向　加快先进计算产业高质量发展》，《信息技术与标准化》2020 年第 11 期。

赛迪智库：《推动我国先进计算产业发展的建议》，《网络安全和信息化》2020 年第 7 期。

徐子凡：《先进计算产业发展趋势》，《中国信息化周报》2021 年 12 月 13 日。

B.6
河南新消费产业发展态势与提升对策

刘晓萍*

摘　要： 消费是驱动经济增长的关键引擎，随着消费需求不断迭代升级，新消费群体不断壮大，新消费产业迅速发展。当下，积极培育新消费产业成为新一轮区域竞争焦点，谁做好新消费大文章，谁就能把握发展主动权。聚焦河南，河南新消费产业竞争力日益凸显，新消费品牌加速崛起、新消费生态日益完善、新消费全国研学基地正在形成，但是与湖南、四川、陕西等省份相比，河南新消费产业发展仍存在差距，如何推动消费规模优势转化为产业发展优势，以培育壮大新消费产业助力河南换道领跑，亟待破题。

关键词： 新消费　河南　换道领跑战略

河南是农业大省、人口大省，坐拥排名全国第五的庞大消费市场，具有培育壮大新消费品牌的综合实力和巨大潜力。面对已经来临的新消费时代，河南应加快培育壮大新消费产业，以新消费产业引领全省换道领跑。

一　河南新消费产业竞争力日益凸显

面临新一轮消费升级趋势，河南新消费产业正在凭借一批崛起的网红品牌、一批强竞争易复制的经营模式以及日渐完善的产业生态，全力打造产业

---

* 刘晓萍，河南省社会科学院数字经济与工业经济研究所副研究员，研究方向为产业经济学。

发展的新赛道。

1. 河南新消费品牌加速崛起

当前，河南新消费品牌正在由单点开花走向批量发展。全球独角兽企业蜜雪冰城，全球门店超32000家、年营业额超200亿元；国内最大的食材连锁超市锅圈食汇，门店已超过10000家、年营收近百亿；被称为线上"宜家"的致欧家具，刚刚拿下河南跨境电商"第一股"；同城生活服务平台UU跑腿，业务覆盖全国176座城市、从业人数260万人；新锐轻食品牌"舌里"，凭借深耕"轻食代餐+健康零食"细分赛道，自2017年成立后连续4年成为线上全麦面包品类销量第一；还有火锅黑马巴奴、餐饮供应链第一股千味央厨、数字城际出行服务平台哈哈出行、集合式生活美学品牌代字行等一大批国内知名品牌不断发展壮大，姐弟俩、西部来客、槐店王婆等连锁品牌在餐饮领域快速崛起。

2. 头部企业引领打造新消费生态

深入研究河南新消费产业发展历程，最突出的特征就是得益于头部企业的引领带动，尤其是在食品新消费领域，基于蜜雪冰城、锅圈食汇、巴奴火锅等一批行业龙头赋能，食材供应链、冷链技术及物流、餐饮设计等产业环节日益完善，也培育了华鼎冷链物流、林品牌设计等一大批新消费企业。例如，蜜雪冰城背后的大咖国际，通过自建生产基地布局生产端，覆盖纵轴"糖奶茶咖果粮料"七大核心品类和横轴"设备、包材、RTD"，在为旗下门店提供茶饮原料、物料、设备的基础上，向行业开放供应链资源、提供一站式饮品解决方案，重塑河南饮品行业生态。又如，锅圈食汇通过整合布局十七大现代化中心仓、1000多个前置冷冻仓，打造了常温、冷藏、冷冻等多规格、标准化、高效率的仓储物流配送体系，提升了河南冷链整体配送能力。

3. 郑州打造全国新消费研学热门基地

当前，进入新消费时代，从农业到食品制造，再到餐饮连锁、商业零售，郑州依旧有着优异的表现。尤其是在餐饮连锁领域，据不完全统计，郑州拥有百家以上门店的餐饮企业超过50家，拥有千家以上门店的餐饮企业超过 10 家。正因为此，山东、湖南、海南等多地政府部门、商会企业、创业人士纷纷来郑学习取经，新型中介组织打造多条郑州餐饮研学课程，蜜雪冰城、巴奴火锅、千味央厨、阿五美食、姐弟俩等品牌都是游学热点企业，郑州也已经成为全国新消费研学的重要目的地。除此之外，郑州也在成为重要的新消费人才孵化基地，早在 2015 年蜜雪冰城就成立了"蜜雪商学"，2022 年蜜雪商学累计培训人数超 90000 人次，线上培训 App"蜜学堂"累计参与人数超 310000 人次。

二　外省发展新消费产业的经验借鉴

新消费不仅是经济增长的重要引擎，还是提升区域竞争力的主要途径。近年来，四川、陕西、湖南、广东等省份以推动省会城市建设国际消费中心城市为引领，积极发展新消费产业，成都、西安、长沙等城市纷纷成为网红消费之城，发展经验值得借鉴。

1. 持续完善的政策引领体系

近年来，多个城市围绕新消费产业出台一系列支持政策，持续完善政策环境，其中最为典型的就是成都。围绕发展新消费、构筑新场景，成都先后出台了《成都市以新消费为引领提振内需行动方案（2020—2022年）》、新消费发展"16 条"。近日，成都又发布了《场景营城　成都创新实践案例集》和《场景营城创新地图》，进一步强化场景营城的示范引领效果。成都新消费以场景打造为突破口，从满足人们对美好生活向往的"个体需求"扩散到城市发展治理场景，以政策引领逐步构建新消费产业形态。

2. 塑造独具特色的新消费产业名片

当前，各城市都通过打造新消费产业名片，增强消费目的地辨识度。例如，长沙充分发挥"娱乐时尚之都"影响力，全力打造食品新消费品牌创新策源地，从文和友、茶颜悦色、墨茉点心局等全国闻名的新消费品牌，到柠季、零食很忙等 20 多家新消费上市后备企业，当下"到长沙吃喝""打卡网红店铺"已经成为长沙的城市标签。又如，西安围绕千年古都发力文旅新消费，以秦始皇帝陵、西安城墙等老牌景区和大唐不夜城、长安十二时辰等新兴消费街区为载体，推动"白天来西安、夜晚回长安"的新消费形象深入人心。

3.打造具有全球影响力的标志性商圈

通过打造世界级地标性商圈、举办国际重大赛事活动，全力提升消费资源集聚能力，已经成为各个城市提升全球消费影响力的重要途径。例如，广州持续打响"千年商都"品牌，擦亮"电商之都"等五大城市消费名片，打造全国首个万亿级别的天河路商圈。长沙依托网红经济、夜间经济的城市基因，聚焦食品新消费赛道，以新消费品牌汇聚的五一商圈为中心，打造全国知名的吃喝打卡目的地。

4.搭建新消费产业生态圈

新消费产业发展逻辑不同于传统实体制造业，新消费更加关注需求端，更加聚焦技术驱动、理念变革及模式创新下消费呈现的新趋势、新热点、新赛道，因此产业生态圈搭建更显重要。例如，长沙注重搭建新消费服务平台，在全国首创成立长沙新消费研究院，举办首届中国（长沙）新消费城市峰会，成立"长株潭新消费联盟"，设立新消费产业专项基金，不断集聚新消费产业发展要素。此外，成都也打造了新消费产业生态圈联盟，建立新消费产业广泛合作机制。

三 培育壮大河南新消费产业的对策建议

以新技术、新模式、新业态、新赛道为代表的新消费产业，在推动食品产业转型升级、文旅产业融合发展上具有重要作用，对标对表先进地区，以培育壮大新消费产业引领河南换道领跑仍需统筹谋划、精准推进。

1.构建"1+2+3"新消费产业发展格局

参考借鉴先进省份及城市新消费发展思路，建议打造新消费产业"1+2+3"发展格局。"1"即"一个国际消费中心城市"：加快推动郑州建设国际消费中心城市，引导新消费产业要素集聚发展，持续强化郑州在全省新消费产业发展中的核心支撑及引领带动作用。"2"即"新食品+新文旅两大地标性赛道"：积极发挥河南产业优势和区域特色，聚焦新食品、新文旅两大产业领域，全面提升河南新消费产业辨识度，打造独具中原特色的地标性产业。"3"即"新消费产业三年行动计划"：从省级层面高位谋划，研究出台三年行动计划，培育一批新品牌、打造一批新场景、创造一批新产品。

2. 打造"一会一节"新消费活动品牌

积极发挥大会大节活动效应，打造新消费高层次交流平台，链接域外高端资源。一是谋划中国新消费产业大会，以中国（郑州）新消费产业品牌峰会为基础，提升规格、扩大影响。与此同时，支持鼓励平台型企业，开展多形式创意展会、生态型大会，塑造良好产业生态。二是谋划举办中国新消费品牌（河南）欢乐节，以"主流媒体+电商平台+优质企业+行业协会"的联合模式，通过展馆沉浸体验、新消费品牌产品展销、网红主播带货等形式，提高河南新消费产业影响力。

3. 实施"十百千"新消费专项提升行动

一是培育十大新消费区域品牌，支持省内各地市聚焦细分赛道，结合国家地理标志品种、非遗老字号、知名旅游景点、市集潮玩，打造通许酸辣粉、洛阳汉服妆造等十大新消费区域品牌。二是打造百个新消费场景，以消费场景化、场景项目化，搭建一批新消费场景，拓展一批新消费商圈。三是开发推广千件消费新产品，聚焦食品、服装、家居、餐饮等河南优势消费领域，强化消费数据验证创新研发，强化时尚设计赋能，打造一批紧盯消费趋势的新品、爆品。

4. 建立"平台+资金+人才+营销"支撑体系

围绕平台、资金、人才、营销等，完善新消费产业支撑体系。一是建立新消费产业联盟，推动河南新消费产业生态圈开展广泛合作。二是建立新消费产业基金，吸取锅圈食汇外迁教训，秉持"投早投小"理念，重视创业早期企业，提高基金容错率。三是建立新消费产业研究院，依托蜜雪商学，联合头部企业、电商平台、咨询机构、学术院所成立研究院，开展趋势研究、实践跟踪、模式输出及人才培训。四是强化品牌营销，借鉴湖南新消费品牌充分利用湖南卫视媒体资源从而走向全国的营销策略，联合河南卫视挖掘品牌文化和故事，用内容营销打造品牌影响力。

参考文献

普华永道：《2023 年全球消费者洞察调研：中国报告》，2023 年 8 月。

前瞻产业研究院：《2023 年中国新消费潜力洞察蓝皮书》，2023 年 9 月。

《省长调研锅圈、蜜雪冰城背后：河南新消费正势起》，"顶端新闻"百家号，2023 年 7 月 10 日，https：//baijiahao. baidu. com/s？id＝1771217682010067049&wfr＝spider&for＝pc。

B.7
河南未来产业发展态势与提升路径

杨梦洁*

摘　要：　在新一轮科技革命与产业变革深度席卷，全球科技创新活动空前频繁的背景下，代表未来科技与产业前进方向、关系区域核心竞争力的未来产业成为各地竞相布局的热点领域。未来产业具有前沿性技术创新的驱动性、较高风险的长周期性、潜力空间巨大的高成长性等特征，战略价值巨大但需要经历长期孕育孵化。近年来，河南高度重视未来产业，连续出台一系列专项发展规划，明确量子信息、氢能与储能、类脑智能、未来网络等六大发展方向，并取得了一定成效，但仍面临着高端要素、高效制度、产业生态等层面制约，需要从提升未来产业创新策源能力、突出未来产业顶层设计引领、强化场景驱动探索应用空间、谋划聚点成链壮大集群规模等方面着手取得突破。

关键词：　未来产业　新兴产业　河南省

　　未来产业是代表新一轮科技革命和产业变革前进新方向、演进新趋势，反映地区科技创新硬实力和产业竞争领先力的前沿性新兴产业，经过一定时期的孕育和成长，能够对未来全球经济社会变革起到关键性、引领性、颠覆性作用。美国、德国、日本、法国等发达经济体已经先于全球展开对未来产业的探索，我国在"十四五"规划中明确提出"前瞻谋划未来产业"，"在类脑智能、量子信息、基因技术、未来网络、深海空天开发、氢能与储能等

---

* 杨梦洁，河南省社会科学院数字经济与工业经济研究所助理研究员，研究方向为产业经济。

前沿科技和产业变革领域，组织实施未来产业孵化与加速计划，谋划布局一批未来产业"。包括河南在内的多个省份，纷纷在"十四五"规划中对未来产业进行谋划布局，或发布相关专项行动计划，进一步推动未来产业成为区域经济竞争的新热点。未来产业作为一类较为特殊的新兴产业，其发展过程对要素、政策、机制等方面提出了较为特殊的要求，河南应充分把握未来产业的科学内涵和特殊性，立足自身基础，在培育发展未来产业上及时取得突破。

一　未来产业的内涵特征与科学界定

当前以新一代信息技术与产业变革为引领，全球各个领域技术创新引爆点和科技创新成果密集出现并加速应用，全球产业链、价值链正在经历新一轮重塑调整，未来产业发展所需的社会、经济、技术条件逐渐成熟，近年来备受关注。

（一）未来产业发展沿革

"未来产业"一词最早出现在 20 世纪 80 年代，以美国为代表的欧美发达经济体，在许多高精尖前沿科学技术并未充分产业化之前，为持续巩固自身在全球科技创新中的领先地位，赢得未来全球经济发展先机而提前谋划，就未来技术、未来产业做出一系列布局。近年来，随着数字经济深入推进，科技和产业领域存在裂变出高度融合、交叉创新技术的无限可能，未来产业再度成为关注热点。

2016 年，日本提出"社会 5.0"概念，并围绕这一概念的实现，陆续发布《新产业结构蓝图》《未来投资战略》等规划，将未来产业发展重点放在量子科技、人工智能、氢能、生物技术等领域。2017 年，美国白宫科技政策办公室（OSTP）提出人工智能、量子信息科学、先进通信、先进制造等前沿新兴技术都属于未来产业，并于 2019 年发布《美国将主导未来产业》报告。2019 年，欧盟起草了"欧盟未来基金计划"，组建 100 亿欧元财富基金用于投资未来有战略意义的重点领域企业。这一时期中国部分先发地区也正式开始对未来产业进行研究。深圳早在2013年就以超前的眼界和魄力出台《深圳市未来产业发展政策》，提出未来7年财政每年安排10亿元成立未来产业发展专项资金。2017年，杭州发布《杭州市人民政府关于加快推动杭州未来产业发展的指导意见》，提出在人工智能、虚拟现实、区块链、量子技术、增材制造等重点前沿领域率先探索布局。2018年，四川提出重点培育量子通信、卫星及应用、储氢储能、脑科学与类脑研究等11个引领产业方向的未来产业。广州、沈阳、佛山等地也陆续先行部署计划。以国家"十四五"规划为标志，未来产业正式出现在国家层面的高层级政策中，并在全国迅速掀起发展高潮，2022年成为我国未来产业规模化发展元年。

（二）未来产业概念内涵

未来产业的概念内涵至今仍然没有被统一界定，其作为学术概念、政策性概念、技术性概念在不同领域引发广泛讨论。目前，对未来产业的认知多源自各个地区对未来技术、前瞻性产业做出的一系列探索实践。如杭州市政府将未来产业定位为"推动创新型经济发展、谋求竞争新优势的重要战略方向，是优化完善产业体系、促进经济提质增效的重要举措"；沈阳市政府提出"未来产业是以新一代信息技术、新材料、新能源、生物技术等与工业技术交叉融合为驱动，显著带动生产力发展、改善人们生活质量、引领经济社会发展的产业生态体系"；浙江提出优先发展未来网络、元宇宙、空天信息、仿生机器人等9个快速成长的未来产业，探索发展量子信息、脑科学与类脑智能、智能仿生与超材料等6个潜力巨大的未来产业。部分学者进行了具有建设性的研究，丛知较早在2005年就曾提出，未来产业因为具有多学科交叉，科学、工程、技术、社会等多领域深度融合的特点而无法简单归为某种特定产业。[①] 李晓华认为未来产业是受前沿技术推动，以满足经济社

---

① 丛知：《试论"未来产业"》，《中国科技信息》2005年第23期。

会不断升级的需求为目标，代表科技和产业长期发展方向，未来对国民经济形成重要支撑和带动，当前尚处于孕育孵化阶段的新兴产业。[①] 杨丹辉将未来产业定义为"重大前沿科技创新成果商业化的产物，是富有发展活力和市场潜力，对生产生活影响巨大、对经济社会发展能够产生全局带动和引领作用的先导性产业"。[②] 朱子钦、余东华等学者都做出了相关探讨。

根据对地方政府政策性文件与学者学术性研究成果进行的梳理可以看出，针对未来产业的研究仍然处在起步阶段，并且因为未来产业自身的特殊属性，难以形成完全一致的观点。由于未来产业的研究起始于各个国家与地方政府为持续推动技术创新引领、提高产业竞争力与未来科技话语权、改善未来生活等进行的发展实践，本报告回归未来产业研究初衷，综合既有研究成果，将未来产业定义为：以颠覆性科技创新为原始驱动力，经过成果转化与成熟培育，能够形成增长爆发性和全局带动性，释放对未来经济社会发展的重要支撑与引领作用的高科技先导性产业。

（三）未来产业的边界识别

未来产业从概念定义上与前沿技术、新兴产业、先导产业、战略性新兴产业等存在交叉与诸多不同，需要从其基本属性特征着手辨析，形成较为清晰的认识。

一是前沿性技术创新的驱动性。综观各国政府部门与智库、学者进行的研究，未来产业多集中在人工智能、区块链等新一代信息技术领域，基因工程、类脑智能、合成生物、精准医疗等生物医药领域，氢能、核能等新能源领域，纳米材料、超新材料等新材料领域以及深空、深海、深地等战略空间领域，最为明显的共同点是均属于绝对的前沿技术领域。各国、各地竞相在前沿技术领域大力投资，力争尽早取得突破性和颠覆性技术创新，形成支撑驱动未来产业的核心原始动力。二是较高风险的长周期性。未来产业属于在

---

①　李晓华：《技术推动、需求拉动与未来产业的选择》，《经济纵横》2022 年第 11 期。

②　杨丹辉：《未来产业发展与政策体系构建》，《经济纵横》2022 年第 11 期。

今天布局谋划，推动明天的技术突破，形成后天的增长动能，其技术酝酿、落地转化等环节均走在科技与产业最前沿，技术成熟度较低，产业体量较小，市场认知度不高，需要长期的巨大投入并面对未来转化成功与否的未知风险。三是潜力空间巨大的高成长性。未来产业经过培育发展，在市场规模和产业能级突破某一关键节点后，将充分释放巨大的发展潜力与广阔的发展空间，形成未来经济社会发展的强大动能。四是价值与影响颠覆式的外部性。未来产业属于多学科交叉、多领域复合的技术密集型和资金密集型产业，一旦突破可能催生新的技术簇群与技术生态，带动经济、社会、生活多方面、大范围的业态、模式创新。

现实中与未来产业处在同一产业维度，并链接最为紧密的概念是战略性新兴产业，许多地区在出台规划时也将二者结合进行谋划，这从二者的相同点来看具有合理性，但也应在实际推动中高度关注未来产业的特殊性。我国最早在 2008 年全球金融危机之后提出发展战略性新兴产业，经过十余年的发展，战略性新兴产业占国内生产总值的比重已经从 3% 左右提高到 13% 以上，成为国民经济支柱性产业。战略性新兴产业与未来产业在大的产业门类中存在交叉，如新能源、生物、新材料等，但二者的重要区别在于技术成熟度与产业成熟度。如未来产业同样强调发展信息技术，但重点方向在于超大模型计算、通用 AI 等细分领域，许多技术与战略性新兴产业一脉相承，有望在未来产生颠覆式创新与深度变革，但目前仍在萌芽阶段。从产业支撑作用来看，未来产业没有战略性新兴产业当下已经形成的支柱效应，但对国家和地区未来发展竞争力提升具有极为重要的战略价值。

二 河南培育未来产业取得的进展

为加快建设现代化河南，"十四五"初期开始，河南立足自身基础，积极培育未来产业，锚定六大产业方向，加快形成新质生产力，取得了一定的发展成效。

（一）顶层设计规划逐步完善

《河南省国民经济和社会发展第十四个五年规划和二〇三五年远景目标纲要》首次提出，"前瞻布局北斗应用、量子信息、区块链、生命健康、前沿新材料等未来产业，积极抢占发展先机"，开启了河南未来产业发展序章。2021年9月，河南省委工作会议提出锚定"两个确保"，全面实施"十大战略"，其中换道领跑战略指出要在未来产业上前瞻布局，全面提升产业竞争力，"加快推进现有产业未来化和未来技术产业化，为河南今后30年产业发展夯基垒台"。2021年12月，《河南省"十四五"战略性新兴产业和未来产业发展规划》发布，这是河南第一个关于未来产业的专项规划，将量子信息、氢能与储能、类脑智能、未来网络、生命健康和前沿新材料列为六大明确方向，并提出要培育形成一批引领能力强、经济效益好、具备核心竞争力的未来产业链群。2022年9月，河南选定郑州高新技术产业开发区、新乡高新区氢能产业园等9个省级未来产业先导区。2023年，《河南省建设制造强省三年行动计划（2023—2025年）》提出，围绕六大未来产业，要"强化关键技术储备与攻坚，积极创建国家未来产业先导试验区，到2025年，力争产业规模达到1000亿元"。

（二）优中培精引领型产业快速推进

量子信息产业方面，河南已经成功引进国科量子等头部企业，正在加速建设郑州星地一体量子通信枢纽。依托解放军信息工程大学专业背景开展了一系列积极有效的创新活动，"天河二号"超级计算机完成的量子优越性验证实验，测试性能达到国际领先水平。河南省量子信息与量子密码重点实验室在量子密码基础理论研究等方面，拥有一定积累并进行成果实践应用。河南氢能与新型储能产业起步较早，已经形成涵盖氢气制备、加氢装置、燃料电池、氢能源整车等领域的全产业链，在各个环节集聚了宇通集团、德力汽车、豫氢装备、正星科技、东大化工、华久氢能源、江苏清能等优势龙头企业。郑州城市群燃料电池汽车示范应用获批，"一轴带、五节点、三基地"郑汴洛濮氢走廊加速打造，引领支撑作用进一步增强。

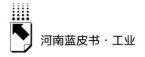

（三）有中育新先导型产业不断突破

河南在类脑智能产业积累了一定的研究基础。解放军信息工程大学承担科技部 863 课题"面向大规模图像分类的脑机交互技术"等多项国家重点研发课题，郑州大学河南省脑科学与脑机接口技术重点实验室也在微型高相容神经接口、神经计算模型、脑功能康复与增强等方面形成一批具有自主知识产权的创新性成果。许昌鲲鹏计算中心等一批新型数据中心，以及中原人工智能计算中心等新一代人工智能公共算力开放创新平台建成使用，夯实了河南类脑智能产业的算力基础。在未来网络产业上，河南数字新基建经过多年发展，规模实力居于全国前列，进入第一梯队，打下了坚实的基础，并率先在全国建成覆盖全省的北斗地基增强系统，形成领先国内的北极技术研发和产业化集群。

（四）无中生有潜力型产业加快布局

在生命健康产业上，近年来，河南生物医药相关产业发展不断提速，2022 年全省医药产业总产值达 2900.6 亿元，已经在生物医药、生命健康服务、生物制造等领域集聚了华兰生物、安图生物、普莱柯生物等一批龙头企业。基因检测方面，河南省基因检测技术应用示范中心是首批国家级示范中心；生物制造方面，周口郸城、濮阳南乐等生物新材料产业园建设取得阶段性成效。在前沿新材料产业上，河南一直以来立足材料大省的产业基础，充分发挥在超硬材料、耐火材料、有色金属、化工材料等方面积累的优势，将产业链做精做细做强，在尼龙新材料、氟基新材料、纳米材料、金刚石等领域取得新的突破，其中，平煤神马集团研制的尼龙 66 工业丝、帘子布产能居世界第一位，尼龙 66 盐产能居亚洲第一位。

三 河南培育发展未来产业面临的制约因素

未来产业在技术成熟度、应用转化等方面与传统产业乃至战略性新兴产业相比有诸多不同，对区域条件、制度环境等产业发展要素的要求也较为特殊，面对未来产业的特殊属性，河南的资源禀赋条件存在明显不足。

（一）高端要素制约

未来产业对技术背景有极高的要求，是相对于传统技术的颠覆式创新与跨越式变革，具有高水平科技自立自强性，需要依靠前沿创新源加以驱动，河南各类高端创新要素资源占有率低，与国内发达地区和部分中西部地区相比均存在一定差距。

1. 高端创新平台较少

高端创新平台是整合各类资源、放大创新效应、强化未来产业驱动力的有效力量。2021年，国家发布最新修订的《科学技术进步法》，明确建立健全以国家实验室为引领、全国重点实验室为支撑的实验室体系。目前，除北京、上海、广东等先发地区之外，湖北、四川等中部地区也实现了国家实验室零的突破。作为开展战略性、前瞻性、基础性重大科学和关键核心技术研究的研发机构，国家实验室是我国级别最高的实验室，对于未来产业培育壮大有着重要意义，河南仍然有待实现零的突破。国家大科学装置是科技实现从0到1重大突破的重要设施，目前国家大科学装置已经有39个，2022年郑州大学超短超强激光实验装置项目开工建设，是河南谋划建设的首个大科学装置，同期湖北有5个，四川、安徽已经以大科学装置之省著称，河南拥有的国家级科技战略力量十分薄弱。从科技企业孵化器数量来看，2021年河南拥有203家，在中部地区排名第三，居于湖北与安徽之后，同广东、江苏、浙江、山东、福建5个工业大省相比，仅高于福建，与其他四省存在较大差距（见图1）。

2. 创新主体实力较弱

创新型企业是实现未来产业从技术突破到产业化落地运营的关键力量。河南经过多年开展"微成长、小升规、高变强"培育工作，截至2022年底，科技型中小企业已发展至2万余家，居于全国第一方阵，但创新主体中坚力量仍然较为薄弱。从2021年省域高新技术企业情况来看，河南拥有8316家，总

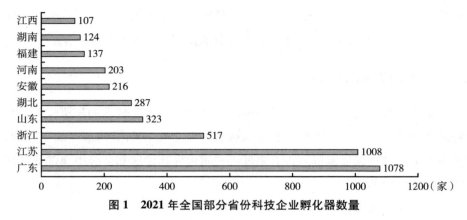

图1 2021年全国部分省份科技企业孵化器数量

资料来源：《中国火炬统计年鉴2022》。

体数量偏低，仅占全国的2.57%，同时期广东数量最多，为59475家。此外，江苏37368家、浙江28310家、山东20378家，这4个工业大省均超过2万家，福建8886家，相对数量较少，但仍高于河南，河南在6个工业大省中排名最后。从中部六省来看，湖北、安徽、湖南数量也较多，均超过1万家，河南排名第四，高于江西和山西。相应的高新技术企业工业总产值排名与之类似，河南在6个工业大省中总产值高于福建，排名第五，但在中部六省中，总产值被江西追上（见表1）。具体到国家中心城市的实力对比上，2022年，郑州拥有高新技术企业5200家，在国家中心城市中排名倒数，除低于北京、上海、广州等长期领先的城市之外，也明显低于武汉、成都、西安等城市，与地区生产总值相当但拥有6600家高新技术企业的长沙相比也存在明显差距。

表1 2021年全国部分省份高新技术企业数量及工业总产值

单位：家，千元

省份	高新技术企业数量	工业总产值
广东	59475	8345327838
江苏	37368	6148607903
浙江	28310	4342025947
山东	20378	3403446024
湖北	14311	2017748751

省份	高新技术企业数量	工业总产值
安徽	11323	1728726472
湖南	10933	1462608908
福建	8886	1099160342
河南	8316	1299347113
江西	6513	1445870979
山西	3607	576110075
全国	324112	47858911279

资料来源：《中国火炬统计年鉴2022》。

3. 高端基金规模较小

高端基金是确保科学技术创新转化为生产力的核心源泉，河南金融业基础较为薄弱，科技金融市场不发达，天使、风投等各类创投类基金数量少、规模小，制约了基金重要作用的发挥。当前众多国有投资平台均设有创投基金，但由于各项原因，相应的基金多流转到短、平、快的项目中，创投基金变相成为产业投资基金，针对未来产业这样技术多处于萌芽阶段的产业而言更为不利。孵化器基金对于科技型企业的成长壮大起着至关重要的作用，但从相关数据来看，河南和其他工业大省及中部六省相比仍然处于劣势。2021年，河南科技企业孵化器基金总额1944705千元，国家级科技企业孵化器基金总额1201492千元，与几个工业大省相比排名最后，在中部六省中落后于安徽、湖北、湖南，此外科技企业孵化器基金总额高于江西，但国家级别的基金总额又低于江西（见表2）。

表2　2021年全国部分省份科技企业孵化器基金总额

单位：千元

省份	科技企业孵化器基金总额	国家级科技企业孵化器基金总额
浙江	61367003	12174523
江苏	36387406	12881146
广东	34785664	14246508

省份	科技企业孵化器基金总额	国家级科技企业孵化器基金总额
山东	8790168	4962518
安徽	7070689	4646173
福建	5771056	1304653
湖北	3852169	3108920
湖南	2452821	1353537
河南	1944705	1201492
江西	1916109	1507389
山西	328918	192458

资料来源：《中国火炬统计年鉴2022》。

（二）高效制度制约

未来产业培育壮大需要更具前瞻性与战略性的制度作为引领，制度环境必须更加先进开放与包容创新，河南相应的制度安排与制度供给与这一要求存在不小差距。

1. 规划设计不足

河南未来产业发展起步明显晚于国外及国内先发地区，对未来产业的谋划与政策、规划研究也相对滞后。目前，河南发布的相关政策规划与行动方案在大层面上明确了未来产业的体系与总体架构，但在许多细分领域、实施细则等方面存在空白。同时，配套支撑不足，支持未来产业发展所需的特殊科技创新体系与包容审慎的政策环境不健全，产业政策、科技创新政策、财税金融政策之间协同不足，政策精准性不强，难以为现有产业未来化、未来技术产业化提供有效的规划引领，掣肘了未来产业培育发展。

2. 制度保障不足

新兴技术与新兴产业的突破与发展都存在不确定性，未来产业潜力十足、前景广阔，但不确定性也更为突出，亟须打破常规，全方位创造更为开放包容的制度环境。如在基金领域，河南提出着力打造省市县三级政府引导基金体系，这对于融通社会资本参与科技创新、为未来产业发展筑池引水十分重要。但实际执行中政府引导基金出资效率较低，在基金投资决策上，政府直接介入，进行"事前、事中、事后"全阶段管理审查，快速决策与容错机制不足；分散在财政与各个国有投资平台上的基金也没有统一的评审标准，特别是针对天使轮、风险投资的早期类政府引导基金缺失，不易吸引市场化程度高的天使基金、创投基金加入河南基金队伍。制度的制定与实施基本秉持传统观念，思维固化问题较为突出，同时开放程度、包容程度、灵活化程度、市场化程度不足。

（三）产业生态制约

未来产业技术前沿性与成熟度不高并存，市场前景广阔性与进展路线不确定性并存，战略布局重要性与孵化培育周期长并存，对产业发展所需的生态系统提出了更高的要求，河南在产业生态上的不足比较突出。

1. 主观认知不充分

一是政府层面，当前经济社会发展处在关键转型期，河南既要追补在科技创新上落下的差距，又要布局新业态新经济，在政策执行过程中更倾向于已经形成一定规模、具备支撑效用的战略性新兴产业。同时，未来产业发展处在起步阶段，政府在政策制定与现实推进中缺少能够借鉴的对象，相关领域的经验与知识储备较为单薄，各项工作都处在探索阶段。二是企业层面，根据国家统计局发布的《全国企业创新调查年鉴2021》，河南省规上工业企业"制定创新战略目标"的比例虽然过半，但低于全国平均水平3.5个百分点；申请发明专利企业占比7.3%，低于全国平均水平6.2个百分点；采取知识产权保护或相关措施企业有12668家，占全部企业的64.9%，低于全国平均水平2.3个百分点。河南具备创新实力的规上工业企业对创新重视程度和保护手段不足。

2. 场景示范效应不高

未来产业依靠原始技术创新的重大突破驱动，同时依靠技术创新突破之后的衍生应用释放充足的价值，带来培育壮大的广阔空间。但由于未来产业特有的前沿性与"未来性"，包括相关政府部门、企业主体、研究机构等在内的参与者对未来产业的未来价值缺乏客观清晰的认识。河南目前的政策体系规划与建设，对产业链后端应用场景的牵引带动作用重视不足，应用场景的挖掘、示范、建设、宣传工作不到位。企业对于处在实验室早期阶段未来技术的可行性、潜在的价值、可能的应用领域没有形象的认知，类似于未来概念验证体验中心的场馆、设施布置较少，不能在全社会形成推动未来技术向未来产业孵化的合力。

四　河南培育发展未来产业的对策建议

未来产业发展面临巨大的未知性与不确定性，但回归产业发展本质与全球科技创新发展大趋势，未来产业发展又具有较为明显的确定性，数字化、智能化、绿色化是未来产业演进的基本方向，多链交叉、跨界融合的科技创新是未来产业进化的基础动力，重塑经济、社会现有发展模式是未来产业无限应用的广阔前景。在这一背景下，面对当前各地竞相布局未来产业、打造新质生产力的激烈竞争，河南需要围绕确定的六大未来产业，建立一套基于现有科技创新体系、充分激发创新活力，完善要素支撑、衔接场景培育、发挥滚雪球效应的未来产业生态系统。

（一）提升未来产业创新策源能力

一是强化创新基础动力。立足河南发展基础，积极争取在量子信息、前沿新材料等领域布局建设国家大科学装置，并围绕超短超强激光实验装置项目、国家超算郑州中心等大科学装置和中原关键金属实验室、龙湖现代免疫实验室、龙子湖新能源实验室等河南省实验室技术创新成果，密切与企业联系，积极建设各类中试平台、孵化器、加速器，形成完整的产业技术创新链条。二是凝聚各类创新资源。以解放军信息工程大学、郑州大学、河南大学等省内具备较高科研能力、拥有高水平研发平台的高校为主体，筹划设计组建一批未来技术学院，培养专业技术人才。支持具备条件的龙头企业到沿海先发地区与全球领先地区设立研发中心，走出注册地建设"科创飞地"，广泛链接人才等高端创新要素。三是组建高效创新联合体。以宇通集团、华久氢能源、安图生物、普莱柯生物、威科姆、平煤神马集团等省内龙头企业自身积累的技术创新优势为依托，支持企业与科研院所、省内外知名高校、新型研发机构等联合开展多种模式的原始创新前瞻探索，并联合上下游主体，率先在氢能与储能、量子信息等已经具备基础优势的领域组建一批未来产业创新中心，探索发展以企业为主体、高效融聚各类创新资源的创新联合体，促进科技创新与产业基础深度融合。

（二）突出未来产业顶层设计引领

一是完善顶层设计规划。在《河南省加快未来产业谋篇布局行动方案》《河南省建设制造强省三年行动计划（2023—2025 年）》等规划的基础上，结合各地先发实践经验，总结提炼，为河南六大未来产业制定更为清晰的培育发展规划，对发展目标、路线图、量化绩效等指标加以明确，统筹制定发展战略。二是加强体制机制创新。赋予研究机构、科研团队高度自决权限，在总目标、"军令状"的约束下，给予研究机构、科研团队充足的研究过程自由，在研发项目组织、科研人才聘任、跨区域联合攻关等方面进行破除常规的创新探索。三是加大政策激励保障力度。针对设计既定的产业发展目标，提高政策引导、支持、鼓励的含金量，加大政府财政对基础创新、原始创新的投入，探索以市场化导向，在现有政府各类引导性产业基金的基础上设立未来产业引导基金，吸引省外、域外各类风投、创投及产业基金投资河南，加强产业专项资金与产业引导基金联动效应，充分将各项资金、基金的孵化撬动作用最大化。

（三）强化场景驱动探索应用空间

一是围绕重点培育方向加速打造产业级应用场景示范。未来产业培育发展从技术到落地，从现在到未来有较长的时间、空间距离，需要政府充分发挥引导者、采购者、催化者作用，学习合肥、成都等地经验，成立未来产业场景专班，针对氢能与储能、量子信息、前沿新材料等重点产业链、重大项目进行梳理，统一发布场景清单，推动企业、高校、研究机构等上下游、供需方对接，探索建立场景创新促进中心，推动场景牵引从消费层面向产业层面跃进。发挥河南产业门类齐全、协同配套良好的工业基础优势，鼓励用未来技术改造升级河南传统产业，促进未来产业率先在传统产业、新兴产业中找到应用空间，并发布融合应用场景，验证未来技术可行性。二是面向未来社会需求谋划区域性场景IP。挖掘河南具有发展潜力的未来产业细分行业，如未来食品、未来交通、未来装备等，将各类创业小镇、科技馆等打造成为能够链接企业家、研究机构、投资人、服务方，并公开面向社会的未来概念验证场景，建设未来医院、未来农场、未来社区等，以场景吸引投资者、高端团队等来河南落地发展。

（四）谋划聚点成链，壮大集群规模

一是强化开放招商。精准梳理量子信息、氢能等产业链，围绕产业链上下游薄弱环节和龙头企业发展潜力优势环节，瞄准国内国际500强企业、"隐形冠军"以及"专精特新"企业，建立产业链招商目标清单，综合采用技术引进、战略合作、基金招商、飞地招商、以商招商等各类方式引大招强，以开放合作的思路，以点连线、以线谋群，做大做强河南未来产业集群。二是深化国际合作。支持宇通集团、正星氢电、华图生物、天迈科技等一批具有核心技术的企业主动"走出去"，根据海外市场特点，开展多类型国际产能合作、技术研发合作等，积极融入国际产业链、价值链。三是高质量建设合作平台。加速推进省级未来产业先导区建设，将未来产业先导区建设成为融合汇聚未来产业高端创新资源要素、引领全省未来产业发展的试验场、加速器和增长极。持续高规格办好郑州国际氢能与燃料电池汽车大会暨展览会等重大展会及论坛，集中展示发布河南龙头企业最新技术创新成果与前沿示范应用，提升河南未来产业影响力，广泛吸引优质研发团队与资本项目前来发展。

参考文献

渠慎宁：《未来产业发展的支持性政策及其取向选择》，《改革》2022 年第 3 期。

胡拥军：《前瞻布局未来产业：优势条件、实践探索与政策取向》，《改革》2023 年第 9 期。

B.8
河南大数据产业发展态势与对策研究

韩树宇 *

摘　要： 大数据作为一种重要的战略资产，已经不同程度地渗透到多个行业领域和部门。近年来，河南大力实施数字化转型战略，对大数据产业发展给予一定的政策支持和引导，为大数据产业奠定了良好的发展基础。但是，河南的大数据产业在发展规模和层次上与发达省份相比仍存在差距，因此需要进一步改善发展生态、扩大产业规模、提高技术创新水平，推动大数据融合应用，为河南的经济社会发展赋能。

关键词： 大数据产业　数字化　数据资源　河南省

　　大数据产业是战略性新兴产业，其核心在于数据的生成、采集、存储、加工、分析和服务，它对激活数据要素的潜力起到了重要的支撑作用。大数据技术的应用不仅可以提高效率、降低成本、优化管理、增强创新，还可以改善民生、促进社会治理、保障国家安全、推动经济转型等。作为内陆省份，河南在大数据产业方面的发展起步并不晚。2016年10月，河南成为第二批国家级大数据综合试验区之一；2017年，河南省发布了《河南省推进国家大数据综合试验区建设实施方案》，使得河南大数据产业迈入了快速发展的阶段。该实施方案为河南大数据产业发展打下了坚实的基础。随着党的二十大报告提出要建设数字强国，河南省加快大数据产业发展步伐，努力建设成为具有领先优势的大数据产业高地。河南省人民政府办公厅印发了

---

　　* 韩树宇，河南省社会科学院数字经济与工业经济研究所研究实习员，研究方向为产业经济。

《河南省大数据产业发展行动计划（2022—2025）》，明确提出到 2025 年，河南基本建成全国领先、中部领跑的大数据产业创新发展区，大数据产业规模突破 2000 亿元，进入全国第一方阵。总的来说，近年来大数据产业在河南省持续得到了政策的倾斜、资本的投入，目前河南大数据产业处于全国中等偏上水平，大数据产业发展有着较为厚实的基础支撑。但是河南的大数据产业规模相对较小，发展层次也不高，与发达地区相比存在差距。因此，亟需思考如何扩大规模，并提升发展层次，为社会经济发展提供支撑和动力。

一 河南省大数据产业发展现状

近年来，河南围绕数字经济和数字经济核心产业进行重点培育和打造，全面实施省委、省政府数字化转型战略，出台各项支持政策，抢抓大数据产业发展机遇。河南聚焦聚力国家大数据综合试验区建设，积极推进大数据产业发展，推进大数据与经济社会各领域融合发展，吸引国内外企业、项目、技术、人才集聚，大数据产业发展取得阶段性显著成效。

（一）大数据产业发展政策逐渐完善

近年来，河南省委、省政府针对河南大数据产业发展给予了一定的政策支持和引导，大数据产业发展政策体系不断完善，顶层设计不断优化。《河南省推进国家大数据综合试验区建设实施方案》《实施数字化转型战略工作方案》《河南省深化新一代信息技术与制造业融合发展实施方案》《河南省"十四五"数字经济和信息化发展规划》《郑州国家新一代人工智能创新发展试验区建设实施方案》《河南省元宇宙产业发展行动计划（2022—2025年）》《河南省大数据产业发展行动计划（2022—2025）》等一系列与大数据息息相关的产业政策纷纷出台，明确了河南数字经济和大数据发展的目标、方向和任务。尤其是 2022 年发布的《河南省大数据产业发展行动计划（2022—2025）》提出，以释放数据要素价值为导向，加强数字基础设施建设，促进数据要素市场的发展，提高产业发展水平，推动融合创新应用的深入发展，并在产业发展与安全方面进行协调，加快构建现代化大数据产业体系，确保其底座牢固、资源富集、创新活跃、应用繁荣、治理有序。该行动计划提出，河南到2025年基本建成全国领先、中部领跑的数据要素高效配置先导区、大数据产业创新发展区、大数据融合应用示范区。该行动计划立足河南大数据产业发展基础和优势，为河南大数据产业发展指明了方向，注入了新的发展动能。

（二）数字基础设施建设成效显著

近年来，河南深入实施数字化转型等十大战略，加快建设新型数字基础设施体系，全面推进数字产业化，数字基础设施得到长足发展，建设成效显著，为大数据产业发展奠定了重要基础。根据《数字中国发展报告（2021年）》，河南数字基础设施建设处于全国第一梯队，在5G、千兆宽带、数据中心普及和建设方面成效突出，为区域数字化发展奠定了良好的基础。目前，河南省正在加快改善通信网络、算力和融合基础设施建设，重点推进泛在智联的数字基础设施体系建设，进一步完善数字基础设施。2022年，河南的通信网络设施建设取得重大进展，新开通了5.6万个5G基站，总数达到了15.32万个，位居全国第五，实现了乡镇以上区域全覆盖。河南在百兆以上宽带用户占比方面表现出色，超过99%，在全国名列前茅。同时，河南还在不断扩大千兆光纤网络的覆盖范围，新增了40万个10G-PON及以上端口，10G-PON及以上端口的总数达到了85万个，实现了乡镇以上区域的5G网络和千兆光网的连续覆盖，基本满足了各种应用场景的需求，网络规模在全国处于领先地位。郑州、洛阳、平顶山、新乡、焦作、许昌、南阳、信阳、济源9个城市，在千兆城市建设方面取得了显著成就，并圆满完成了千兆城市总结评估工作。在算力基础设施建设方面，河南省采取了多项措施布局完善算力基础设施，一大批算力设施建设成功并投入使用，如国家超算郑州中心、许昌鲲鹏计算中心等，并建成了一批新型数据中心，如中国移动河南数据中心、中国联通中原数据基地、中国电信郑州高新数据中心、中原大数据中心等。在融合基础设施建设方面，数字基础设施和传统基建有机融合，河南正在加快推进高速公路服务区绿色出行续航工程，同时持续完善智能充电服务设施。农村数字基础设施也在不断完善，全省的 10 余万座通信铁塔目前正在进行数字化改造，并且已经有 1.7 万个行政村得到"千里眼·平安乡村"项目的覆盖。

（三）大数据融合应用不断推进

近年来，河南大数据产业在各产业领域的融合应用进度不断加快，大数据在工业、农业和服务业领域的融合不断深入，在助力河南经济高质量发展方面作用日益凸显。在 5G 应用领域，全省已经取得积极的进展，实现了 5G 的规模化应用。目前，已经有 932 个项目在不同行业领域进行复制和推广并取得显著的成效。各省辖市也在加快复制推广 5G 融合应用。在工业应用领域，全省已经建立 919 个智能车间和智能工厂，并且有 44 家智能制造标杆企业。此外，还建成了 4 个工业互联网标识解析二级节点，分别位于洛阳、许昌、漯河和新乡。全省已初步建立"1+47"工业互联网平台体系，加速推进平台应用范围向全环节、全流程综合集成应用拓展。2022 年，全省规上工业企业数字化研发设计工具普及率 80.7%，生产设备数字化率 50.9%，关键工序数控化率 56%，相比 2018 年分别提高 9.6 个、6.2 个、10.6 个百分点。在农业应用领域，全省 99 个县入选电子商务进农村综合示范县，淘宝村达到 188 个，淘宝镇达到 121 个。此外，还有 40 多个农业信息化项目，如精准种植、精准养殖、现代产业园区和高标准农田等。全省的"蓝天卫士"监测点端口数量突破 2 万个，使农田区域的视频监控实现了全覆盖。在服务业应用领域，河南已建立覆盖省市县乡村五级的河南政务服务网，全省有 90% 以上的审批事项实现零跑动和不见面办理，一体化政务服务能力已经达到全国领先水平。在智慧景区建设上，河南省已经建成一批具有特色的智慧景区，如"互联网+龙门"和智能云台山等。

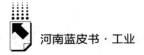
（四）大数据发展载体加速布局

随着国家大数据综合试验区建设的加快，河南正在着力打造大数据产业发展新基地新载体新引擎新平台，为河南数字产业发展提供强力支撑。目前，华为、阿里巴巴、海康威视等一批大数据龙头企业入驻河南，龙子湖、智慧岛已引进华为等数字经济领先企业 200 多家。在大数据产业园区建设方面，2022 年河南已培育大数据重点企业近 500 家，建成大数据园区 37 个，基本构建了以龙子湖"智慧岛 1 号"为核心区、各地市大数据产业园区为节点的大数据产业发展格局，初步形成了大数据产业集聚发展的核心领先节点。在大数据试点示范项目建设方面，河南建立省级大数据产业项目库，累计入库项目 300 多个，入选国家大数据产业发展试点示范项目 24 个，引领和推动河南大数据产业集聚发展。在大数据创新平台建设方面，河南组织开展了"四创"遴选工作，遴选大数据发展创新实验室 18 家、大数据产业融合创新中心 32 家、大数据创新服务机构 3 家、大数据创新人才培训基地 7 家。此外，河南对 27 个制造业数字化转型项目开展制造业数字化转型应用场景揭榜挂帅，着力提升大数据创新应用能力。

二 河南大数据产业发展存在的问题

河南大数据产业拥有一定的发展基础，近年来也不断得到政策上的倾斜和支持，但是产业规模整体较小、产业发展水平与东部发达省份存在较大差距、发展层次较低等情况也比较明显。河南对于大数据产业发展仍存在认识不足、技术创新水平不高、产业支撑能力不足、数据资源应用和管理不充分以及人才短缺等问题。

（一）对数据资源价值认识不足

全社会还没有对大数据形成客观、科学的认识，对数据资源在生产、生活方面产生的价值认识不充分，存在盲目投资、轻视数据资源等现象。很多部门和企业对发展大数据产业的意义认识不足，对大数据产业能给河南带来的转型升级机会和优势再造、换道领跑机遇认识不足。各职能部门和企事业单位仍存在"数据孤岛"和"数据烟囱"等情况，不能对数据资源进行充分的挖掘和利用。在数据商业化方面，部分部门的业务数据尤其是元数据或相关数据库等，往往以涉密或敏感为理由，拒绝交互共享，"数据孤岛"和碎片化导致数据资源商业价值不高。部门行业条块分割的体制壁垒，带来的"数据孤岛""数据碎片化"难题，严重影响大数据产业的资源配置效率。

（二）技术创新与支撑能力不够

一是产业基础薄弱，产业支撑能力不足。河南整个大数据产业链条上核心龙头企业不足，缺少具备关键核心技术和生态构建能力的龙头平台企业，整个大数据产业链条缺少关联和互动。大数据需要信息产业全产业链之间的连接支撑，不管是新型的计算平台、分布式计算机构还是大数据的处理、分析、呈现等，河南与国内外先进地区相比都存在较大差异，对于相关生态系统的影响力还比较弱，总体上，很难满足各行业对大数据的应用需求。二是技术数据与实体经济的融合度不高。无论是政府层面还是行业组织、社团机构层面，都缺乏能让企业实现资源共享的海量数据整合平台，受此影响，不少实体企业无法通过大数据应用促进有效转型升级。三是创新能力弱。河南大数据领域创新平台数量较少，大数据专业科研力量薄弱，理论和工程技术创新能力弱，大数据领域专利申请量仅占全国总量的 2.4%。

（三）数据资源建设与应用水平不高

一是大数据发展应用端缺失。河南对数据资源建设的重视性不高，缺乏专业的采集和处理环节，即便是一些有数据意识的机构，也只是重视简单的数据储存，很少注意数据后续的加工、整理问题，而且存在数据资源质量较差、缺少标准规范、管理能力不足的情况。目前，数据采集和加工仅集中在少数行业企业，如电信、金融和电子商务行业以及科研领域，且采集加工方式单一。二是数据开放度低、流通不畅。行业与部门之间很难实现跨领域的数据共享，有价值的数据开放程度低，数据价值难以得到有效的挖掘，在大数据应用上仍处于起步阶段，数据潜力未完全得到释放。缺乏普遍意义上的数据流通平台，数据跨领域、跨行业的流通和共享存在"壁垒"。三是数据管理体系不健全。数据所有权、隐私权等相关的法律法规还不够完善，信息安全、共享开发也缺乏标准的范围，数据安全规范和管理能力尚不成熟，不能完全建立兼顾数据安全与发展的信息安全保障体系。

（四）人才队伍建设需要进一步加强

大数据行业对人才需求量大且需要人才有丰富的知识储备。河南发展大数据产业最大的短板就是人才不足，既缺少高层次的领军人才，如大数据理论创新专家、大数据挖掘专家、大数据架构师等，也缺少中低层次人才，如数据清洗人才、数据搜集人才，更缺乏既懂业务需求又精通大数据技术的综合型人才。

三 河南大数据产业提升发展的对策建议

当前，大数据产业正处在高速发展时期，河南应深入挖掘大数据发展潜力和应用前景，推动大数据产业量质齐升，做大大数据产业规模，推动大数据产业市场主体培育，同时加快大数据核心技术突破，做优大数据产业发展生态，开辟新赛道，实现大数据产业高质量发展。

（一）壮大大数据产业市场规模

推动大数据产业市场主体培育，加强大数据产业载体建设，发挥河南省大数据产业技术联盟的作用，培育大数据产业市场主体，加强大数据企业的引进和培养，引进培育一批具有市场竞争力和影响力的大数据龙头企业。着眼细分领域，突出技术创新，加快发展一批大数据领域的"小巨人""专精特新"等高成长性重点企业，培育形成一批在国内大数据产业领域具有影响力的一流创新主体。深化大数据技术在制造、物流、农业、交通、医疗等领域的应用，加强对政务服务、金融科技、科学研究等重点领域的数据挖掘，加快资本、技术、数据、算力、人才等要素汇聚，打造形成一批可复制、可推广的大数据标杆型示范应用场景，促进大数据创新链产业链资金链人才链深度融合，实现新技术迭代升级和新应用产业快速发展。

（二）推动大数据产业创新发展

加大大数据技术创新开发力度，推进核心技术突破，设立大数据领域的关键技术研发财政专项资金，支持一批关键核心技术研发创新与应用实现突破，逐步打造具有核心技术自主权的大数据产业链，形成自主可控的大数据技术架构，提高关键核心技术的自主研发创新能力，有效突破制约产业发展的瓶颈。发挥好河南省大数据发展创新平台作用，通过建设一批大数据发展创新平台，形成布局合理、层次明晰的大数据发展创新生态，促进河南大数据产业发展和提升核心竞争能力。以提升大数据科技创新能力为主攻方向，构筑知识群、技术群、产业群互动融合和人才、制度、文化相互支撑的生态系统。加强对大数据领域创新人才、技术人才、管理人才的培养和引进，借助河南人才引进和培养计划，引进和培育各层次的大数据人才和创新团队。支持重点高校院所完善大数据学科体系，为大数据领域多种层次人才培养提供支撑。

（三）推进数据要素市场化配置

建立完善所有权、使用权、经营权适配的数据产权结构性分置制度，推进数据分类分级确权授权使用和市场化流通交易，持续推进数据资产登记和评估试点工作，建立省级和市级的数据资产登记中心，并以"豫数链"为基础进行数据资产登记试点，推动公共数据依法开放共享和授权使用。鼓励各地市探索建设适应市场需求、具有扎实技术支撑和合理商业模式的数据交易所，支持郑州数据交易中心创建国家级数据交易场所。围绕数据要素采集、治理、加工处理、资产定价、合规评估、标准规范、安全保障等关键环

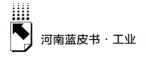

节构建全链生态，引导多方主体参与数据交易、挖掘数据潜在价值、保障数据安全有序流动，促进数据要素市场化、规模化、可持续流通配置。推进数据要素市场培育城市试点工作，鼓励各试点城市大胆探索，形成可供全省复制推广的经验。

（四）大力营造数据服务生态

推动算力服务业、大数据服务业、云计算服务业融合发展，进一步强化以上游云计算和算力服务为支撑，中游数据采集存储与分析加工，下游数据交易流通和场景应用的大数据产业链和产业生态。大力培育数据服务商，优化数据服务生态。面向下游应用市场，提供更低门槛、更高品质的数据服务，提升大数据产业化水平。加快推动新型服务模式的发展，包括智能服务、价值网络协作和开发运营一体化。同时，积极支持平台化服务，满足数据清洗、数据标注、数据分析和数据可视化等需求，以实现大数据服务的专业化、工程化和平台化。

（五）培育元宇宙等新业态新赛道

紧跟全球数字科技创新前沿焦点，加快在大模型、元宇宙、AIGC 等新领域布局发展，抢抓产业变革先机。积极培育新兴产业业态，如数据挖掘、数据合成等，支持大模型、元宇宙等大数据新应用落地。加强地市层面对新业态的政策引导、支持促进和监督规范，重点对算力和数据要素配置、技术创新和产业发展、场景建设和应用落地、人才引育和人才发展、机制建设和监督管理等方面进行统筹推动。

参考文献

刘攀：《河南省建设中部算力高地的优势与政策建议》，《农村·农业·农民》（A版）2023 年第 5 期。

《河南数字基础设施建设居第一梯队》，《河南日报》2022 年 8 月 15 日。

《大数据产业"中等生"如何实现年均 25% 的增速?》，《河南商报》2022 年 10 月 15 日。

《河南省人民政府办公厅关于印发河南省大数据产业发展行动计划（2022—2025 年）的通知》，河南省人民政府网站，2022 年 9 月 21 日，https：//www. henan. gov. cn/2022/09-21/2610744. html。

《数字中国发展报告（2021 年）》，2022 年 7 月，http：//www. cac. gov. cn/rootimages/uploadimg/1675765283208335/1675765283208335. pdf? eqid＝cb0776d800041f8400000006643deb35。

B.9
推动信阳茶产业高质量发展的
思路与对策研究

邱　静*

摘　要： 茶产业作为信阳的特色产业、生态产业、富民产业，是信阳城市形象的一块"金字"招牌。随着国家和地方对茶产业的高度重视，信阳茶产业规模日益扩大、品牌影响力逐渐提高、茶文旅融合发展快速推进。但信阳茶产业发展过程中仍存在茶企品牌不强、龙头企业带动能力弱、茶产品附加值较低、对茶文化生产力认识不足等问题。本文在归纳总结外省茶产业发展的经验做法基础上，结合信阳茶产业发展自身问题，提出茶产业高质量发展的思路与对策建议。

关键词： 茶产业　高质量发展　信阳市

茶是信阳的传统特色优势产业，也是具备广阔发展前景的生态产业、健康产业和富民产业。习近平总书记多次到茶区茶企考察调研，并强调"要统筹做好茶文化、茶产业、茶科技这篇大文章"①，习近平总书记关于"三茶统筹"的论述，为新时代信阳茶产业高质量发展指明了方向。在国家层面和地方层面政策的引领下，信阳茶产业规模日益扩大，兼具经济效益和社会效益。

＊　邱静，河南省社会科学院数字经济与工业经济研究所博士，研究方向为产业经济。

① 《在服务和融入新发展格局上展现更大作为　奋力谱写全面建设社会主义现代化国家福建篇章》，《人民日报》2021年3月26日，第1版。

一 信阳茶产业发展现状

（一）生产规模日益扩大

茶产业作为信阳的特色产业、生态产业、富民产业，不仅绿了信阳山、扬了信阳名、富了信阳人，也为"美好生活看信阳"增添了一抹最亮丽的底色。截至 2022 年底，全市茶园面积达 216 万亩，茶叶产量达 8.2 万吨，总产值达 153 亿元；茶园面积和茶叶产量、产值均占全省的 90% 以上。全市现有国家级农业产业化龙头企业 3 家，省级龙头企业 31 家，中国茶行业百强企业 12 家；拥有中国驰名商标 8 个；现有茶叶从业人员 120 万人，依托茶产业脱贫 3.5 万户 10 万余人。茶产业已成为信阳兴茶富农、乡村振兴及富民强市的支柱产业。

（二）区域分布相对集中

全市 10 个县区中，有浉河区、平桥区、罗山县、潢川县、固始县、光山县、商城县和新县 8 个重点县区产茶，都是全国重点产茶县区。鸡公山、南湾、上天梯、羊山新区及息县、淮滨也有不同规模的茶园种植和经营企业。其中，8 个重点产茶县区中，以浉河区规模最大，茶园面积超过 60 万亩，约占信阳全市的 1/3。其域内"五云两潭一寨"八大名茶山头，海拔均在 300~800 米，生态优良、云雾弥漫，牢牢占据信阳毛尖的核心地位。

（三）品牌保护力度加大

为加强信阳毛尖品牌保护，突出"八大名茶山头"在浉河区的影响力，维护其声誉，推动"山水浉河 云赏毛尖"区块链溯源体系建设，确保茶农、茶企、茶合作社增产增效，保障消费者权益，促进茶产业高质量发展。目前，信阳毛尖 521（五云两潭一寨）区块链溯源体系已建成，每盒茶叶都有唯一的"身份证"，每片茶叶都可追溯。这"五云两潭一寨"包括车云

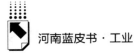

山、集云山、天云山、连云山、云雾山，以及黑龙潭、白龙潭和何家寨。它们代表信阳毛尖的高端绿茶，从环境到口感各异。区块链溯源推广是茶产业和信阳毛尖品牌的重要突破。茶叶质量可追溯体系结合数字化农业平台，通过防伪溯源标识，实现茶叶全链条、全流程追溯，为茶产业市场分析和企业发展提供权威依据。这一举措强化了对信阳毛尖品牌的保护，提升了产品溯源能力，促进了茶产业的可持续发展，确保消费者获得高品质茶叶。

（四）茶旅融合优势显著

以茶促旅、茶旅融合的发展模式在信阳地区方兴未艾、势头良好。一是深厚的茶文化积淀。信阳种茶始于东周，名于唐，兴于宋，盛于清，历史悠久，茶文化源远流长，至今已有2300多年的历史，是古代著名的淮南茶区。唐代茶圣陆羽在《茶经》中评价，"淮南以光州（今信阳）上"；宋代大文豪苏东坡曾惊叹"淮南茶信阳第一"。二是享誉盛名的茶叶品牌。信阳毛尖以外形细圆紧直、色泽翠绿、白毫显露、内质汤色嫩绿明亮、滋味鲜爽回甘、香气馥郁持久而享誉海内外，屡获殊荣。三是资源组合条件优越。信阳不仅拥有良好的生态环境，还拥有丰富的旅游资源，如南湾湖山环水绕，适宜以茶文化为主题的度假旅游；商城县的汤泉池景色宜人，适合温泉和品茶主题的休闲游；灵山寺自古以佛茶文化而闻名，适合开展佛茶文化游。这一综合条件使得信阳茶产业充满活力和吸引力。

二　信阳茶产业发展存在的主要问题

（一）茶叶企业品牌不强，龙头企业实力有待增强

信阳毛尖品牌很强，但与庞大的茶企数量相比，全国知名茶企的数量还相对有限，与应有的发展水平不匹配，即企业品牌与区域公用品牌差距较大。"2023中国茶叶区域公用品牌价值评估核心成果"显示，信阳毛尖以79.84亿元的品牌价值，位列榜单第3。据悉，自"中国茶叶区域公用品牌

价值评估"公益课题开展以来，信阳毛尖连续 14 年居全国前三。但"2023中国茶叶企业产品品牌价值"评估结果前一百中，信阳只有文新、九华山、仰天雪绿、蓝天茗茶、妙高，分别居第 15 位、第 22 位、第 65 位、第 66位、第 80 位。其中，排名最高的文新品牌价值为 8.61 亿元，与第 1 位的北京吴裕泰相差 8.95 亿元。

（二）科技投入相对不足，茶产品附加值相对较低

受地形地貌影响，信阳传统的茶叶种植园多分布在海拔 300~800 米的地区，阻碍了大规模的机械化生产，主要依靠传统的人力进行种植采摘。这在一定程度上导致茶产业科技投入的不足，进而影响了规模化生产。同时，传统的家庭作坊式生产经营模式依然是当前信阳茶叶生产的主要方式，且茶企以中小型企业为主，龙头企业数量较少，这进一步限制了科技投入。此外，在茶园基础设施建设、有机化种植、制茶的工业化技术、茶饮精加工水平方面，与日本、欧洲甚至印度相比仍存在一定的差距。

（三）对茶文化生产力认识不足，茶文化氛围亟须提升

茶文化本身即可构成茶产业，具有生产力。不仅是茶产业的包装或附属，茶文化贯穿了茶叶的栽培、采摘、加工、营销以及品饮的全过程。在信阳茶文化节期间，茶文化活动丰富多彩，但平时茶文化活动相对不活跃。进入信阳界内，并没有类似于"欢迎来到中国毛尖之都——信阳"的短信或信息推送。此外，道路两侧、广场等地很少能看到茶树作为景观植物。值得注意的是，茶文化一条街、国际茶城等场所几乎没有茶艺展示、长嘴壶表演、茶百戏等文化活动。大众对于信阳茶的典故和茶的传说了解相对较少，这也是一个问题。而展示古城义阳茶文化的电影《草木之恋》虽然存在，但鲜有进入公众视野，播放率相对较低。同时，信阳茶歌舞、戏曲以及文学创作等还需要进一步加强和推广。

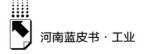

（四）质量安全意识欠缺，监管机制有待进一步完善

目前，信阳茶叶以手工炒制、半手工和半机械化炒制为主，全市茶叶主要产区的加工工艺流程也存在着地域差异，导致茶叶的质量标准难以统一。传统的家庭作坊式生产经营方式，导致大多数茶叶加工人员缺乏专业的职业技能培训，主要依靠经验积累，茶叶质量参差不齐。而个体经营过程中缺乏有效的日常监管，可能会存在各种卫生问题。此外，目前我国茶产业标准体系仍然比较混乱，存在标准老化滞后、监测技术手段相对落后等问题，这都影响了茶叶行业食品安全风险防控工作的有效进行。

三　外省区茶产业发展的经验借鉴

近年来，福建、云南、贵州、广西、安徽、湖南、江西、陕西等省区相继围绕茶产业发展需求，主要从培育区域公用品牌，建设现代化营销体系，建设标准化生态茶园，延伸茶叶产业链，人才、科研和金融等要素支撑方面，出台相关政策，推动茶产业高质量发展。

（一）关于区域性公用品牌培育

湖南省相继印发《关于加快大湘西地区茶叶公共品牌建设的实施方案》《湖南省茶叶公共品牌建设实施方案（2021—2025）》，持续扩大"潇湘"茶公共品牌影响力，提升茶叶品牌价值。福州对2022年底到期的《关于支持福州茉莉花茶产业发展九条措施》进行修订，于近期形成新的《关于支持福州茉莉花茶产业发展九条措施》，旨在做大福州茉莉花茶品牌，进一步擦亮"福州茉莉花茶"金字招牌。安徽省印发《关于加强茶叶品牌建设进一步做大做强茶产业的意见》，突出重点，以四大名茶（黄山毛峰、太平猴魁、祁门红茶、六安瓜片）为引领，推进名牌茶做大做强。云南省印发《云南省茶叶产业高质量发展三年行动工作方案（2023—2025年）》，推进地理标志认定，以打造"普洱茶""滇红茶"品牌为重点，夯实区域公共品牌基础，扩大"滇红茶"品牌影响力。

（二）关于现代化营销体系建设

湖北省发布《培育壮大农业产业化龙头企业工作方案》，努力构建农产品市场流通新格局，立足国内国际两个市场，支持龙头企业巩固本地市场、开拓国内市场、进军国际市场。同时，加快发展订单直销、网络直播、连锁配送、电子商务等新型流通业态，支持建设一批跨境电商产业园。广西发布《关于促进广西茶产业高质量发展的若干意见》，分别从讲好茶文化故事、积极开展推介展示、努力拓宽消费渠道三个方面，强化营销体系建设。云南省制定《关于推动达州茶产业高质量发展促进富民增收的实施意见》，主要从大力拓展茶产业终端市场、支持产地交易市场建设、鼓励创新商业模式、组织参加大型展示展销活动四个方面，构建现代化茶产业市场体系。

（三）关于标准化生态茶园建设

贵州省印发《关于加快建设茶产业强省的意见》，提出从推进茶园流转向企业集中、严格茶园环境保护、扩大高标准茶园规模、推行茶园清洁化生产、加快茶园品质认证五个方面，严格质量安全管理，夯实贵州茶核心竞争力。福建省印发《福建省人民政府关于提升现代茶产业发展水平六条措施的通知》，提出从加强茶园水土保持，大力推广茶园植树、梯壁种草、套种绿肥等技术，完善配置茶园道路、蓄水池、滴（喷）灌系统等基础设施三个方面建设生态茶园，进而提升茶产业发展水平。云南省制定《关于推动云茶产业绿色发展的意见》，分别从土壤改良、良种推广、完善设施、种植方式、复合生态系统构建等方面推进茶园全部绿色化。

（四）关于茶叶产业链延伸

安徽省印发《安徽省人民政府办公厅关于推动茶产业振兴的意见》，一方面，提升精深加工水平，实施加工生产线技术改造，充分利用夏秋茶资源，推进分级包装等；另一方面，大力发展茶叶新兴业态，支持茶叶主产市县打造茶旅精品线路、茶旅精品园区、茶旅特色小镇，开发"茶旅+民宿""茶旅+研学"等茶旅融合新业态，延链增值，推动茶产业融合发展。陕西省印发《关于茶产业高质量发展的意见》，提出延伸茶文化多元功能，讲好陕茶故事，打造茶文旅精品线路，拓展茶文旅与民宿、研学、康养融合发展新业态。江西省制定出台《关于进一步加快江西茶产业发展的实施意见》，实施加强夏秋茶的开发、茶旅融合、拓展茶叶新业态等多个方面的举措，旨在提升茶叶产业的竞争力和市场适应能力，促进茶文化的传承和发展，进而培育新增长极，延伸江西茶产业链。

（五）关于科技、人才、金融等要素支撑

广西梧州印发《支持六堡茶产业人才发展的若干政策》，围绕加强人才培养、加大人才引进力度、优化人才生态三个方面设立茶产业人才发展专项资金，支持六堡茶产业人才发展。陕西省制定《关于金融支持陕西省茶产业高质量发展的指导意见》，要求精准对接核心企业和链上市场主体融资需求，进一步提升茶产业链金融服务质量，助力增强茶产业发展质效和竞争力。浙江省印发《浙江省人民政府办公厅关于促进茶产业传承发展的指导意见》，提出完善茶叶全产业链科研开发体系，加强茶叶新品种、新技术、新产品开发和信息化改造。福建省印发《福建省人民政府关于提升现代茶产业发展水平六条措施的通知》，支持涉农高校加强茶叶学科建设，加快培养一批集生产、营销、管理于一体的综合性茶业人才；继续将茶叶类专业纳入新型职业农民教育范畴给予重点扶持，并依托农业大中专院校、龙头企业等加快培养高层次职业技术人才。

四 推动信阳茶产业高质量发展的对策建议

（一）擦亮招牌，促进双品牌协同发展

擦亮"信阳毛尖"这块金字招牌，推动"区域公用品牌+企业品牌"

协同发展。一是扶优扶强经营主体。基于产业优势，培育壮大一批具备品牌知名度、高品质产品、强大经济实力、广泛市场影响力、引领带动能力的茶叶龙头企业。鼓励茶企联合村集体经济组织、专业合作社、家庭农场和茶农积极发展茶产业化联盟。二是品质提升。加快推动信阳茶叶产业标准化建设，着力提升"信阳毛尖"品质，确保产品质量的一致性和稳定性，从而树立企业的良好声誉。三是拓展市场。市场特别是国际市场，可以帮助茶叶企业提高品牌知名度。积极寻找国际合作伙伴，开展国际贸易，推广"信阳毛尖"。四是推进地理标志认定。以打造"信阳毛尖"和"信阳红"品牌为重点，夯实区域公用品牌基础，提振"信阳毛尖"品牌影响力。

（二）绿色引领，把好茶叶质量安全关

一是建设标准化生态茶园。根据资源和生态条件，稳定茶园面积，重点发展浉河区、平桥区、罗山县、潢川县、固始县、光山县、商城县和新县8个重点优势产区，尤其是信阳毛尖的核心产区浉河区，进行茶园改造，支持建设高标准茶园和生态茶园。二是推广良种繁育。推进茶树改良和繁育，鼓励改种优质品种，促进茶园更新，提升茶树品质，逐步解决品种混杂和低质问题。三是建立健全产品标准和检测体系。完善茶叶行业标准，确保与行业发展同步，解决标准老化问题。整合现有检验机构资源，由国家认证认可委员会规划和管理，引进先进设备，提高检测精度，支持质量安全监管。四是清洁绿色化生产。加强茶园投入品管理，利用大数据进行实时监测，禁止使用118种禁用农药，加强质量安全检查，打击违规投入品使用。推广有机肥替代化肥，采用生态种植模式和绿色防控技术，建设生态系统，保护益生昆虫，使用生物农药，进行病虫害统防统治。

（三）延链增值，推动茶产业融合发展

一是加强夏秋茶开发。大力推广茶园机械化采摘，提升夏秋茶的产量。提高夏秋茶品质，扩大绿茶和红茶产量。在信阳绿茶和红茶的基础上，鼓励

企业开发白茶、黑茶、黄茶、花茶等新品种，增强茶叶市场多样性。二是加速茶旅融合。充分整合茶叶与旅游资源，创造独特的茶文化旅游线路，鼓励地区和企业结合自然风光、文化、美食等元素，打造茶叶公园、研学基地、茶艺小镇等，传播茶文化，丰富茶叶功能，延伸产业链，提高综合效益。三是大力发展茶叶新业态。结合河南禹州钧瓷和信阳毛尖两大名品牌，加速茶叶与陶瓷的有机融合，推出茶瓷系列产品。大力挖掘河南中医药资源，推进张仲景医药文化与信阳茶文化的跨界联动，促进茶产业与医药和大健康产业的融合发展，加快功能性茶叶的研发与推广，同时，打造一批迎合年轻消费群体喜好的茶饮、餐饮和休闲食品等。

（四）多措并举，构建现代化营销体系

一是讲好茶文化故事。挖掘制茶、茶艺、茶哥、茶舞、茶的传说等文化资源，培育茶文化精品。以"信阳毛尖茶制作技艺"为龙头，深入挖掘茶相关非遗项目。二是积极开展推介展示。媒体展示方面，推广信阳茶文化，通过多种媒体渠道，将茶元素融入茶叶专卖店，提升茶文化传播效能；国际参与方面，支持信阳茶叶主产区在国内外进行茶叶推介和展示，在全国茶叶销售重点地区建立品牌形象店和展示销售点，积极协助茶叶企业参加国内外茶博览会和展销会，展示卓越产品和文化，拓展国际市场；举办茶文化活动方面，高水平筹办信阳茶文化节，开展多样化茶文化活动，如"评茶""斗茶""茶叶论坛"等，提升信阳毛尖的知名度和美誉度。三是拓展多样化消费渠道。精确分析消费者行为，细分不同消费群体，打造多层次产品。科学谋划信阳茶叶销售区域，推进电商和大宗茶叶交易平台等现代化专业市场建设。

（五）集聚要素，助力茶产业做大做强

一是加大茶产业科技投入。以茶为主导产业，建设国际科研平台，深化与高校、科研机构的合作，组建专家团队，加速标准技术整合，推动新品种培育和技术研发，建立科研项目管理体系，提供资金支持，加强关键技术创

新。二是加大资金和政策支持力度。相关部门积极争取国家级和省级农业产业园区、地理标志保护工程、数字农业和茶园绿色防控技术应用推广等政策资金。积极筹建茶产业发展中心，专门负责茶产业发展。三是加大教育和人才培养投入。持续优化职业教育专业布局，加快发展茶产业所需的新兴和紧缺专业。加大人才引进力度，积极编制信阳毛尖茶产业人才引进指导目录，完善信阳茶产业人才评价和激励政策，鼓励支持信阳毛尖茶采制技艺传承人的发展。

参考文献

郭威扬：《信阳茶产业发展现状、存在问题及对策建议》，《信阳农林学院学报》2018 年第 3 期。

福建省农业农村厅调研组：《关于促进湖北茶产业高质量发展的调研报告》，《三农研究》2023 年第 1 期。

前瞻产业研究院：《2022 年中国及 31 省市茶叶行业政策汇总及解读》，2022 年 7 月。

《茶业数据 | 2023 中国茶叶区域公用品牌价值评估报告（文末附价值表）》，"中国茶叶"微信公众号，2023 年 6 月 13 日，https：//mp. weixin. qq. com/s？＿＿biz＝MzU2 NDE1MjA4OA＝＝&mid＝2247574834&idx＝1&sn＝a5bab6d57e913fc8439487a84db17be 9&chksm＝fc4cb745cb3b3e537cea202e2d9cdf05feea7d4809b6c8a0f44f624de35a589d4403fccf 05ef&scene＝27。

B.10
河南冷链食品行业发展态势与提升对策

摘 要： 随着人们生活水平的提高和饮食结构的改变，冷链食品行业在我国食品产业中扮演着越来越重要的角色。冷链食品行业已经成为河南现代食品产业体系的重要组成部分。河南冷链食品行业在稳定经济、吸纳就业、出口创汇、贡献税收等方面发挥着越来越重要的作用。研究当前河南冷链食品行业面临的许多挑战和问题，分析对策，对河南冷链食品行业发展具有重要意义。

关键词： 冷链食品 现代食品产业体系 新消费

近年来，随着消费升级，蔬菜、水果、肉类、水产品、乳制品、速冻食品等冷链产品深受广大消费者青睐。河南是食品生产大省，牧原、双汇、三全、思念、锅圈食汇、蜜雪冰城等龙头企业发展势头迅猛，从规模到经营模式带动了河南冷链食品行业的发展，冷链食品行业已经成为河南现代食品产业体系的重要组成部分。随着郑州、商丘、新乡和漯河4地入选国家级冷链物流基地，河南冷链食品行业在稳定经济、吸纳就业、出口创汇、贡献税收等方面发挥着越来越重要的作用。

一 河南冷链食品行业发展态势

近年来，河南省政府加大了对冷链物流基础设施建设的投入，促进了行

---

* 王新哲，河南省社会科学院数字经济与工业经济研究所经济师，研究方向为企业管理。

业的发展。同时，消费者对于新鲜食品的需求不断增长，推动了冷链食品行业的快速发展。

数据显示，截至 2022 年，河南蔬菜、肉类、乳制品、水果等主要冷链产品产量 9742.27 万吨，冷链物流货运量达到 7056 万吨，同比增长 12%。从食品工业角度看，2022 年全省鲜冷藏肉、乳制品产量分别增长 20.6%、11.5%。2023 年，河南冷链食品产业发展呈上升趋势，随着河南冷链物流设施逐步完善，河南冷链食品产业核心生产企业产能持续扩大，河南冷链食品产业的发展态势良好。

（一）产业链延伸，龙头产业优势不断扩大

2023 年，河南冷链食品产业主要产品链保持增长态势，牧原、双汇等肉制品龙头企业在生猪屠宰、肉类加工、禽肉市场等环节不断延伸产业链条，在河南肉制品领域的产业优势进一步放大。2023 年 1~7 月，牧原在猪价下行拖累下，加快屠宰业务布局，产业链向下游肉制品方向延伸，完成鲜冻肉销售 59.33 万吨，实现营业收入 86.74 亿元，增加 70.92%；截至 2023 年 6 月末，牧原在生猪养殖产能较为集中的地区成立了 25 家屠宰子公司，已投产 10 家屠宰场，投产产能合计 2900 万头/年，与公司的养殖业务互相协调，形成完整的生猪生产全产业链闭环，提高产品附加值，平抑猪行业周期给公司带来的业绩波动。2023 年 1~7 月，双汇实现生鲜产品营业收入 158.89 亿元，同比增加 11.73%。

速冻食品行业龙头三全在巩固拓展速冻米面品类的同时，拓展肉制品赛道，整合供应链，打通进口牛羊肉上游供应链，确保原材料成本优势。目前，三全的汤圆水饺等起家产品在公司全产品体系中的占比不到 50%，体现了三全不断开拓新品类的能力。2023 年 3 月 15 日，三全航空港工业园区项目举办奠基仪式，该项目总投资 24 亿元，建成后产能达 50 万吨/年，是三全单体规模最大的生产基地，在业内看来，该项目也是河南食品工业智能化升级加速的标志之一。

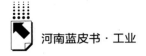

（二）招商引资，壮大冷链食品产业集群

河南省是中国的重要交通枢纽，无论是从北至南，还是从东至西，物流均便捷高效，这对于需要频繁物流输送的冷冻食品企业来说，具有很大的吸引力。作为全国的重要农业大省，河南拥有丰富的农产品资源，特别是粮食、肉类、水果、蔬菜等，可以为冷链食品企业提供稳定且丰富的原材料供应。河南已经建立一条相对完整的冷链食品产业链，包括原料种植、加工、储存、销售等环节。企业在这里可以轻松地找到合作伙伴，实现整条产业链的无缝对接。加上河南省政府高度重视食品工业的发展，出台了一系列鼓励和支持食品产业发展的政策。

目前，国内各大冷链食品企业纷纷在河南投资布局，看好冷链食品行业的发展，如国内速冻行业百亿巨头安井食品投资的河南安井于2018年10月落户安阳汤阴。通过三期投资，河南安井投资额达到了12.3亿元，全部投产后，河南安井产能突破29万吨/年，年产值超过27亿元，有望成为亚洲单体最大的速冻火锅料制品生产基地，也将带动安阳汤阴健康食品产业集群壮大。2023年5月24日，源香食品安阳汤阴工厂——源香河南4.0智造工厂正式开工投产，为行业首条烤肠智能生产线。据了解，该工厂共投资5亿元建设，年业务收入不低于10亿元。

（三）产业园拉动，产业集聚效益明显

产业园区通常会配备较为完善的基础设施，如电力供应、道路交通、仓储设施等。产业园区通常会吸引多家企业入驻，包括冷链存储、运输、加工等各个环节的公司，形成产业链条。这种集聚效应可以帮助企业降低运营成本，提高经济效益。这对于冷链食品行业来说尤为重要。另外，产业园区往往是技术创新的高地。通过共享资源、技术交流、合作研发等方式，企业可以提高技术创新能力，推动冷链食品行业的发展。政府通常会对产业园区给予一定的政策扶持，如税收优惠、资金补贴等，这同样有利于冷链食品企业的发展。产业园区的建设对于推动河南冷链食品行业的发

展，提高食品的质量和安全性具有积极作用。如位于新乡原阳的河南餐饮中央厨房产业园是全国著名的中央厨房基地，也是河南食品产业集聚发展的亮点。

（四）商业模式创新，全产业链企业异军突起

近年来，许多河南食品企业主动创新商业模式，改变经营模式，由食品制造向产业供应链转型升级，形成全产业链企业，实现超常规发展壮大。例如，2015 年成立的火锅食材连锁企业锅圈食汇，品牌产品 SKU 达 700 余款，门店扩张近万家，同时孵化了华鼎供应链、澄明食品产业园，打通全产业链，成为社区居民"5 分钟解决在家吃饭问题"的最优解之一。锅圈食汇以火锅食材为主打产品，同时覆盖烧烤、生鲜、预制菜、卤味、西餐、一人食、酒饮等八大品类场景，全方位满足不同情境下的居家餐饮需求。此外，锅圈食汇还开辟了居家餐饮新模式，让消费者享受便利的同时，为消费者提供了更多选择。冷链物流方面，锅圈食汇已经建立完善的现代化区域中心仓、冷冻前置仓等冷链物流体系，以确保门店订货的高效配送。此外，锅圈食汇还提出了"仓店一体"战略和"一店一铺一库"战略，以实现门店的高周转率并降低库存压力。通过不断的产品创新和高效的物流配送体系，锅圈食汇为消费者提供了更多优质的居家餐饮选择，为河南冷链食品行业的发展注入了新的活力和动力。

（五）聚焦品类，走差异化发展之路

聚焦特定品类可以使企业在这一领域积累专业知识与经验，进而提高产品质量和服务质量，从而在市场中具有较大竞争优势。专注于某一品类可以凸显其品牌的专业属性，使品牌在消费者心中形成明确的印象和期待，进一步提升品牌力。

差异化发展使得企业可以为特定品类提供独特的价值，满足特定消费者群体的需求。专攻特定品类，并以此进行差异化发展，能够提高生产效率，降低生产成本，从而提高企业的经济效益。同时，差异化发展可以打开新的

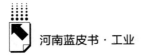

市场空间，这些都为企业的长远发展提供了新的机遇。差异化发展在冷链食品行业中起着重要作用。食品行业是一个竞争激烈的行业，所以企业需要找到一种方式来独立于竞争者，这就是差异化发展的目标。

2023年8月7日，被业界誉为"馅饼大王"的霍嘉食品投资3.5亿元、年产能15万吨的第二生产基地竣工投产，霍嘉食品立足餐饮、饼类开道，走差异化研发道路，用饼类产品建立了自身的知名度。郑州胖哥食品公司凭借芝麻球打响了知名度。这些企业通过差异化发展，聚焦产品形成独特品牌效应。差异化对冷链食品行业的发展起到了积极推动作用，帮助企业在竞争中立于不败之地。

（六）拥抱新消费，推动冷链食品行业多层次发展

新消费日益流行，吸引着冷链食品企业随着市场结构调整而调整，许多企业纷纷调整市场战略布局，面向更细分的市场，实施多品牌战略，更好服务不同的消费用户。如被外界誉为"餐饮供应链第一股"的千味央厨面向C端，依托岑夫子、纳百味两个新品牌，以"大品类里做细分，细分品类做头部"为发展目标，凭借在速冻行业的技术积累和市场布局，拥抱新时代的消费需求，融合时代新风采，强势入局新消费赛道。

二 河南冷链食品行业发展存在的问题

在当前市场环境下，河南的冷链食品企业在发展过程中会面临一些挑战和问题。

技术更新：随着科技的不断发展，冷链食品行业需要不断更新生产和加工技术。如果不能做到这一点，可能会影响产品的质量和口感，从而影响市场竞争力。

食品安全管理：食品安全是冷链食品行业的生命线。任何食品安全事件都可能对企业的声誉和销售造成严重影响。因此，加强对食品安全的管理和控制，保证产品质量，是每个冷链食品企业必须重视的问题。

成本控制：原材料价格波动、高昂的储运成本、技术更新投入等因素，都可能增加冷链食品企业的生产成本。如何在保证产品质量的同时有效控制成本，也是企业面临的一个重要问题。

市场竞争：随着消费者需求的多样化，市场竞争日趋激烈。企业需要有明确的市场定位，持续创新产品，提升品牌效应，以在市场竞争中立于不败之地。

环保要求：企业在生产过程中需要严格遵守环保法规，否则可能会面临罚款甚至停产整顿等处罚，而环保投入可能会增加企业的运营成本。

三　河南冷链食品行业发展提升对策

冷链食品行业是一个充分市场竞争的行业，一方面靠政府出台推动提升政策，另一方面需要从具体企业发展的角度制定符合其自身的提升对策。可以从政策、企业管理和产业数字化三个方面制定河南冷链食品行业发展提升对策。

（一）政策角度对策

政策支持和激励措施：制定相关政策，提供税收优惠、信贷支持、科研资金等激励措施，鼓励企业投资冷链设施建设和技术升级，在降低成本、提高效率方面发挥积极作用。

标准规范和监管：建立完善的冷链食品行业标准和规范，包括温度控制、运输安全、食品质量等方面的要求，加强对冷链物流环节的监管，确保食品安全和保鲜度。同时，加大对违规行为的处罚力度，维护市场秩序。

促进供应链信息化建设：加强对冷链食品行业供应链信息化建设的支持，鼓励企业采用数字化技术，推动各环节数据共享和交互，提高供应链的可见性和协同效应，降低运营成本和风险。

培养人才和技能提升：加强相关领域人才的培养和技能提升，包括冷链

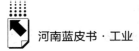

管理、物流运营、数据分析等方面的专业知识和技能培训。通过提高从业人员的素质水平，推动行业创新发展和技术进步。

国际合作与交流：加强与国际相关组织和国家的合作与交流，学习借鉴先进的冷链食品行业管理经验和技术标准，提升河南冷链食品行业的竞争力。

跨部门协同合作：建立跨部门协同合作机制，加强冷链食品行业各环节的监管和协调。政府部门之间要加强信息共享和沟通，形成一体化的政策支持和监管体系，推动行业的发展和规范化。

通过以上政策对策的落实，可以有效地促进冷链食品行业的发展，提升整个供应链的效率和质量保障水平，为食品安全和保鲜提供更好的保障。

（二）企业管理角度的对策

提高供应链的可见性和透明度：建立完善的信息系统，实时跟踪食品从生产到配送的全过程。这样可以有效管理食品的温度、湿度、运输时间等环境条件，确保食品质量和安全。

强化食品质量控制：制定严格的质量控制标准和流程，对食品进行检验、抽样和监测，确保食品在整个冷链运输过程中保持良好的质量和新鲜度。

巩固供应链合作伙伴关系：与供应链的各个环节合作伙伴建立紧密的合作关系，包括供应商、物流公司和零售商等。通过共同努力，优化整个冷链过程，提高效率和服务水平。

投资先进的冷藏设施和技术：冷链食品行业需要不断更新和升级冷藏设施和技术，确保食品在冷链中保持所需的温度和湿度条件。投资先进的冷链设备和技术，可以提高食品的保鲜度和质量。

建立食品安全管理体系：制定并实施科学的食品安全管理体系，包括风险评估、食品追溯、紧急事件应对等措施。通过建立完善的食品安全管理体系，可以提高消费者对冷链食品的信心和满意度。

加强员工培训和素质提升：为员工提供必要的培训和教育，提高他们的专业知识和技能水平，使其能够更好地应对冷链食品行业的挑战。同时，通过激励机制和良好的工作环境，提高员工的积极性和工作效率。

以上是从企业管理角度提出的对于冷链食品行业发展提升的一些建议和对策。当然，具体的对策还需要根据不同企业的具体情况进行综合考虑和实施。

（三）产业数字化角度的对策

物流跟踪和监控：利用物联网技术，通过在冷链设备和运输工具上安装传感器和监控装置，实时获取货物的位置、温度、湿度等重要指标数据。这有助于提高物流的透明度，确保食品在整个运输过程中的安全和保鲜。

数据分析和预测：通过收集大量的冷链数据，如温度记录、环境条件等，运用数据分析和人工智能技术，对冷链运输的效率和稳定性进行评估和优化。同时，利用数据预测模型可以提前发现问题，预测温度变化和货物运输时间，以便采取相应的措施。

互联网共享平台：建立冷链食品行业的互联网共享平台，使各个环节的参与者（如生产商、物流公司、经销商等）可以实时沟通和共享信息。这有助于提高协同作业效率，减少信息传递的延迟和错误，提升整个供应链的可靠性和响应能力。

区块链技术：区块链技术可以确保冷链食品的可追溯性和安全性。通过在区块链上记录和验证每个环节的数据和交易信息，可以确保食品的来源和质量可信，减少食品安全问题的发生，提高消费者的信任度。

人工智能和自动化：利用人工智能和自动化技术，可以对冷链设备和仓储系统进行智能化管理和控制。例如，使用自动化系统可以实现温度调节、货物分拣和库存管理等工作，提高操作效率和减少人为错误。

供应链优化：通过数字化技术，可以对冷链供应链进行综合优化。从原材料采购到生产制造、仓储物流和销售配送，通过整合信息和优化流程，可以提高供应链的效率，减少成本和资源浪费。

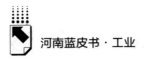

总之，数字化技术的应用可以提高冷链食品行业的敏捷性、可靠性和透明度，提升运营效率和货物的质量保障水平。

参考文献

《牧原股份（002714）2023年中报点评：成本持续优化　屠宰产能释放》，新浪财经，2023年9月13日，http：//stock. finance. sina. com. cn/stock/go. php/vReport_ Show/kind/search/rptid/747943709503/index. phtml。

《河南双汇投资发展股份有限公司2023半年度报告》，https：//pdf. dfcfw. com/pdf/H2_ AN202308151594739812_ 1. pdf？1692116246000. pdf。

专题篇

B.11
河南省新型工业化发展思路与对策研究

新型工业化研究课题组 *

摘　要：　推进中国式现代化建设河南实践，最基础、最关键的是推进新型工业化。当前，河南以制造业高质量发展为主攻方向，推动产业结构调整和转型升级，工业经济发展取得了显著成效，呈现"稳""新""智""绿""优"的发展特点，为现代化河南建设打下坚实基础。但是，河南仍处于工业化中期的后期阶段，工业化水平低于全国平均水平，面临着工业增速缓慢、质量效益不高、创新驱动不强、企业实力较弱等问题。为加快河南工业化进程，构建现代化产业体系，必须坚持高端化、智能化、绿色化、服务化和集群化，聚焦"六新突破"，实施"八项工程"，努力建设具有全国重要影响力

---

* 课题组组长：赵西三，河南省社会科学院数字经济与工业经济研究所副所长、副研究员，研究方向为产业经济学。课题组成员：牛志永，河南省工业和信息化厅规划处副处长，研究方向为产业经济学；杨梦洁，河南省社会科学院数字经济与工业经济研究所助理研究员，研究方向为产业经济。

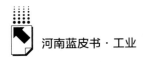

的先进制造业强省，增强现代化河南建设的核心竞争力、比较竞争力、综合竞争力。

关键词： 新型工业化　中国式现代化　工业经济

推进新型工业化，是以习近平同志为核心的党中央从党和国家事业全局出发，着眼全面建成社会主义现代化强国做出的重大战略部署。推进中国式现代化建设河南实践，最基础、最关键的就是要推进新型工业化。近年来，河南省锚定"两个确保"，深入实施"十大战略"，坚持以制造业高质量发展为主攻方向，大力推进新型工业化，加快建设制造强省，取得了明显成效，但也面临着工业增速趋缓、企业效益降低、动能转换不快、创新发展滞后、链群耦合不紧、短板弱项较多等突出问题与矛盾。这也要求必须深刻把握新时代新征程推进新型工业化的基本规律与河南工业化的阶段性特征，积极主动适应和引领新一轮科技革命和产业变革，大力推进新型工业化，为中国式现代化建设河南实践构筑强大物质技术基础。

一　河南省工业化的主要成效与阶段研判

（一）河南省工业化主要成效

总体上看，近年来，河南省工业经济呈现"稳""新""智""绿""优"的发展特点。

1. 稳——工业经济总体保持平稳增长，对全省经济发展的支撑作用"稳"

2018 年以来，河南省工业经济总体上保持了稳定的增长态势，全部工业增加值由 2018 年的 1.73 万亿元增长到 2022 年的 1.96 万亿元，5 年增长了近 2300 亿元（见图 1），保持了较大的规模优势。2022 年，河南全部工业增加值占全省 GDP 的比重达到了 32%，特别是规上制造业增加值占全省

GDP 的比重达到 28.5%，比上年提升了 0.6 个百分点。2023 年上半年，全省规上制造业增加值同比增长 4.0%，高于全省工业平均增速 0.7 个百分点，为稳住全省经济大盘发挥了"压舱石"作用。

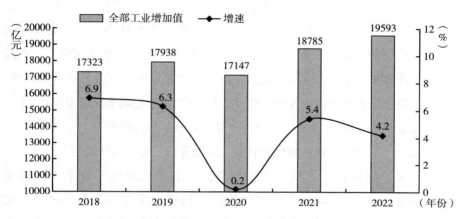

图 1　2018～2022 年河南全部工业增加值及增速

资料来源：河南省历年统计年鉴和统计公报。

2. 新——工业经济结构持续优化，"新"赛道和"新"的增长点加快形成

近年来，河南省大力实施换道领跑战略，通过传统产业高位嫁接、新兴产业重点培育、未来产业破冰抢滩，形成了全省工业经济增长的新动能。2022 年，全省传统产业新型化率比 2018 年提高了约 5 个百分点。战略性新兴产业占规模以上工业的比重由 2018 年的 15.4% 提高到了 2022 年的 25.9%，5 年提高了 10.5 个百分点，新主导、新支撑地位正在加速形成。2018～2022 年，高技术制造业占规模以上工业的比重由 10.0% 提高到了 12.9%，高新技术企业数量由 2270 家增长到 1.09 万家，实现了"双倍增"，制造高端化态势显现，以创新为驱动的新动能日益增强。

3. 智——工业数字化、网络化、智能化水平加快提升，河南制造加快向"河南智造"提升

近年来，河南省大力实施数字化转型战略，推进新一代信息技术与制造业深度融合，加快数字基础设施建设，培育壮大数字核心产业，积极搭建数

智融合赋能场景，促进了智能化水平提升。目前，全省5G基站总数达到17.64万个，建成国家超级计算郑州中心和中原大数据中心、中国移动河南数据中心、中国联通中原数据基地、中国电信郑州高新数据中心等一批新型数据中心。累计建成具有行业先进水平的智能车间773个、智能工厂332个、智能制造标杆企业44家。建成"1+47"工业互联网平台体系，接入设备产品707万台次，部署App 2600多个，带动企业生产效率平均提升30%，运营成本平均降低20%。全省企业数字化研发设计工具普及率、生产设备数字化率、关键工序数控化率分别达到80%、5%和55%以上，智能制造就绪率超过14%。累计上云企业达到20.8万家，中小企业数字化水平显著提升。

4. 绿——工业经济加快绿色化转型，制造业含"绿"量持续提升

近年来，河南省深入践行"绿水青山就是金山银山"理念，积极实施《河南省工业领域碳达峰实施方案》及钢铁、建材、有色金属、石化化工4个重点行业碳达峰行动方案，推动工业绿色低碳转型。对652家企业开展工业节能监察，向763家企业提出节能诊断改造建议606项，减少36.47万吨标准煤使用。举办绿色制造技术应用创新大赛，推广47项绿色低碳技术应用案例，遴选11个绿色低碳发展标志性项目，为47个"绿色发展领跑计划"项目累计发放贷款53.13亿元。累计创建国家绿色工厂（园区）等试点示范329个，认定省级绿色工厂220个、绿色工业园区13个、绿色供应链管理企业40家、绿色设计示范企业25家、绿色设计产品40项。钢铁、合成氨、水泥建材等行业平均能效水平接近标杆值，数据中心能源效率（PUE）平均值大幅降低，钢铁、废塑料等再生资源综合加工利用量超过500万吨。2023年上半年，全省规上节能环保产业增加值增长12.4%。

5. 优——工业经济"五链耦合"生态加速构建，产业发展的生态持续优化

近年来，河南省坚持围绕产业链稳定供应链，特别是疫情期间，建立重点产业链供应链企业"白名单"，加强产业链供应链保通保畅，省市县三级确定工业"四保"白名单企业22393家，实现规上工业企业全覆盖。推进省级供应链创新与应用试点建设，创建试点城市、企业52个（家）。坚持围绕产业链部署创新链，出台产业研究院建设实施意见和管理办法，挂牌成立省级产业研究院 25 家和中试基地 21 家，累计创建国家级技术创新示范企业 28 家，新增国家级质量标杆 8 个，新增高新技术企业 2063 家，科技型中小企业达到 1.5 万家，居中部地区首位；规模以上工业企业研发活动覆盖率提升到 45%。依托中原英才计划，大力引育高端紧缺人才，积极推进"人人持证、技能河南"，2022 年新增技能人才 432.2 万人、高技能人才 140.8 万人。坚持围绕产业链保障要素链，全面推行"标准地+承诺制"，2022 年全省出让标准地 342 宗、2.87 万亩。2022 年，全省制造业贷款余额 4954.2 亿元，同比增长 7.9%。坚持围绕产业链创新制度链，建立健全"万人助万企"推进机制，组织开展产融、产销、产学研、用工等"四项对接"活动超过 3500 场次，达成对接成果 2 万余项，协调解决企业反映的问题 8.6 万个，产业发展的生态逐步改善。

（二）河南工业化所处阶段研判

目前，西方经济学中经典工业化划分理论已经不适合中国工业化的阶段划分。国内比较一致的主要划分指标是人均 GDP、服务业的比重、城镇化率和农业就业人口占比。在同一时期，前三项指标值越高、后一项指标值越低，表明一个区域的工业化程度越高。按照这种划分方法，我国的长三角、珠三角和北京等地已经步入工业化后期阶段。2022 年，河南省人均 GDP 为 6.2 万元，仅居全国 31 个省份第 22 位；服务业的比重居全国第 24 位；城镇化率为 57.07%，在全国排名也十分靠后。按照这种划分方法，河南的工业化阶段在全国基本属于最后一个梯队，该方法也无法从工业的规模体量上反映出河南工业化在全国所处的水平与阶段。

近期，工业和信息化部赛迪研究院发布了实现新型工业化的主要标志（后工业化阶段）及相关指标，对标这些指标更能客观反映河南工业化所处的阶段。赛迪研究院共提出了 5 个主要标志。

一是发展质效标志，人均 GDP 超过 2.2 万美元，达到中等发达国家

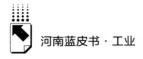
水平。2022 年，全国人均 GDP 约 1.27 万美元，河南人均 GDP 仅约 8930 美元。

二是结构优化标志，制造业和生产性服务业占比超过 60%，城镇化率超过 75%。2022 年，全国制造业和生产性服务业占比不足 50%，城镇化率达 65.22%；河南制造业和生产性服务业占比在 40% 左右，城镇化率达 57.07%。

三是技术创新标志，科技自立自强能力显著提升，全社会研发经费投入强度达到 3.5%。2021 年，我国全社会研发经费投入强度为 2.44%，河南全社会研发经费投入强度仅为 1.73%。

四是融合转型标志，高端化智能化绿色化转型成效显著，中高技术产品出口占比超过 70%。当前，我国中高技术产品出口占比约 60%，2022 年河南以手机、汽车为代表的中高技术产品出口值约占全省出口值的 51%。

五是安全发展标志，国内外大循环内生动力和可靠性显著增强，对外贸易依存度降至 20% 以下。2021 年我国对外贸易依存度为 34.1%，河南约为 13.9%。

综合以上研判，河南工业化水平低于全国平均水平，在全国属于中等偏下水平，应处于工业化中期的后期阶段。

二 河南省推进新型工业化发展存在的主要问题

纵向比较，近年来，河南工业化进程取得显著成效，综合实力显著增强，但横向比较，与全国发达省份相比仍有较大差距。当前，河南工业发展中存在的问题与短板主要有以下几个方面。

（一）制造业占比降低过快，规模总量退至全国第六位

近年来，河南制造业占 GDP 的比重持续下降，从 2012 年的 46.2% 下降到 2022 年的 28.5%，下降了 17.7 个百分点，与河南所处发展阶段和锚

定的奋斗目标不相匹配。从增加值看，2022 年河南全部工业增加值达到 19593 亿元，但只相当于广东和江苏的约 40%、山东和浙江的约 70%，仅比湖北、四川高出 2000 亿~3200 亿元，特别是 2022 年被福建省超越，保持了 19 年的全国第五位，变为全国第六位（见图 2），加快工业增长的任务仍很艰巨。

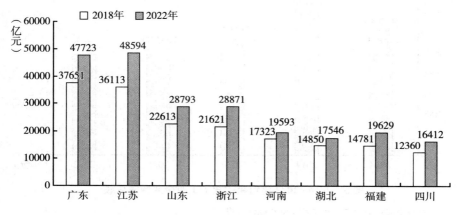

图 2　2018 年、2022 年部分省份全部工业增加值

资料来源：各省统计年鉴和统计公报。

（二）资源型产业比重较高，质量效益下滑比较明显

河南产业发展基本靠资源起家，煤电铝、钨钼等资源型产业占规模以上工业的比重仍高达 40% 左右。粗略估算，河南钢铁、水泥、玻璃、耐材等资源型产业新型化率在 30% 左右，产品以中低端为主，实现换道领跑的任务还很重，推动提质发展也尤为紧迫。从战略性新兴产业来看，尽管 2022 年占规模以上工业的比重达到了 25.9%，但总体上仍低于广东（45% 以上）、浙江（32.3%）、江苏（40.8%）等地区。从规模以上工业企业利润总额看，2018~2022 年，河南企业利润总额总体呈现下降趋势，从 3053.40 亿元降低到 2459.80 亿元（见图 3），在全国仅排名第 14，与广东（9640.9 亿元）、江苏（9061.9 亿元）、浙江（5863.6 亿元）、山东（4473.2 亿元）

等发达省份差距较大，也低于四川（4836.3亿元）、陕西（4570.3亿元）、福建（4071.3亿元）、内蒙古（4060.0亿元）、山西（3633.4亿元）、江西（3456.1亿元）、湖北（3139.6亿元）等制造业规模总量少于河南的省份，表明河南制造业企业盈利能力处于全国中等偏下水平。

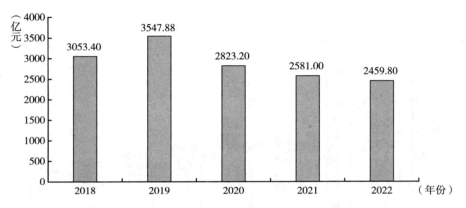

图3　2018~2022年河南省规上工业企业利润总额

资料来源：河南省历年统计年鉴和统计公报。

（三）产业基础相对薄弱，需补链领域多

河南虽然具有相对完备的工业体系，但在重点行业领域中还存在诸多短板弱项。从承担国家工业强基工程项目数量看，近年来河南仅有10个，而江苏（74个）、山东（45个）均远高于河南。从重点产业链看，部分重点行业缺链环节较多，比如，在新能源汽车产业链中，电机电控关键环节较弱，无论是驱动电机总成，还是新能源汽车需求急剧增长的小微型电机及电控，省内均没有具有竞争力的企业和产品。尤其是车规级芯片仍以国外供应商产品为主，除信大捷安在车规级安全芯片领域处于领先地位外，自动驾驶AI芯片、智能座舱CPU芯片、智能化算力芯片、网联化5G通信芯片等均严重依赖国外。又如，在先进工程机械产业链中，"重整机轻部件"问题突出，河南的盾构装备虽处于国际领先地位，但大排量液压泵、马达、大功率

电机以及电气控制元件等盾构/TBM 关键部件仍依赖进口。再如，在新型电力装备（新能源）产业链中，高温涂层材料和工艺、特高压变压器用套管、超超临界火电机组用安全阀、重型燃气轮机用高温特种部件等关键零部件均存在短板。此外，在智能终端产业链中，"缺芯少屏"问题突出，以整机代工生产为主，关键核心部件配套不足，产业链配套基础薄弱。

（四）创新发展驱动力不强，主要指标排名靠后

河南每万家法人企业中国家高新技术企业和科技型中小企业数量仅为国家平均水平的 42%，国家级技术创新示范企业数仅占全国的 2.7%，国家重点实验室、国家工程研究中心分别占全国总数的 2.91%、2.89%，仅相当于湖北省的一半。同时，高校、科研院所资源匮乏，科技支撑能力明显不足。从高新技术企业数量看，2022 年，河南总量突破 1 万家，但与广东的 6.9万家、浙江的 6 万家、江苏的 4.4 万家相比，差距较大（见图 4）。

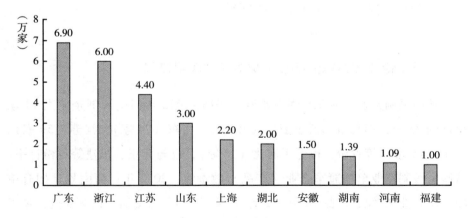

图 4　2022 年全国部分省份高新技术企业数量

资料来源：部分省份统计年鉴和统计公报。

从 R&D 经费投入强度看，2018~2021 年，河南 R&D 经费投入强度一直低于全国平均水平。2021 年，河南 R&D 经费投入仅居全国第 10 位，投入强度排名更为靠后，仅居全国第 17 位（见表 1）。

表1 2021年全国部分省份R&D经费投入及强度

省份	R&D经费（亿元）	R&D经费投入强度（%）	省份	R&D经费（亿元）	R&D经费投入强度（%）
广　东	4002	3.22	辽　宁	600	2.18
江　苏	3439	2.95	天　津	574	3.66
北　京	2629	6.53	江　西	502	1.70
浙　江	2158	2.94	云　南	282	1.04
山　东	1945	2.34	山　西	252	1.12
上　海	1820	4.21	广　西	200	0.81
四　川	1215	2.26	黑龙江	195	1.31
湖　北	1160	2.32	内蒙古	190	0.93
湖　南	1029	2.23	吉　林	184	1.39
河　南	1019	1.73	贵　州	180	0.92
安　徽	1006	2.34	甘　肃	130	1.26
福　建	969	1.98	新　疆	78	0.49
河　北	746	1.85	宁　夏	70	1.56
陕　西	701	2.35	海　南	47	0.73
重　庆	604	2.16	青　海	27	0.80

资料来源：《2021年全国科技经费投入统计公报》。

（五）企业实力总体不强，龙头带动作用较弱

从中国制造业企业500强数量看，2018～2022年河南入围企业由14家增加到23家，但总量远低于浙江（78家）、山东（74家）、江苏（59家）、广东（45家）等省份，也低于河北（26家），仅与北京、福建等省份持平。从国家级制造业单项冠军企业（产品）数量看，2022年，河南累计拥有单项冠军企业23家、产品16个，共计39家（个），数量居全国第8位，少于浙江、山东、江苏、广东、北京、湖南和福建（见图5）。

从国家级专精特新"小巨人"企业数量看，2022年，河南省有374家，居全国第10位，数量低于浙江（1073家）、广东（877家）、山东（764家）、江苏（710家）、北京（591家）、上海（507家）、安徽（488家）、湖北（478家）、湖南（406家），在中部六省中也仅居第4位（见图6），与河南中部地区第一制造业大省的地位不相匹配。

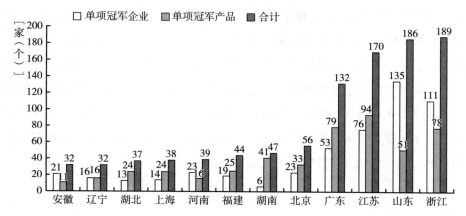

图 5 2022 年全国部分省份国家级制造业单项冠军企业（产品）数量

资料来源：根据工信部、中国工业联合会发布的各批次国家级制造业单项冠军企业（产品）名单整理。

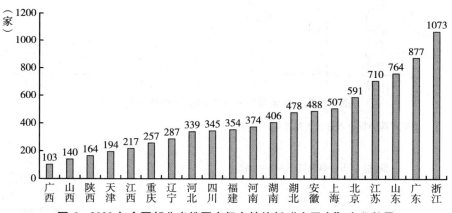

图 6 2022 年全国部分省份国家级专精特新"小巨人"企业数量

资料来源：根据工信部发布的国家级专精特新"小巨人"企业名单整理。

（六）各类要素保障不充分，瓶颈制约趋紧

资金、土地和环境容量已经成为产业发展的硬约束。在金融支撑方面，河南产业投资基金和风险投资基金很不活跃，国家设立的大型产业发展基金基本上没有在河南设立子基金。从制造业贷款余额看，2022 年，河南制造业

贷款余额为4954亿元，远低于江苏（33700亿元）、广东（22000亿元）、浙江（15400亿元），也低于山东（8780亿元）、福建（7946亿元）和四川（5887亿元），仅居全国第7位（见图7）。从上市企业数量和市值看，2022年，河南共有上市企业108家，市值规模1.5万亿元，上市公司数量和市值规模远低于广东、浙江、江苏、北京、上海，这些省份上市公司数量都在300家以上，市值规模基本在7万亿元以上（见图8）。同时，河南还存在政策支持力度弱、统计监测及预警机制不健全等问题。

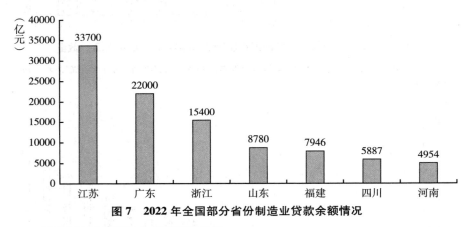

图7　2022年全国部分省份制造业贷款余额情况

资料来源：根据各省公布数据资料整理。

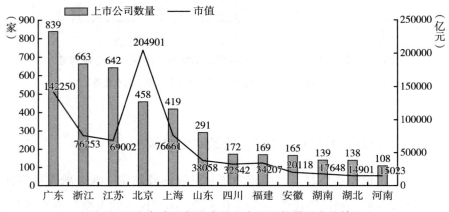

图8　2022年全国部分省份上市公司数量及市值情况

资料来源：根据网络数据资料整理。

三　加快河南省新型工业化的思路与对策

加快河南新型工业化，要顺应当前制造业高端化引领、智能化提升、绿色化转型、服务化增值、集群化布局的趋势，强化"六新"攻坚突破，实施一批促进制造业高质量发展的重点工程，努力建设具有全国重要影响力的先进制造业强省。

（一）推进"五化发展"，加快转型升级

一是高端化发展。坚持以高端制造为引领，深入实施换道领跑战略，大力发展高端制造，加快产业迈向中高端，到2025年，力争30%的传统企业转型为战略性新兴企业；新兴产业规模达到2.6万亿元，实现"五年倍增"；未来产业规模达到1000亿元，创建国家未来产业先导试验区。二是智能化发展。坚持以智能制造为主攻方向，实施制造业数字化转型三年行动计划，到2025年，力争培育30家"数字领航"企业、300家中小企业数字化转型标杆、30个数字化转型示范区、30个制造业数字化赋能中心。打造"5G+""数字孪生+""人工智能+"等智能制造应用场景，创建一批国家智能制造示范工厂。三是绿色化发展。坚持以"双碳"目标为导向，实施制造业绿色低碳高质量发展三年行动计划，加快制造业绿色低碳转型，着力构建高效、清洁、低碳、循环的绿色制造体系。到2025年，力争培育省级及以上绿色工厂500家、绿色供应链管理企业50家，建成100家数字化能碳管理中心。四是服务化发展。坚持以服务型制造为重点，延伸产业链、提升价值链、赋能新制造。每年培育30个左右省级及以上服务型制造试点示范，推进生产性服务业与先进制造业协同升级。到2025年，力争生产性服务业占全省GDP的比重提高到10%左右。五是集群化发展。坚持以集群化构建高效协同的生产制造网络体系，加快培育一批具有全国、全球影响力的特色优势产业集群。到2025年，力争创建现代农机、先进超硬材料等10个国家级产业集群，培育300个市域、县域特色优势产业集群。

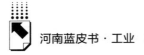

（二）攻坚"六新突破"，提升竞争优势

聚焦新基建、新技术、新材料、新装备、新产品、新业态，推动传统产业提质发展、新兴产业培育壮大、未来产业抢滩占先，以"六新突破"带动引领、增势赋能产业发展。一是超前布局新基建。加快推进5G、工业互联网、大数据中心和智能计算中心等信息基础设施建设，到2025年，力争建成5G基站25万个。推动郑州数据交易中心升格为国家级数据交易场所。二是聚力攻坚新技术。依托各类创新平台和企业主体，积极承担国家重大创新项目，深度嵌入国家创新战略体系。聚焦传统产业提质发展、新兴产业培育壮大、未来产业抢滩占先的共性技术需求，强化联合攻关，到2025年，力争突破300项关键核心共性技术。三是做强做大新材料。聚焦先进金属、新型功能和高性能尼龙材料等，持续优化产品结构，延伸产业链条，加快打造先进超硬材料、先进钢铁材料、铝基新材料、铜基新材料等9个千亿级现代化产业链，推动河南由基础材料大省向"新型材料"强省跨越，到2025年，力争新材料产业规模达到万亿级。四是扩能提级新装备。立足全球产业发展前沿，强化河南"高精尖"产业深度谋划与布局，提升现代农机、煤矿综采、盾构装备、新型电力装备等高端化水平，大力发展精密数控机床、智能机器人、高端医疗机械、精密仪器仪表、智能检测装备、高端轴承等高端产品，到2025年，打造一批具有国际竞争力的先进新装备，形成5000亿级产业规模。五是推广应用新产品。鼓励企业加强质量、品牌和标准建设，研发推广高性能新品，积极创建知名品牌。落实国家、省装备首台（套）、材料首批次、软件首版次等政策，到2025年，力争推广300个以上自主创新产品。六是培育壮大新业态。发挥数字赋能作用，加快制造业与新一代信息技术、现代服务业深度融合发展，充分利用大数据、云计算、区块链、元宇宙等技术，培育催生新制造、新服务、新场景等新业态，形成数字经济新的增长点。

（三）实施"八项工程"，夯实基础支撑

一是产业基础再造工程。加快建设高能级创新平台，推进创新平台和创新企业在 3~5 年内实现倍增，培育壮大创新主体；强化"五基"和重大装备技术攻关，提升重点产业基础能力；强化自创新品推广，形成愿用敢用的导向。到 2025 年，力争承担 30 项国家产业基础再造工程项目，突破和推广应用 100 项"五基"细分领域关键技术与产品。二是重点链条重塑工程。抓好 28 个千亿级现代化产业链培育，绘制好"一图谱六清单"，深入实施"双长制"，强化专班化推进，推动重点产业链晋级国家先进制造业集群。加快供应链物流体系建设，推动现代物流业与产业链协同一体化发展，提高产业链韧性和安全水平。三是项目投资支撑工程。强化"项目为王"导向，重点实施产业万亿招商行动、工业万亿投资行动和"三化改造"提升行动。到 2025 年，力争每年签约产业项目 1 万亿元、工业投资规模保持在 1 万亿元以上、技改投资增速和占工业投资的比重实现显著提升。四是优质企业培育工程。重点做强链主企业、头雁企业、单项冠军企业，培育创新型企业、"专精特新"中小企业，加快"小升规"。到 2025 年，力争新增千亿级制造业企业 2~3 家，百亿级头雁企业达到 60 家。五是开发区提升工程。重点聚焦制造业主攻方向，深化"三化三制"改革，提高开发区土地集约利用水平，强化主导产业链招商和重大项目建设，推动开发区间围绕产业链供应链加强合作，构建主导产业明确、错位发展、分工协作、链条完整的产业集群体系。到 2025 年，力争全省营收超 5000 亿元、1000 亿元、500 亿元的开发区分别达到 2 个、10 个和 30 个。六是质量品牌提升工程。深化"设计河南"建设，实施制造业设计能力提升专项行动，加快工业设计发展；提升质量标准水平，打造河南制造品牌。到 2025 年，力争建成国家级工业设计中心 20 家、省级工业设计中心 300 家、特色设计园区 10 个。七是布局优化工程。重点是积极构建"中心引领、两带支撑、四区协同"的产业布局体系。突出郑州国家中心城市与洛阳、南阳省域副中心城市的引领带动作用，着力培育全省制造业核心增长极。建设黄河流域、沿京广铁路两大制造业发

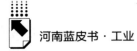
展带，支撑全省制造业高质量发展。以洛阳为中心，带动三门峡、济源建设豫西转型创新发展示范区；以南阳为中心，与信阳、驻马店对接淮河、汉江经济带，打造豫南高效生态经济示范区；以商丘、周口等城市为主，建设东部承接产业转移示范区；推进安阳、鹤壁、濮阳一体化发展，打造豫北跨区域协同发展示范区。同时，积极融入国内国际双循环新发展格局。八是要素保障优化工程。攻坚瓶颈要素破解，强化基础要素保障，着力打造审批最少、流程最优、体制最顺、机制最活、效率最高、服务最好的"六最"营商环境。

参考文献

丁翠翠等：《新型工业化、新型城镇化与乡村振兴水平耦合协调发展研究》，《统计与决策》2020年第2期。

程恩富、宋宪萍：《全球经济新格局与中国新型工业化》，《政治经济学评论》2023年第5期。

赵建吉：《推进新型工业化发展的河南路径》，《河南日报》2023年6月30日。

王文莉：《推进新型工业化的着力点》，《河南日报》2023年6月19日。

B.12

河南省工业技术创新"揭榜挂帅"
发展现状及对策研究

许卫华　陈树泽　崔晶晶*

摘　要： 　"揭榜挂帅"是河南省进一步提高工业技术创新水平的重要机制，也是推动河南制造业高质量发展的强大动力。为促进工业技术创新发展，河南省积极响应落实国家"揭榜挂帅"相关政策，但榜单核心技术不够聚焦、验收机制不完善、政府支持力度较小、成果推广不明显等问题较为突出。基于此，本报告提出了加强对征集需求的论证、合理设置揭榜门槛、持续完善管理系统设计、加大政府支持力度、完善成果推广制度、加强政策宣讲和引导等对策建议，以期推动河南省工业技术创新快速发展。

关键词： 　工业技术创新　揭榜挂帅　河南省

　　党的十八大以来，习近平总书记高度重视科技创新，把攻克关键核心技术摆在国家发展全局的重要位置。当前，我国经济已由高速增长阶段转向高质量发展阶段，科技创新的驱动引领能力及其重要性更是不言而喻。然而，我国科技创新的总体状况与完成调整经济结构、转变经济增长方式的迫切要求还不相适应，许多关键技术自给率低，很多区域自主创新能力不强，产业技术的一些关键领域还存在对外技术依赖、优秀拔尖人才相对匮乏、科技投入不足、体制机制不灵活等弊端。显然传统的科研基金式项目管理方式，已

* 　许卫华，河南财经政法大学工商管理学院副教授、硕士生导师，研究方向为产业发展、技术创新管理；陈树泽，河南财经政法大学工商管理学院硕士研究生，研究方向为产业经济；崔晶晶，河南财经政法大学工商管理学院硕士研究生，研究方向为产业经济。

难以有效满足科技创新的需求，"揭榜挂帅"应运而生，这一概念最早在国家层面出现可以追溯到2016年4月召开的网络安全和信息化工作座谈会。习近平总书记在会上提出："可以探索搞揭榜挂帅，把需要的关键核心技术项目张出榜来，英雄不论出处，谁有本事谁就揭榜。"此后，工信部以及广东、上海、山东、湖北、贵州等省份纷纷开展重点创新任务、重大科技项目"揭榜挂帅"工作。

河南省于2006年开始提出建设创新型河南和创新驱动发展战略，在原有科技计划的基础上，相继制定了"科技创新'十二五'规划"、"科技创新'十三五'规划"和"科技创新'十四五'规划"，并颁布了一系列省级及各省辖市层面的创新人才、信息、资金等需求型、供给型及环境型科技创新政策。经过多年的努力，河南省的科技创新实现了量质齐升的良好局面。科技部《中国区域科技创新评价报告2022》显示，河南省的综合科技创新水平指数由2012年的全国第22位提升到2022年的第17位。河南创新环境不断改善，创新主体数量不断增加，科技创新对河南省现代经济体系建设的支撑作用越来越明显。然而作为现代化产业体系布局中的重要组成部分，河南省工业技术创新水平有待进一步提高，截止到2022年底，河南省全社会研发经费投入仅为全国第10位，研发投入强度为1.73%，在全国平均水平以下，居全国第17位；高层次创新平台、重大科技基础设施较少，国家实验室还是空白，中国科学院在全国共有114家直属机构，河南省还是空白，国家重点实验室、国家工程技术研究中心占全国总数的比重均不超过3%；对高层次的"双创"人才吸纳能力较弱，河南省"两院"院士仅占全国总数的1%，国家杰青仅占全国总数的0.3%；河南省战略性新兴产业比重仅为25.9%，高新技术企业总量仅为全国的3%，其中营收超百亿的高新技术企业仅10余家，这些都限制了河南省工业技术的创新发展。

综上，本报告在深刻分析河南省工业技术创新"揭榜挂帅"发展现状及存在的问题基础上，提出相关对策建议，为推动河南省制造业高质量发展注入强大动力。

一　河南省工业技术创新"揭榜挂帅"发展现状

河南省"揭榜挂帅"实践从 2019 年开始,在省科技厅、省工信厅等技术创新主管部门牵头组织和示范带领下,近年来一大批创新主体积极开展"揭榜挂帅"实践活动,主要实践项目如表 1 所示,有力推动了河南省的工业技术创新。

表 1　河南省部分主体推动的"揭榜挂帅"项目

发布时间	发布主体	项目内容	项目实施情况
2019 年	河南省科技厅、财政厅	发布《中国·河南开放创新暨跨国技术转移大会重大关键技术需求国内外揭榜攻关工作实施方案》,举办中国·河南开放创新暨跨国技术转移大会开展"揭榜挂帅"活动	面向全球发布了 50 项制约河南产业发展的关键核心技术需求,最终 23 个项目签约,合同总额约 5.25 亿元
2020 年	河南省卫生健康委	对重大医学科技攻关项目实行"揭榜挂帅"	每年新增 1000 万元科技投入,每项重大医学科技攻关项目资助 100 万元
2021 年	河南省科技厅、财政厅	发布《2021 年度省重大关键技术"揭榜挂帅"科技项目实施方案》等文件,举办第二届中国·河南开放创新暨跨国技术转移大会	围绕新材料、现代农业、装备制造等领域发布 113 项榜单需求,最终 53 个项目签约,合同总额约 21.2 亿元
2021 年	河南省制造强省建设领导小组、工信厅	发布《关于印发 2021 年河南省制造业数字化转型揭榜挂帅活动实施方案的通知》等,举办"揭榜挂帅"活动	围绕装备制造、食品、电子信息等行业,发布 27 个榜单任务,单个项目最高榜单为 3248 万元
2021 年	濮阳	发布《濮阳市重大科技项目揭榜挂帅暂行办法》	市财政按合同总额 30% 核定补贴,"三大三专"产业单个项目最高不超过 400 万元,"四新"产业单个项目最高不超过 500 万元
2022 年	河南能源义煤公司	耿村煤矿 13 采区巨厚砾岩沉降探测技术研究	所需经费由发榜单位自筹
2022 年	河南省委宣传部	发布《河南省社会科学规划项目"揭榜挂帅"实施办法(试行)》	实行事后资助制度,鉴定等级为"优秀""良好"的给予一次性资助

续表

发布时间	发布主体	项目内容	项目实施情况
2022 年	鹤壁	围绕 5G、清洁能源与新材料、绿色食品、新型物流等领域举办首届"揭榜挂帅"活动	共发布技术攻关需求 9 项、成果转化需求 4 项,达成合作意向 10 项
2022 年	商丘	围绕产业转型升级举办"揭榜挂帅"活动	共发布 16 项榜单任务,包含技术攻关类和成果转化类,将择优支持
2022 年	焦作	聚焦高端装备、绿色食品、新材料、现代化工、生物医药等多个领域举办"揭榜挂帅"需求评审	26 项科技项目技术需求获评审专家组推荐
2022 年	开封	围绕产业转型升级举办"揭榜挂帅"活动	共发布 33 项榜单任务,分为技术攻关和成果转化两大类
2022 年	三门峡	公开征集市级"揭榜挂帅"重大创新需求	市财政按照科研经费总额 20%、最高不超过 200 万元给予补贴
2022 年	洛阳	启动"揭榜挂帅"重大科技创新项目申报工作	市财政按照科研经费总额 20%、最高不超过 500 万元给予补贴
2022 年	新乡	出台《新乡市揭榜制科技项目实施方案》,围绕超低温制冷技术、车用芯片、抗癌药物、高端建材等领域举办"揭榜挂帅"活动	共征集企业技术需求 27 项、科技成果转化需求 11 项
2022 年	安阳	为提升制造业创新链整体能效,举办"揭榜挂帅"活动	对技术攻关和成果转化两类揭榜项目,均按照合同经费的 50%、最高不超过 600 万元给予财政补贴
2023 年	河南省交通厅、科技厅	围绕河南省交通运输领域重大科技项目,公开征集创新需求	分为企业出题和政府出题两大类,企业出题类项目按照项目合同总额 20% 给予财政补助,但不超过 500 万元,政府出题类项目补助不超过 500 万元
2023 年	鹤壁	围绕电子电器、新材料和绿色食品等领域举办第二批"揭榜挂帅"活动	共发布 8 项揭榜挂帅选题,总投资额 5090 万元
2023 年	河南省工信厅、药品监督管理局	发布《关于组织开展生物医用材料创新任务揭榜挂帅(第一批)工作的通知》	主要聚焦高分子材料、金属材料、无机非金属材料三大重点

资料来源:根据相关公开资料整理。

从调研访谈结果来看，虽然河南省"揭榜挂帅"实践探索相比国内其他地区起步稍晚，至今不足5年，但是经过这几年的实践，河南省工业技术创新"揭榜挂帅"项目已取得了阶段性成果，主要表现在：成功签约落地了一批项目，有效集聚了全国优势创新资源为河南省工业产业发展急需解决的技术难题揭榜攻关；提升了部分企业的技术攻关能力，推动了河南省相关产业的高质量发展；促进了行业技术交流与对接，科技成果转化率逐步上升；等等。

相比其他地区，河南省的"揭榜挂帅"实践探索呈现以下明显特征。

（一）操作模式以政企联合型为主

目前常见的"揭榜挂帅"操作模式主要有三类：政府主导型、企业主导型和政企联合型。通过梳理近几年河南省的"揭榜挂帅"实践活动，发现其操作模式以政企联合型为主，通常是政府牵头发布征集通知，常态化或定时性收集企业难题需求，通过解决典型企业经营发展过程中的难题，带动区域产业创新发展，即以"企业出题、政府发榜、帅才揭榜"的逻辑思路推动实践活动。在这种模式下，企业成为创新需求提出主体、研发经费投入主体和成果转化落地主体，而政府主要是为需求方与解决方搭建平台，按照相关规定提供部分资金支持。如2021年河南省科技厅发布的重大关键技术"揭榜挂帅"科技项目，资助标准为按照合同经费总额的30%，上不封顶进行支持；2021年省工信厅发布的制造业数字化转型揭榜挂帅项目则规定通过验收评估的应用场景项目，优先列入省制造业高质量发展专项资金予以支持，并优先推荐、认定国家和省级相关试点示范。

（二）榜单任务涵盖技术攻关和成果转化两大类

技术攻关类项目，鼓励省内行业龙头、骨干企业针对制约企业、产业发展的核心技术瓶颈提出需求，由国内外符合条件且有研发能力的高校、科研机构等单位揭榜攻关；成果转化类项目，鼓励国内外拥有先进技术成果的单位提出成果转化落地需求，由河南省有需求和条件的企业揭榜转化。如省科技厅于2021年2月围绕传统产业转型升级、新兴产业重点培育和未来产业谋篇布局，联合财政厅发布了《2021年度省重大关键技术"揭榜挂帅"科技项目实施方案》,面向国内外公开征集关键核心技术研发需求和重大创新成果转化需求。前期共征集427项需求(技术攻关类218项、成果转化类209项),经过分类别、分领域组织筛选后,最终遴选出的113项需求(技术攻关类77项、成果转化类36项)于2021年9月在《关于发布2021年"揭榜挂帅"科技项目榜单的通知》中进行张榜公布。

(三)运行流程相对完备

通过对近年来河南省各类"揭榜挂帅"实践活动的整理分析,发现其运行流程较为完备,一般经历如图1所示的5个步骤环节。

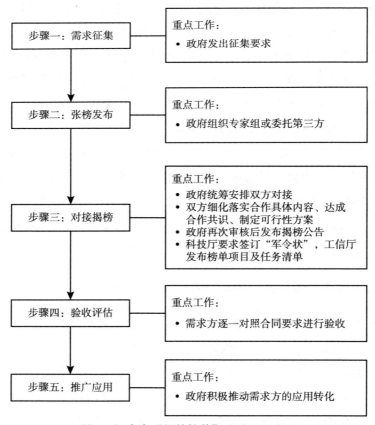

图1 河南省"揭榜挂帅"实践运行流程

二 河南省工业技术创新"揭榜挂帅"发展面临的问题

河南省"揭榜挂帅"实践尽管在促进工业技术创新方面已经取得一定成果，但总体上还处于探索起步阶段，与国内其他省份相比，在榜单需求、揭榜门槛、验榜环节、政府支持、成果推广等方面还存在一定的差距。

（一）榜单不够聚焦关键核心技术

2016年习近平总书记首次提出，关键核心技术攻关可以搞"揭榜挂帅"，因此，聚焦"卡脖子"关键核心技术是推行"揭榜挂帅"机制的基本初衷和重要遵循。但河南省在推进工业技术创新"揭榜挂帅"实践过程中，一方面，征集的榜单需求中部分具有随意性，因为河南省目前采取的主要是政企联合型"揭榜挂帅"模式，榜单的征集方式是首先省级政府主管部门自上而下发布征集通知，地方主管部门再征集各地企业的需求，然后再自下而上汇总到省级政府主管部门，其中有部分企业认为这是个"任务"，因此为了应付完成这个"任务"而临时提出一些需求。另一方面，征集的榜单需求中部分是申报企业自己内部科研团队暂时不能解决的问题，并不是行业共性技术或者该领域的关键核心技术，这些需求的解决并不能对未来河南省工业技术创新产生很大的影响带动作用。

（二）揭榜门槛有待进一步降低

"揭榜挂帅"的本质内涵就是不设任何门槛，针对技术难题需求，谁有本事谁来干，构建一套英雄不问出处的自由选贤任能机制。河南省工业技术创新"揭榜挂帅"门槛依然存在，如省工信厅发布的《2021年河南省制造业数字化转型揭榜挂帅活动实施方案》规定，揭榜方要拥有在河南省内开展业务的技术服务团队，省外单位应在河南省内设立分支机构，或者与河南省内单位建立合作关系；发榜方要在行业内拥有较强竞争优势和影响力；科技厅发布的《2021年度省重大关键技术"揭榜挂帅"科技项目实施方案》规定，技术攻关类项目的揭榜方要具有较强的研发团队、科研条件和自主研发能力，在相关领域具有良好科研业绩、具备较强的国际影响力。与湖北的对揭榜方"不论出身"、成都的"2个取消"等政策相比，河南省的"揭榜挂帅"门槛在一定程度上影响了偏离了河南"全球范围内寻找揭榜方"的初衷和预期。从近几年的实践探索来看，最终成功揭榜者、发榜者的区域开放性不足，大多是国内甚至省内机构成为最终揭榜方或者发榜方。另外，最终揭榜方或者发榜方以高校为主，其次是企业，最后是科研机构（见图2）。

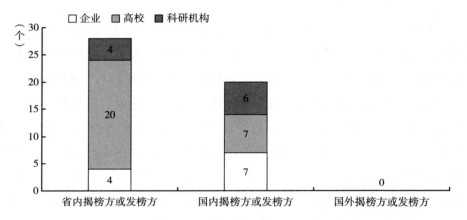

图2　2021年河南省"揭榜挂帅"科技资助项目揭榜方或发榜方分布

（三）体制机制有待完善

第一，评榜机制方面，与其他大多数省份相似，河南省的"揭榜挂帅"实践也是按照"企业出题、政府立题、帅才解题"的思路进行的，但从调查结果来看，企业在评选确定揭榜方时并未构建一套科学合理的评价指标体系。第二，竞争机制方面，如省科技厅牵头的两批"揭榜挂帅"实践中确定揭榜方的方法是，首先揭榜方与发榜方对接，在双方达成共识的基础上制定可行性方案，然后由省科技厅等相关主管部门组织专家进行评审，最终提出中榜项目名单，最终揭榜方都是一次性确定的一家单位或团队，这种方式不利于充分激发创新潜力。第三，激励机制方面，以经费激励为主，根据马斯洛需求层次论、赫兹伯格双因素论等相关激励理论，河南省的"揭榜挂帅"激励机制缺乏针对不同主体、不同阶段、不同项目等分级、分类激励措施。第四，风险防控机制方面，"揭榜挂帅"项目一般属于风险较大的前沿性颠覆技术，在揭榜攻关过程中可能存在各种各样的风险，如研发过程中的技术风险、路线风险、资金短缺风险等，研发失败后的资源损失风险、公信力下降风险等，这些风险都会极大地阻碍创新主体揭榜攻关的积极性和主动性。河南省科技厅借鉴金华市的经验做法，探索推广"揭榜挂帅攻关险"，但对投保企业给予的 30% 保费补贴低于其他省份 50% 的补贴力度。第五，其他保障机制方面，如"揭榜挂帅"供需双方是否对揭榜合作过程中产生的知识产权归属、科研自主权、沟通权等问题进行详细规定，在一定程度上影响着揭榜攻关的效率与效果，而河南省工业技术创新"揭榜挂帅"实践在这方面也有待加强。

（四）验收标准不够完善

目前，河南省"揭榜挂帅"实践的项目验收标准不够明确，大多数情况下以专家定性评审为主，缺乏定量化的评价指标体系。众所周知，评价标准犹如"指挥棒"，实践中专家评审具有一定的随意性，因此仅仅依靠专家评审进行项目验收可能存在验收不科学的问题。项目失败后的处理机制、责任划分模糊不清。如省科技厅牵头实施的 2019 年和 2021 年"揭榜挂帅"实施方案中均存在对项目失败的处理机制、责任划分模糊不清等问题，仅笼统地指出：因客观原因或不可抗力项目任务无法按期按质完成的，经第三方出具审计报告认可确认后，省财政资金的实际发生额不再追回。

（五）政府支持力度有待加大

河南省工业技术创新的"揭榜挂帅"实践中，资金投入方式以企业自筹为主、政府补贴为辅，缺少社会资本和金融机构的参与。但总体来看，河南省财政补贴力度稍弱，如省科技厅牵头实施的 2019 年"揭榜挂帅"实施方案中规定"按照项目合同总额20%的资金给予资助,对单个项目的省财政资助额度最多不超过1000万元"。虽然2021年加大了支持力度,将省财政资金支持比例由原来合同额的20%提高到30%,且上不封顶,但与很多省份40%的支持力度相比还存在一定差距,尤其会影响中小企业竞争力的提升。省工信厅在2021年制造业数字化转型的"揭榜挂帅"实践方案中提到,"对通过验收评估的应用场景项目,优先列入省制造业高质量发展专项资金予以支持",但这一提法较为模糊。

(六)龙头骨干企业参与度不高

河南省"揭榜挂帅"实践操作模式以政企联合型为主,而企业主导型模式的实践探索少之又少。一是一些龙头骨干企业不愿意将他们真正面临的核心问题或"卡脖子"关键核心技术等指标,以公开张榜的形式公布出来。二是政府业务主管部门的宣传力度不够,导致部分企业认识不到位,认为这只是政府相关部门的任务而已,与企业没有太大的关系。三是相关保障机制不健全也在一定程度上影响了龙头骨干企业参与"揭榜挂帅"实践的积极性,因为一般"揭榜挂帅"项目都是风险较大、充满不确定性的前沿颠覆性技术,失败的概率较常规性技术高,需要投入的资金也较多。

(七)成果推广不明确

各地竞相实施"揭榜挂帅"项目的目的之一就是通过广纳帅才,突破一批"卡脖子"关键核心技术,着力解决一批制约区域产业发展的共性技术,继而把这些成果在区域内进行宣传推广,最终提高区域整体科技创新水平。目前来看,河南省未对工业技术创新"揭榜挂帅"成果后期的推广形式、推广内容、推广安排等进行详细说明。如省科技厅牵头实施的2021年重大关键技术"揭榜挂帅"项目方案仅在"四、发榜方及揭榜方条件"条目下提到,"项目发榜方需在项目攻关成功后率先在本企业推广应用,并具备相关条件和能力";省工信厅牵头实施的"揭榜挂帅"项目方案虽然单独有一条"推广应用"的说明,但仅较为笼统地指出,将遴选一批"优秀数字化转型解决方案"向社会公布，推动先进经验和成功模式复制推广，至于如何遴选、如何推广、向谁推广等均未详细说明。

三　有序推进河南省工业技术创新"揭榜挂帅"发展的对策建议

（一）加强对征集需求的论证

建议从项目资质和供需双方资质两个方面对征集到的需求进行论证。项目资质论证是指对项目本身的技术先进性、方案可行性、项目辐射性、项目紧迫性等多方面进行论证，通过对项目资质的论证筛选出能代表国际科技前沿、国家战略需求，经济社会发展急需、科技力量近期能够攻克，能够带动区域乃至国家相关产业技术创新水平提升、推动相关产业转型升级和高质量发展的项目作为榜单任务。供需双方资质论证是指对项目需求方或供给方的规模、区域位置、科研能力、财务状况、市场推广、社会信用、双方合作情况等方面进行论证，目的是通过论证筛选出符合相关文件中条件要求、有能力完成榜单项目的优秀揭榜方或者发榜方，降低揭榜失败的概率。

（二）合理设置揭榜门槛

"揭榜挂帅"机制的一个重要原则就是自由选贤任能，英雄不问出处，谁有本事谁揭榜，因此通常没有传统科研管理机制的各种"套路"。但为了确保"揭榜挂帅"的效果，需要关注揭榜门槛的设置问题。如前所述，"揭榜挂帅"机制提倡能者揭榜，不设门槛，这样的做法确实有助于在尽可能大的范围内选到最合适的揭榜方，但不设门槛通常会导致揭榜方数量众多而影响"揭榜挂帅"的质量和效率。因此在实际操作中，可以根据项目的具体特征，适当设置门槛，如在技术攻关类项目中，对发榜方的企业规模、区域位置、科研能力、财务状况、辐射能力等有所限制，对揭榜方的主体性质、科研能力、科研基础、诚信状况、财务状况等有所限制。

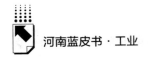

（三）持续完善管理系统设计

第一，加快形成以市场为导向、多主体协同参与的自主创新机制，可以借鉴一些地方的平行竞争模式，为每个揭榜项目初步筛定2~3个入围团队，形成竞争环境，获胜者赢得项目剩余资金。但在实际操作中，应综合考虑项目经费总预算、项目重要程度、揭榜方质量水平的差异等要素。

第二，积极探索能够赋予揭榜方更大自主权，又能实现权责对等、优胜劣汰的高效激励约束机制，以实现正、负强化双重激励下的行为—目标期望。另外，当创新主体为企业时，除了财政补贴之外，还可以根据企业规模分类施策。如对于小微企业，探索金融资本融入机制，并且给予一定的专利保护；对于大型企业，适当的税收优惠政策更能激励企业加大创新投资力度。

第三，坚持"三个区分开来"，构建实事求是、宽容失败的容错免责机制以及为创新保驾护航的风险防控机制和利益补偿机制，尤其要重点关注道德风险，但又不能过分强调风险防控而影响揭榜方的创新自主权和积极性。

第四，完善社会资本、金融机构、企业自筹和财政补贴共同投入的资金支持机制，在明确各类资本出资比例的情况下，统筹使用各类资金，提高金融保障水平。

第五，构建由政府、企业、专家、用户、公众、第三方机构等多主体参与，综合考虑榜单任务要求和真实场景检测等内容的监督评价机制，具体包括评价主体、评价指标体系、评价模型、评价方法、评价频率、评价反馈、评价监督等内容的确定。

（四）加大政府支持力度

一方面，优化相关制度设计。建议着重从"设榜"（包括专家库建立、榜单征集、项目论证等方面）、"选帅"（包括选帅标准、竞争程序等方面）、"挂帅"（包括经费管理、过程监管、诚信建设等方面）和"验榜"（包括验收机制、推广安排、构建创新生态等方面）四个关键环节着手，建立与科技攻关规律相衔接、市场经济体制相适应的政策法规体系,构建政策储备库,并注意各政策之间的高效协同。积极创新与"揭榜挂帅"机制相对应的科研服务方式,探索"项目专员制""科技特派员"等工作模式。另一方面,优化资金投入模式。积极鼓励社会资本和金融机构的加入,有效缓解"揭榜挂帅"的资金压力。结合项目特征设置恰当的资金拨付方式,常用的拨付方式有一次性拨付、两阶段拨付和多阶段拨付三种。而目前常见的资金管理方式有"包干制"、"负面清单制"和"经费预算控制",其中前两种经费管理方式能够赋予揭榜方一定的经费管理自主权,有助于激发科研人员的积极性,但也有可能导致科研经费的浪费和损失。

(五)完善成果推广制度

"揭榜挂帅"机制的功能定位就是通过某些领域关键核心技术或者行业共性技术等重大需求的突破,带动整个区域甚至整个国家的技术创新水平提高,因此评榜验收后的成果推广应用是"揭榜挂帅"项目的价值所在。为确保成果推广应用的效果,一是做好事先约束,可以通过相关文件规定淘汰不具备后期推广条件和能力的揭榜方或者发榜方,还可以通过促使供需双方签订合同、做出承诺进行约束;二是做好后期安排,同样可以通过促使供需双方签订合同的方式进行推广,即在合同中对后期成果的推广形式、推广内容、推广安排等进行详细约定;三是做好制度保障,政府相关主管部门可以成立专门的推广应用小组,做好顶层设计和统筹安排,必要时制定专门的"揭榜挂帅"推广应用实施办法等规章制度,彻底解决传统科研资助机制下科技和市场"两张皮"的现象。

(六)加强政策宣讲和引导

通过组织调研座谈、创新创业大赛等多种方式,向省内外龙头骨干企业、科研院所等进行宣讲,在全省营造"揭榜挂帅"浓郁氛围,加快"揭榜挂帅"机制在河南工业技术创新领域的应用进程。为了提升宣传效果,还可以探索根据榜单特征采取定向宣讲方式吸引高质量的揭榜方。但要注意

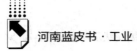

河南蓝皮书·工业

的是，并不是所有的科技攻关项目都适合采用"揭榜挂帅"机制，比如一些颠覆性技术、未来技术等，由于研发周期较长、前期研究基础薄弱、揭榜方数量较少等，不适合采取"揭榜挂帅"机制。要深刻理解"揭榜挂帅"机制的功能定位，对"揭榜挂帅"机制的适用范围进行界定。尤其要注意对河南省18个省辖市进行合理引导，认真调研后根据各地产业发展现状、资源潜力、未来发展规划和定位等，引导各地精准征集项目需求，避免盲目申报，同时因地制宜、分类施策，推动跨区域合作，包括科研经费、创新主体等的跨区域交流合作。

参考文献

惠美佳：《科技型企业"揭榜挂帅"的实施路径探讨》，《企业改革与管理》2022年第17期。

张玉强、孙淑秋：《"揭榜挂帅"：内涵阐释、实践探索与创新发展》，《经济体制改革》2021年第6期。

陈劲、朱子钦、杨硕：《"揭榜挂帅"机制：内涵、落地模式与实践探索》，《软科学》，网络首发日期：2022年12月29日。

曾婧婧、黄桂花：《科技项目"揭榜挂帅"制度：历史维度、应用维度与价值维度》，《科学管理研究》2023年第3期。

刘蔚等：《国外科技悬赏制与我国"揭榜挂帅"制》，《中国科技资源导刊》2021年第6期。

B.13
河南建设现代化产业体系的目标与思路研究

宋 歌*

摘 要： 党的二十大报告提出，建设现代化产业体系。当前，应按照中国式现代化本质要求加快河南现代化产业体系建设，以形态更高级、分工更复杂、结构更合理、链条更绿色、就业更充分为目标，重点围绕塑造优势产业新地标、推进产业强基新突破、开展技术装备新攻坚、培育数实融合新模式、拓展产业融合新路径、打造企业主体新雁阵等领域下功夫，着力推进新平台打造、新技改推进、新产品开发、新品牌孵育、新载体升级等。

关键词： 现代化产业体系 实体经济 制造业

党的二十大报告指出，"加快构建新发展格局，着力推动高质量发展"的重要任务之一就是"建设现代化产业体系"，并对建设现代化产业体系做了深刻阐述和系统部署。经过几十年的工业化进程，目前河南省产业体系完备、规模优势明显、要素条件优越，但依然存在先进性不足、竞争力不强、高端化不够、关键环不多、新赛道不畅等问题。着眼于现代化建设全局，河南应紧扣党的二十大决策部署，按照中国式现代化本质要求加快建设现代化产业体系，找准产业升级的突破口、赛道转换的切入点、优势再造的新引擎，厚植中国式现代化的产业根基，持续提升河南产业在全球产业版图中的地位。

---

* 宋歌，河南省社会科学院数字经济与工业经济研究所副研究员，研究方向为产业经济学。

一 现代化产业体系的提出

党的二十大报告首次提出"现代化产业体系"的概念和"建设现代化产业体系"的新任务。当前，理论界对"现代化产业体系"这一新概念尚未做出统一的定义，可以说，它是一个中国语境下的新概念，是中国式现代化建设实践的产物。

事实上，中国在经历了几十年经济的飞速发展之后，加快产业转型升级的要求日益迫切，构建科学合理的产业体系也成为经济高质量发展的必然选择。早在2007年，党的十七大报告即首次提出要"发展现代产业体系"；2012年，党的十八大报告提出"优化产业结构""着力构建现代产业发展新体系"，"更多依靠现代服务业和战略性新兴产业带动"；2017年，党的十九大报告做出了"从全面建成小康社会到基本实现现代化，再到全面建成社会主义现代化强国"的高瞻远瞩规划，因而首次明确了"建设现代化经济体系"这一战略目标，并提出要"着力加快建设实体经济、科技创新、现代金融、人力资源协同发展的产业体系"。在此之后，习近平总书记曾对"现代化经济体系"做过明确界定，认为它"是由社会经济活动各个环节、各个层面、各个领域的相互关系和内在联系构成的一个有机整体",[1] 包括六大体系，其中第一个重要体系就是"产业体系"。2022年，党的二十大的召开标志着我国迈入了全面建设社会主义现代化国家的新征程，而以中国式现代化推进中华民族的伟大复兴需要强大的物质技术支撑。党的二十大报告及时提出要建设"现代化产业体系"，不仅是对"现代化经济体系"的呼应与对接，进一步完善了"现代化经济体系"的内涵，更是建设社会主义现代化国家的必然要求。

自党的二十大报告提出"建设现代化产业体系"以来，加快建设现代

---

[1] 《习近平：深刻认识建设现代化经济体系重要性 推动我国经济发展焕发新活力迈上新台阶》，《人民日报》2018年2月1日，第1版。

化产业体系受到我国各级政府的高度重视。2023 年 4 月 28 日召开的中共中央政治局会议及 5 月 5 日召开的二十届中央财经委员会第一次会议相继提出，要"加快建设以实体经济为支撑的现代化产业体系"；7 月 24 日，中共中央政治局会议再次提出，要大力推动现代化产业体系建设，凸显了中央对于加快建设现代化产业体系重要性认识的日益深化。全国工业大省纷纷行动，广东于 2022 年底即在省委十三届二次全会上提出，突出制造业当家，高水平谋划推进现代化产业体系建设。江苏按照习近平总书记的要求——"要把坚守实体经济、构建现代化产业体系作为强省之要"，"加快构建以先进制造业为骨干的现代化产业体系"，于 2023 年 6 月发布《加快建设制造强省行动方案》，把建设先进制造业集群和卓越产业链作为构建现代化产业体系的重要抓手，梳理提出"1650"产业体系。山东则将 2023 年确定为先进制造业"突破提升年"，聚焦"强创新、强产业、强企业、强平台、强融合、强投资"六个方面，大力推进现代化产业体系建设。总之，面对当前国内外环境的深刻变化，加快建设现代化产业体系已成为我国应对全球产业格局重构、推进经济高质量发展以及全面建设社会主义现代化国家的重要任务和关键路径。

二　河南建设现代化产业体系的总体目标

与高质量发展的目标相契合，现代化产业体系本质上是一个由低附加值向高附加值持续升级的过程，意味着现有产业体系向着形态更高级、分工更复杂、结构更合理、链条更绿色、就业更充分不断演化，这也是河南建设现代化产业体系应确立的总体目标。

（一）形态更高级

与发达国家和地区相比，河南作为我国中西部内陆省份整体上产业形态仍较传统，长期以来产品附加值偏低、产业链偏上游、价值链偏低端，改进提升的潜在空间很大。当前，要以新一轮科技革命和产业变革深入发展为契机，积极探索发展新技术、新产品、新业态、新模式，加速产业形态演进。省内各地要深化数字经济与实体经济融合，加快数字化转型、智能化改造，培育壮大新业态新模式，推进技术与设备更先进，制造模式与管理模式更现代，产业基础与产品品质更高级，协同式研发、服务型制造、个性化定制等模式更普及，力争两化融合发展指数、智能制造就绪率等指标迈入全国第一方阵。

（二）分工更复杂

以数字化、网络化、智能化为代表的一系列新兴技术的创新发展和扩散应用，正在改变区域产业分工格局。河南要顺应新一轮产业分工升级趋势，契合高水平产业分工需求，持续优化升级区域产业分工与合作。要在积极融入全国乃至全球产业分工体系的过程中，促进分工模式由产业分工、产品分工拓展为技术分工和知识分工，研发设计、服务品牌等两端延伸加快，彰显中间产品和关键零部件优势，推动更多优势赛道、特色赛道、细分赛道参与国际竞争，进入产业价值链关键环。

（三）结构更合理

全球经济格局深度调整，产业领域竞争异常激烈，推动产业结构优化升级成为提升区域竞争力的关键举措。河南要坚持把发展经济的着力点放在实体经济上，持续推进产业结构调整优化，使高技术产业与战略性新兴产业引领性更强，全面构建优势产业巩固提升、传统产业提质发展、新兴产业重点突破、未来产业前瞻布局的发展格局，确保制造业占 GDP 比重稳定在 30%以上，高技术产业与战略性新兴产业成为支柱产业。

（四）链条更绿色

绿色经济已成为全球产业竞争制高点。党的二十大报告指出，"推动经济社会发展绿色化、低碳化是实现高质量发展的关键环节"。河南应紧扣碳达峰碳中和目标，依托新兴技术与产业的深度融合，形成绿色制造体系和服务体系，推进生产生活方式绿色转型，加快建成清洁低碳、安全高效的能源体系和节能环保、清洁生产的产业体系，实现绿色低碳技术在重点领域的广泛应用，力争规模以上工业单位增加值能耗大幅下降，尽早完成国家下达目标。

（五）就业更充分

就业既关系经济社会发展亦关系民生，是中国式现代化建设的重要支撑。党的二十大报告提出，实施就业优先战略，强化就业优先政策，健全就业促进机制，促进高质量充分就业。河南要按党中央的要求，加快实施就业优先战略，强化制造业促进就业的基础性作用，提升现代服务业就业创业吸纳能力，拓宽农业就业空间，增加数字经济就业创业新渠道，创造更大规模、更高质量、更加稳定的就业岗位，构建产业结构升级与人力资本提升的协同发展格局。

三 河南建设现代化产业体系的重点任务

在新一轮工业革命加速拓展的背景下，产业竞争已成为世界主要经济体之间竞争的主战场。建设现代化产业体系形势复杂、需求迫切、任务艰巨，河南应立足实体经济的发展找准关键点，重点围绕产业地标、产业基础、技术装备、数实融合、产业融合、企业主体六大板块下功夫，实现新突破、塑造新优势、开创新局面。

（一）改造升级传统产业，塑造优势产业新地标

构建具有竞争力的现代化产业体系，关键需要一批供应链稳定、要素链完备、创新链活跃、辨识度明显、"根植性"强、附加值高的现代产业。培育现代产业并不意味抛弃传统产业，相反通过传统产业的转型升级可加速形成新兴的现代产业。2023年第二十届中央财经委员会第一次会议指出，建设现代化产业体系要坚持推动传统产业转型升级，不能把传统产业当成"低端产业"简单退出。因此，河南应把握国内外产业竞争趋势，围绕装

备、食品、材料、能源、化工、有色、纺织、智能终端、中医药等地方优势特色产业领域，以创新为手段对产业优势进行再聚焦再提升。要引导省内各地立足特色打造地标性产业链，持续吸引相关产业链要素集聚，重塑产业地标，提升产业辨识度和影响力，汇聚一流产业生态，打造国家级乃至世界级产业地标新名片，不断提升河南标志性产业辨识度。

（二）强化产业基础支撑，推进产业强基新突破

产业基础决定了产业整体发展的高度。"产业基础高级化"是现代化产业体系综合实力和产业竞争力的重要体现，推动"产业强基"是加快建设现代化产业体系的决胜制高点。一直以来，河南制造业关键技术、核心零部件对外依存度高、供应链被卡、产业基础薄弱是制约制造业高质量发展的关键因素。基于此，近几年河南大力推进产业基础再造，尤其围绕创新出台了多项战略举措以提升产业基础能力。在此基础上，全省各地应主动对接国家战略科技力量体系，聚焦基础零部件、基础材料、基础工艺、基础技术、基础软件等"五基"领域，从上到下每年梳理确定一批重点突破项目，争取国家工业强基专项支持，引导科研机构、龙头企业牵头组建创新联合体，强化"卡脖子"技术、"无人区"前沿技术协同攻关，带动全产业链整体升级。

（三）聚焦装备制造升级，开展技术装备新攻坚

重大技术装备是国之重器，对产业体系和产业链现代化具有决定性作用。制造业作为实体经济的基础，是现代化产业体系的重要领域。建设现代化产业体系要以制造业为重点，以重大技术装备引领制造业升级，凸显现代产业体系的先进性。河南要顺应装备制造业高端化、智能化、绿色化、服务化的发展方向，立足本省技术与产品优势，着力提升高铁、船舶、电力装备、工程机械、通信设备等优势领域创新力，加速重大技术装备的升级迭代，围绕大飞机、航空发动机、燃气轮机、电力能源装备、船舶与海工装备、工业母机等领域抢跑新赛道，加强重大技术装备联合攻关和首台（套）

装备推广应用，以整机引零件、以终端带前端，大力引进关联企业、关联项目，加快国产化替代，补齐产业链供应链短板，提升产业链供应链韧性和安全水平，打造"大国重器""国产替代"技术装备群。

（四）深化数字技术应用，培育数实融合新模式

数字经济与实体经济的深度融合是新一轮科技革命和产业变革下的必然趋势，是抢占世界产业竞争格局制高点的关键，也是当前建设现代化产业体系的核心内容之一。飞速发展的数字技术正引领数实融合从消费迈向生产、从大企业扩展到中小微企业、从数字化转型晋级到数字原生。数字技术重塑了资源禀赋和比较优势，改变了产业形态和组织形态，以摧枯拉朽之势推进产业发展从传统范式转向数智化的新范式。河南必须顺应形势，进一步推进数字经济与实体经济深度融合，以数字技术赋能实体经济，加速传统产业的转型升级。要积极推进实施智能制造引领行动、工业互联网创新行动、元宇宙培育行动、企业上云上平台等，构建数实融合新图景。要立足地方实际，坚持分行业推进与梯次培育相结合，支持头雁企业打造细分领域产业大脑，引导中小企业导入小型化、快速化、轻量化、精准化（小快轻准）的数字化转型方案，催生新业态新模式。

（五）推进产业深度融合，拓展产业融合新路径

融合性是现代化产业体系重要的结构特征之一，"三产"融合发展是建设现代化产业体系的必然要求。继党的二十大报告提出"三产"融合发展的要求，2023年二十届中央财经委员会第一次会议再次指出，要"坚持三次产业融合发展，避免割裂对立"。当前，建设现代化产业体系，需要紧紧围绕农业和制造业转型升级的服务需求，推动现代服务业同先进制造业、现代农业深度融合，构建优质高效的服务新体系。结合产业融合趋势，河南应大力发展服务型制造，加快推动生产性服务业向专业化和价值链高端延伸，并依托"三产"融合拓展农业产业链。要支持企业深化业务关联、链条延

伸和技术渗透，促进产业主体在跨界融合中实现价值共创，依托数字技术培育打造产业融合服务平台，鼓励不同领域的企业联合探索产业融合发展新路径，加快培育形成一批新的产业增长点。

（六）梯度培育优质企业，打造企业主体新雁阵

企业是现代化产业体系的微观基础，在建设现代化产业体系过程中企业才是最重要的产业发展主体。对于大企业，要充分发挥其创新方面的优势，以先进技术、产品引领产业转型升级，占据全球产业链核心地位；对于量多面广的中小企业，则重在专业化发展以及促进其与大企业的协作配套。通过大中小企业的融通创新和协同发展，实现产业链现代化水平的逐步提升。河南应围绕打造成长型企业雁阵，积极培育千百亿级"头雁"企业、"独角兽"企业，打造一批国家级技术创新示范企业，创建一批国家级质量标杆企业、中国质量奖获奖企业，以"头雁"企业引领优化企业雁阵创新生态、配套生态、服务生态、数字生态。要注重"专精特新"企业培育，支持企业聚焦细分领域持续开发迭代技术和产品，深挖"一米宽、千米深"赛道，打造一批"单项冠军""配套专家"，支持小微企业孵化成长，打造大中小企业融通发展的新雁阵。

四 河南加快建设现代化产业体系的战略举措

现代化产业体系是中国式现代化重要的物质基础。随着对其重要性认识的日益深化，建设现代化产业体系已成为现阶段我国面临的重要任务之一。河南省各级政府要把建设现代化产业体系作为一项系统工程，从平台、技术、产品、品牌、载体等多方面入手，创新战略举措，强化对现代化产业体系建设的关键支撑。

（一）优化生态，加快打造新平台

建设现代化产业体系需要各类新型平台的支撑，当前河南应突出打造创

新策源平台、产业数据平台、生产性服务业平台等三类平台。要以实验室、制造业创新中心、产业研究院、中试基地等为重点，打造创新策源平台体系，吸引一流科创团队和人才。以工业互联网、行业大脑、企业驾驶舱为重点构建产业数据资源平台体系，推进产业数据共享和价值化。引导生产性服务业企业平台化发展，构建以平台型企业为主导的生产性服务业生态圈。

（二）立足升级，积极推进新技改

新技术新工艺是新旧动能转换的主动力，河南必须以实体经济为核心，加大力度推进新技改提升，加快传统产业的转型升级。各地应遵循制造业的发展规律和趋势，聚焦高端化、智能化、绿色化、服务化改造，每年实施若干重点项目，推动传统产业与前沿技术、跨界创新、颠覆模式对接链接，实现企业形态、生产模式、组织方式、产品品质全方位提升。

（三）聚焦设计，着力开发新产品

新产品开发是建立产业竞争优势的核心，河南应充分发挥设计在创新驱动中的先导和引领作用，以设计创新赋能新产品研发。要深化设计与企业深度融合，开展企业设计能力提升行动，即以设计创意企业（或设计师）对接优势产业集群带动相关企业开发若干新产品，各地每年可选取一批企业作为试点，围绕国产替代、消费升级、国潮破圈等打造一批设计感强、出货量大的单品爆款，形成示范带动。

（四）顺应形势，大力孵育新品牌

品牌是区域产业竞争力的综合体现，河南应抢抓当前消费升级与国潮兴起机遇期，大力实施新品牌孵育工程。重点在食品、服装服饰、家居、农产品等消费领域，支持龙头企业开创独立子品牌，鼓励创业者依托电商、直播等新渠道培育一批高成长性、年轻化的新品牌，每年重点打造若干新品牌，孕育一批"独角兽"企业。

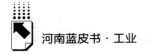

（五）强化支撑，及时升级新载体

产业载体是产业链扩展和产业集群发展的重要支撑，河南要加快构建高品质的产业载体体系。一是支持郑州城市群创建国家制造业高质量发展试验区；二是争取沿京广先进制造业发展带进入国家规划，引导河南沿京广线城市全面对接京津冀、粤港澳大湾区两端创新和产业资源；三是推进开发区转型升级，支持各地创建一批国家级高新区、开发区、农业高新技术产业示范区等。

参考文献

刘戈非、任保平：《新时代中国省域地方经济现代化产业体系的构建》，《经济问题探索》2020 年第 7 期。

芮明杰：《中小企业转型升级与现代化产业体系高质量发展》，《人民论坛·学术前沿》2023 年第 5 期。

金观平：《以现代化产业体系重塑新优势》，《经济日报》2022 年 11 月 22 日。

薛丰：《建设现代化产业体系》，《经济日报》2022 年 11 月 3 日。

金观平：《现代化产业体系要三产融合发展》，《经济日报》2023 年 5 月 13 日。

蒲实：《建设现代化产业体系要防止"五种倾向"》，《学习时报》2023 年 5 月22 日。

河南工业融入黄河流域高质量发展研究

袁　博[*]

摘　要： 河南是经济大省，GDP 常年排在省级行政区第五位，同时河南也是工业大省，工业增加值常年居省级行政区最前列。近年来，黄河流域生态保护和高质量发展上升为国家战略，河南省处于黄河中下游地区，GDP和工业增加值均位居黄河流域 9 个省区第二，是黄河流域的经济和工业大省，肩负着促进黄河流域高质量发展的重任，河南工业要尽快融入黄河流域的工业体系，最终促进黄河流域整体高质量发展。

关键词： 黄河流域　数字化转型　河南省

黄河是中国第二长河，自西向东流经 9 个省区，黄河流域是中华文明最主要的发源地之一，曾创造出辉煌灿烂的古代文化。新中国成立后，黄河流域成为国家重点发展区域，工农业快速发展，特别是工业发展迅速，已经实现工业化。改革开放后，黄河流域经济快速发展，但相对于环渤海地区、长三角地区和珠三角地区发展仍然较慢，经济发展水平和质量不高。近年来，黄河流域通过一系列举措促进经济发展，2022 年黄河流域 9 个省区的 GDP合计 30.7 万亿元，占全国 GDP 的 25.4%，其中山东、四川和河南三省第一产业增加值常年居省级行政区前三位，同时第二产业增加值均居全国前列，黄河流域已经成为中国经济发展的重要区域。

河南是工业大省，工业增加值一直居全国省级行政区最前列，支柱产业

---

* 袁博，河南省社会科学院数字经济与工业经济研究所助理研究员，研究方向为产业经济。

包括冶金、化工、机械、食品、汽车等，但工业发展一直以来存在"偏下游、偏传统、偏低端、偏重化"的"四偏"问题。因此，河南大力进行传统产业转型升级，2022 年工业增加值达 19592.8 亿元，居省级行政区第六位；规模以上工业增加值增速 5.1%，高于全国 1.5 个百分点；工业投资增速 25.4%，技改投资增速 34.4%，分别高于全国 15.1 个和 25.3 个百分点；战略性新兴产业和高技术制造业占规上工业的比重分别为 25.9% 和 12.9%，河南工业发展态势良好。

河南位于黄河流域中下游，是黄河流域人口高度稠密、基础设施完善、经济较为发达的地区，同时河南与西部地区、长三角、京津冀和山东半岛相邻，地理位置极其优越，是全国重要的交通枢纽。得益于此，近年来河南经济快速发展，经济规模一直居黄河流域最前列，2022 年河南 GDP 达 61345.05 亿元，在黄河流域 9 个省区中排名第二。

鉴于近年来黄河流域取得的发展成果，中共中央、国务院印发《黄河流域生态保护和高质量发展规划纲要》，强调黄河流域生态保护和高质量发展是重大国家战略，要共同抓好大保护，协同推进大治理，着力加强生态保护治理、保障黄河长治久安、促进全流域高质量发展、改善人民群众生活、保护传承弘扬黄河文化，让黄河成为造福人民的幸福河。工业是经济发展之本，强大的工业体系可以促进地区经济快速发展，黄河流域各省区是中国传统工业基地，其中能源、冶金、化工、机械、建材、汽车等产业在全国工业体系中占据重要位置。河南工业是黄河流域工业的重要组成部分，工业增加值常年居 9 个省区第二位，河南工业在黄河流域工业整体发展中占据重要位置。

一 河南工业融入黄河流域高质量发展存在的问题

虽然近年来河南工业快速发展，但作为黄河流域的重要经济区，并没有很好地融入整个黄河流域高质量发展。

（一）政策和规划缺乏统筹

《黄河流域生态保护和高质量发展规划纲要》于2021年10月由中共中央、国务院印发，其中并未提到黄河流域工业的整体联动和融合发展。由于规划纲要印发时间不长，黄河流域各省区政府部门虽然出台了多个关于黄河流域生态保护和高质量发展的政策和规划，但涉及全流域工业协同发展的内容甚少，甚至完全没有。河南各级政府相继发布了多个相关政策和规划，但同样均未涉及这一领域。黄河流域各省区作为黄河流域生态保护和高质量发展的直接参与者，在工业协同发展方面的政策和规划存在滞后性，政策缺乏统筹规划，实际操作中仍存在各自为政的现象，导致资源浪费和重复建设。

（二）与其他省区产业结构差异大

河南工业以制造业为主，制造业增加值占GDP的30%左右，近年来开始向先进制造业转型升级，新材料、新能源汽车、高端装备制造等新兴产业快速发展，与传统制造业共同推动工业发展。但黄河流域的其他部分省区与河南工业结构差异较大，其中山西、陕西和内蒙古三省区工业以能源产业为主，煤炭、发电、石油和天然气产量均居全国前列，尤其是煤炭产量突出，三省区的煤炭产量常年居全国最前列。2022年，山西、内蒙古和陕西三省区包揽全国省级行政区煤炭产量前三名，产量占全国煤炭总产量的比重超60%，是全国煤炭工业核心区域；宁夏、青海和甘肃三省区经济规模较小，且工业以化工、机械、电力等传统产业为主，制造业占比较小；四川经济总量与河南相近，但产业结构差异明显，以电子信息、食品加工、生物医药和装备制造为支柱产业；山东是黄河流域的第一经济大省，GDP常年居黄河流域各省区的首位，近年来山东工业积极转型升级，新兴产业蓬勃发展，其中高端装备制造业已全国领先，新材料、新能源等产业同样快速发展。山东在产业结构方面与河南类似，但仍有差异，山东是唯一临海的黄河流域省区，与海洋相关的能源和装备产业是其工业的重要组成部分，河南目前在这一领域仍然是空白。

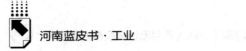

（三）地区协同发展水平低

黄河流域9个省区分属五大区域，其中河南、山西属于中部地区，山东为东部沿海地区，陕西、宁夏、甘肃、青海为西北地区，内蒙古属于华北地区，四川属于西南地区，不同省区间自然环境、经济发展和文化习俗的差别较大，长期以来没有形成区域协同一体化发展体系。黄河流域分布着中原城市群、山东半岛城市群、关中平原城市群、兰州—西宁城市群、呼包鄂榆城市群和宁夏沿黄城市群，其中，中原城市群与山东半岛城市群和关中平原城市群相邻，交通紧密相连，人员往来频繁，但与其他城市群距离较远、交通不便，往来较少。而各城市群缺乏整体宏观的区域一体化协同发展政策和战略，形成了各自为政的局面，而同样分属不同省级行政区的京津冀城市群、长三角城市群和粤港澳大湾区一体化协同程度较高，经济发达，黄河中下游地区的城市群一体化协同发展与上述三大城市群差距较大，进而导致在工业方面的协同发展水平不高。

二　河南工业融入黄河流域高质量发展对策

河南工业在黄河流域占有重要地位，要加快融入黄河流域生态保护和高质量发展，促进黄河流域工业的整体发展。

（一）加强政府统筹规划

《黄河流域生态保护和高质量发展规划纲要》将黄河流域视为整体，黄河流域各省区首先要有统一的联动发展政策和规划，相关政府部门和职能部门应当共同制定针对黄河流域工业发展的远期政策和规划，并上升到区域整体发展的高度，写入各省区政府工作报告。同时，黄河流域各省区政府部门要制定适合自身的工业融合发展政策和规划，特别是要推动在重大工业项目方面的合作，定期举行政府高层会议，商讨工业融合发展，实现资源共享和优势互补。

（二）加速推动产业协同发展

河南工业结构虽然与黄河流域其他省区有所区别，但同样存在诸多相似性和互补性。目前河南工业以制造业为主，近年来大力发展新兴产业，山东、四川、陕西工业同样以制造业为主，近年来同样在大力发展新兴产业，河南与这三省在部分产业的发展水平和态势方面存在高度契合性，极适合产业协同发展。以高端装备制造业为例，河南高端装备制造业一直是优势产业，中铁装备盾构机市场占有率全球第一，郑煤机矿用液压支架产销量世界第一、自动化程度全球最高，卫华工业起重机产销量全国第一、世界第二，平高电气、许继集团特高压输变电成套设备全国领先，中信重工特种机器人全国规模最大，中国一拖大中型拖拉机国内市场占有率第一。山东省同为高端装备制造业大省，2021年高端装备制造业营业收入达到1万亿元，河南、山东两省可以在新兴产业领域展开深入的合作。

除了相似之外，产业链的互补同样可以推动产业协同发展，黄河流域各省区在部分产业的产业链中分工明确。以电池产业为例，河南是国内电池的主要生产基地，拥有中创新航、天力锂能、多氟多新能源等电池企业，新乡是国内种类最齐全的电池生产基地之一，被誉为"中国电池工业之都"。而同在黄河流域的青海省锂资源储量占全球的1/3、全国的2/3，是名副其实的锂资源大省。近年来，青海省大力发展锂资源相关产业，特别是锂离子电池产业，规划产值达千亿以上。青海以产业链上游的锂矿原材料生产为主，而河南以产业链下游的锂离子电池生产为主，两省在锂电产业链中可展开进一步的深度合作。

（三）加强区域协同发展，打造工业经济带

河南与黄河流域部分省区在工业规模和结构方面相似，但由于空间距离较远，交通运输效率不高，无法展开有效的地区协同发展，其中最为典型的是河南与四川。河南与四川两省电子信息产业、食品加工产业的发展水平和结构特点相似，且两个产业都是各自省内的重点产业，本应加强两省在这两

个产业上的协同发展，但由于两省空间距离较远，加之往返两地的交通尚不完善、运输效率不高，两省的产业协同发展程度不高，基本处于各自为政的阶段。

空间距离成为河南与黄河流域部分省区产业协同发展的障碍，但也促进了河南与邻近区域的协同发展，山东、陕西两省与河南相邻，自然环境相近、文化习俗相近，从古至今交流频繁。近年来，三省经济快速发展，2022年山东、河南和陕西GDP分列黄河流域9个省区第一、第二和第四位，GDP合计达18.16万亿元，占黄河流域9个省区GDP的近60%，济南、郑州和西安GDP居黄河流域城市前三，中原城市群、山东半岛城市群和关中平原城市群是黄河流域经济规模最大的3个城市群。近年来，三省在交通基础设施建设方面突飞猛进，其中河南地理位置极佳、交通便利，高速铁路里程居全国最前列，已经实现所有地级市通高铁，西安和郑州为全国重要的铁路交通枢纽，河南、山东两省的高速公路里程和密度常年居全国前列，交通的日益便利使三省之间的经贸往来日趋紧密，陕豫鲁三省是目前黄河流域经济规模最大、经贸往来最为频繁的地区。

陕豫鲁三省往来的日益频繁积极促进产业协同发展，特别是战略性新兴产业。以新能源汽车为例，在国家大力推动新能源汽车产业发展的大背景下，三省都在积极发展这一产业，并引入行业龙头企业——比亚迪。早在2003年比亚迪就收购位于西安的秦川汽车，正式进入汽车制造业，西安成为比亚迪除深圳总部外最重要的研发和生产基地，之后比亚迪利用自身在电池行业的技术优势进入新能源汽车领域。2008年，比亚迪成功研发并生产出全球首款插电式混合动力汽车——F3DM，之后开始加速新能源汽车产品的推出。2015～2018年，比亚迪连续4年斩获全球新能源汽车销量冠军，2022年比亚迪以超186万辆重夺全球新能源汽车销量冠军，成为全球规模最大、技术实力最强的新能源汽车企业。2022年，比亚迪西安工厂新能源汽车产量达101.55万辆，位居全国第一；2022年12月，比亚迪济南工厂正式投产，济南工厂占地4300亩，规划年产能达30万辆；2023年4月，比亚迪郑州工厂正式投产，郑州工厂占地超过16000亩，规划年产能达100万辆，同时包括动力电池、半导体、电子零件等业务，郑州工厂是目前比亚迪全球规模最大的工厂。比亚迪在陕豫鲁三省投入巨资建立工厂，带动当地众多相关配套企业的发展，吸引当地人才在家乡工作，大力促进了当地经济发展和劳动力就业。西安—郑州—济南三地交通便利，形成新能源汽车产业链，加之中央在黄河流域生态保护和高质量发展方面给予的众多利好政策，比亚迪和三省产业相互促进，共同快速发展，形成互赢互利的良好态势。陕豫鲁工业经济带的未来发展前景一片光明。

参考文献

《袁博：黄河中下游地区高质量发展研究》，"大河网"百家号，2023年9月15日，https：//baijiahao. baidu. com/s？id＝17770660665919144703&wfr＝spider&for＝pc。

B.15
氢燃料电池汽车郑州城市群提升
对策研究

赵西三　刘晓萍*

摘　要： 大力发展氢能产业，已经成为我国实现"双碳"目标、保障国家能源供应安全和推动可持续发展的战略选择。自 2021 年燃料电池汽车示范应用郑州城市群成功获批，河南氢燃料电池汽车产业发展迎来窗口期。经过一年半的示范应用，氢燃料电池汽车郑州城市群产业链布局基本形成、核心技术实现突破、龙头城市示范应用效应突出、氢能多元供给体系逐步建立、政策体系逐步完善，但与此同时，在氢燃料电池汽车产业发展中还存在产业链同质化低端化、示范应用推进缓慢、加氢站建设滞后、本土技术创新能力不足等一系列障碍。下一步，提升郑州城市群氢燃料电池汽车示范应用效应，仍需围绕强化省级层面战略统筹、推动"一群一廊"联动错位发展、完善氢能基础设施、调整优化示范车型等领域精准施策。

关键词： 氢能　燃料电池汽车　郑州城市群

2021 年 12 月，财政部等五部门发文，郑州城市群正式获批启动燃料电池汽车示范应用工作，成为全国 5 个国家示范城市群之一。其中，郑州作为牵头城市，联合河北张家口、保定、辛集，上海嘉定、奉贤、临港，山东烟台、淄博、潍坊，广东佛山，宁夏宁东 11 个省外产业链绿氢示范

---

* 赵西三，河南省社会科学院数字经济与工业经济研究所副所长、副研究员，研究方向为产业经济学；刘晓萍，河南省社会科学院数字经济与工业经济研究所副研究员，研究方向为产业经济学。

应用城市（区），以及新乡、开封、洛阳、焦作、安阳 5 个省内氢源供给和车辆示范应用城市，形成"1+N+5"的城市群组合，开展燃料电池汽车示范应用。

一 郑州城市群氢燃料电池汽车产业发展现状

燃料电池汽车示范应用郑州城市群自获批启动以来，在推动燃料电池汽车产业创新发展、打造多元应用场景、构建产业发展生态、多方协同保障等方面积极决策部署，已形成"有全产业链布局、有技术突破、有场景规模、有能源供给、有政策体系"的"五有"局面，各项示范任务进展顺利，氢能产业发展初见成效。

（一）产业链布局：优势企业集聚发展格局基本形成

以示范应用为引领，以郑州为带动，河南燃料电池汽车产业快速发展，已初步形成涵盖整车、燃料电池、核心零部件、加氢装备等领域优势企业的产业链。在整车领域，宇通集团、德力汽车、新飞专汽等已具备燃料电池汽车整车制造能力；在关键零部件领域，豫氢装备、正星科技、亚普汽车等优势企业在加氢核心装备、车载供氢系统、燃料电池关键零部件等细分领域处于国内领先地位；在氢能供应领域，东大化工、华久氢能源、鑫磊集团、心连心、焦作伟祺等企业积极推动工业副产氢提纯、光伏发电制氢、生活垃圾发电制氢等项目。与此同时，全省燃料电池汽车关键部件产业加速布局，上海重塑、江苏清能、北京亿华通、氢沄科技等优势企业纷纷落地省内示范城市，新乡氢能产业园、洛阳氢能电机装备产业园、濮阳氢能产业链集聚发展格局初步形成。

（二）技术突破：电堆、空压机、氢循环泵零部件实现国产化

围绕整车龙头企业宇通集团的各类客车、卡车产品，在城市群内开放合作，重点扶持技术研发能力较强的亿华通、重塑科技等系统集成企业，围绕

整车技术要求，联合八大领域的优势企业持续开展技术攻关和车规级产品设计验证，第一年度已实现上海神力和韵量的电堆、上海势加透博和河北金士顿的空压机、山东东德实业的氢循环泵的自主国产化，并实现了批量装车应用，初步建立了自主可控的燃料电池汽车产业链。

（三）示范应用：郑州奋勇当先的发展态势突出

截至 2023 年 2 月，在郑州的牵头带动下，郑州城市群共计推广 675 台燃料电池汽车，累计纯氢运行里程 530 万公里，建成加氢站 21 座。从城市分布来看，郑州完成 541 台、新乡完成 71 台、开封完成 30 台、安阳完成 33 台，洛阳和焦作均未实现推广示范车辆的突破，郑州一马当先、率先示范的态势十分突出。从示范场景看，城市群实施方案中共策划了 9 类示范应用场景，目前已开展公交、冷链、环卫、渣土/搅拌、重型牵引等 5 类场景的示范应用，效果良好。从创新推广模式看，郑州积极探索，采取专项发债方式解决资金问题，采用竞争性磋商方式缩短采购时长，推广公交车 100 辆；由政府协调区属企业采购环卫车 27 辆；由主管部门协调行业企业采购渣土自卸车 210 辆；动员物流企业采购冷链物流车 100 辆；支持企业联合成立平台开展租赁业务，推广水泥搅拌车 43 辆、牵引车 61 辆；推进加氢站建设，允许在非商业用地建设加氢站，按照"专家评审、先建后批"的方式缩短审批时间，允许改扩建加氢站占用公共设施用地。

（四）氢能供给：工业副产氢仍是主要供给、绿氢制备有所探索

河南是全国重要的化工大省，氯碱、焦化、合成氨工业基础较好，氢气供给主要还是依赖工业副产氢。焦作具有较大规模的氯碱、二氧化钛、合成氨工业副产氢，其中每年氯碱、二氧化钛副产氢气约 3.6 亿立方米。安阳拥有省内最大规模的焦炭产业，年产能超过 1000 万吨，每年副产氢气超过 25 亿立方米。濮阳依托丰富的资源禀赋和扎实的基础条件，氢气年产能 23.6 万吨。同时，焦作、开封、新乡另有合成氨工业每年制备氢气 77 亿立方米。而在绿氢制备上，河南已经开始探索，中原油田兆瓦级可再生电力电解水制

氢示范项目、河南平煤神马东大化学有限公司 16 兆瓦光伏制氢示范项目、华久氢能屋顶光伏发电制氢项目等三大绿氢项目正在全力推进，未来河南氢气供应将逐步实现多元化。

（五）政策体系：省市两级打造支持政策矩阵

在顶层政策设计上，省级层面先后出台了《河南省加快建设燃料电池汽车示范应用城市群行动方案（2022—2025 年）》《推动郑州城市群燃料电池汽车产业高质量发展若干政策》《河南省氢能产业发展中长期规划（2022—2035 年）》《郑汴洛濮氢走廊规划建设工作方案》等文件，明确燃料电池汽车和氢能产业发展目标任务。郑州市作为牵头城市，起草了《郑州城市群燃料电池汽车示范应用奖励资金实施方案（试行）》，率先制定了《郑州市燃料电池汽车示范应用工作方案》《郑州市 2022 年燃料电池汽车示范应用和产业发展行动计划》《郑州市支持燃料电池汽车示范应用若干政策》《郑州市汽车加氢站管理暂行办法》。焦作、新乡、开封、洛阳、安阳、濮阳等地市也立足发展实际，因地制宜，先后出台了行动方案及产业规划，打造了推动全省燃料电池产业发展的政策矩阵。

二 郑州城市群燃料电池汽车产业发展存在的问题

郑州城市群燃料电池汽车示范应用工作启动以来，整体上看效果突出、进展喜人，但与北京、上海、广东、河北等其他四个城市群相比，在发展中还存在一些现实问题。

（一）产业链同质化低端化

当前，城市群内多个城市均在谋划燃料电池汽车产业全产业链布局，郑州初步打造了拥有整车、燃料电池、零部件、加氢装备等领域优势企业的全产业链，新乡已经构建"产氢、运氢、储氢、加氢、燃料电池电堆、系统集成、关键零部件、燃料电池汽车制造"全产业链，安阳提出打造从"氢能生产、整车生产、氢燃料电池、核心零部件到示范应用场景"较为完整的产业链。从战略谋划及产业协作看，目前城市群内部城市存在产业同质化竞争，没有实现城市间错位发展。尤其是在某些产业链环节上出现了重复招商、扎堆布局的现象，未用好河南场景实现全省一盘棋联动错位发展。如电堆领域，豫氢动力氢燃料电池示范线、氢璞创能氢燃料电池自动化生产线建成投产，形成燃料电池电堆年产能 3000 套，骥翀氢能在新乡和洛阳投产两个基地产能均为 500MW，氢氙新能源完成 50~200kW 多款燃料电池电堆和燃料电池系统的产品开发。按照目前项目产线计算，电堆产能已经过剩，而对于电堆中的核心零部件膜电极、碳纸和催化剂，河南企业都没有生产布局，产品明显呈现低端化趋势。

（二）示范应用存在推进障碍

郑州城市群燃料电池汽车示范应用是带动河南氢能产业发展的核心引擎，但是目前存在三大突出问题。一是示范应用目标与各地市产业及应用场景结合度不高。当前，客车、货车以及乘用车在应用场景拓展、市场需求和推广难易程度上存在较大差异，与最初申报阶段相比市场发生了较大的变化，实际应用场景与示范规定车型不匹配。二是氢气价格仍然居高不下。目前，安阳加氢站枪口价大概每公斤 20 元，焦作为 25 元，而郑州、开封、新乡分别是 32 元、43 元和 50 元，从经济性上看，只有安阳以及焦作运营成本低于燃油车，有自发使用市场，郑州推广渣土车等具有一定积极性，但开封和新乡完全依赖政府补贴才能推广示范，推广示范的积极性不够。三是奖补资金落实不到位。奖补资金是燃料电池汽车产品定价、商业推广、贷款融资的关键促进因素，当前国家奖补资金下放时间、路径仍待明确，省财政厅预拨资金也未完全划转企业，受此影响，企业担心资金不到位而未敢过早投入资金开展示范，影响了示范进度。

（三）加氢站建设明显滞后

加氢站作为燃料电池汽车产业的基础设施配套，当前已经成为制约燃料电池汽车示范应用的关键一环，目前地市中普遍存在加氢站与车辆推广不够匹配的情况，甚至出现"有车没站""有站没车"的现象。如郑州于2022年建成加氢站11座，其中仅有4座是固定加氢站，而郑州在2022年初日常运营的燃料电池汽车就达到541辆，现有加氢站已经无法满足车辆用氢需求。此外，在推进加氢站建设中还存在行政审批体制不顺的问题，如用地性质不合规、审批环节多周期长，当前新建加氢站需要办理立项、用地审批、规划审批、安评、环评、建设用地规划许可、设计审查、建设工程规划许可、施工许可、竣工验收等20多项手续，这就导致新站审批建设慢、老站补手续合规难。

（四）技术创新尚未实现本土破冰

郑州城市群示范应用目标明确提出，通过示范引领和技术创新，全面实现燃料电池电堆、膜电极、双极板、催化剂、空压机、质子交换膜、碳纸、氢循环系统八大关键领域的产业化突破。但经过一年半的发展，城市群在技术创新上主要实现了电堆、空压机、氢循环泵零部件国产化、自主化，全年累计配套装车量分别为1086套、1086套、729套。具体来看，电堆是上海神力和韵量自主创新、空压机是上海势加透博和河北金士顿创新研发、氢循环泵是山东东德实业设计研发，三项成果均来自省外的产业链企业，而河南本土企业在燃料电池系统及八大核心零部件上未取得创新进展。

三 推动郑州城市群燃料电池汽车产业健康发展的对策建议

当前正是氢能产业发展的风口期、窗口期，燃料电池汽车作为氢能产业最成熟的领域，是推动氢能产业发展的重要路径。尤其是 2022 年，全国各地竞相加大对燃料电池汽车产业的布局推动力度，政策明显加码，重点项目接连落地，产业发展日渐活跃。在此背景下，郑州城市群需要继续顶格谋划、抢滩站先、加快推进，以氢能产业高质量发展引领全省产业换道领跑。

（一）省级层面统筹战略谋划

一是加强省级层面统筹协调，省燃料电池汽车协调小组应进一步健全示范应用统筹协调机制，加强对郑州城市群示范应用工作的协调指导，推动相关示范城市加大示范应用力度，特别是要加大示范车辆推广工作力度。二是引导郑州高效发挥牵头城市作用，成立由相关省辖市政府主要负责同志参与的工作领导小组，定期调度项目，研究重大事项，开展督促指导，解决突出问题，切实引领带动城市群燃料电池汽车示范应用推广工作。三是提升奖补资金时效性，精简手续、明确路径，从省级层面督促中央和省、市奖补资金的拨付，做到免申直达，切实解决企业的资金压力。四是成立河南燃料电池汽车产业创新联盟，依托省燃料电池与氢能工程技术研究中心及省氢能与燃料电池汽车产业研究院，联动省内优势企业、科研院所，聚焦大功率燃料电池电堆、高适应性长寿命膜电极及双极板、大容积高集成度车载储氢系统等燃料电池关键技术和专用装备开展创新突破。

（二）推动"一群一廊"错位联动发展

一是围绕"一群一廊"优化产业链建设。统筹燃料电池汽车示范应用郑州城市群和郑汴洛濮氢走廊协同布局、联动发展，引导郑州、新乡、洛阳、开封、安阳、焦作及濮阳强化统筹规划，发挥各自产业既定优势，支持各地错位发展，加快打造各地市产业互通互用、协同错位发展的联动格局。二是推动燃料电池汽车产业链与氢能供给产业链双向协同发展。充分发挥郑州燃料电池商用车率先批量应用的先发优势，用好整车规模示范和产业龙头带动效应，以"补链、强链、延链"为重点，培育和吸引燃料电池汽车和氢能产业上下游重点企业在郑州城市群集聚协同发展、协同联动，加快打通氢能制取、提纯、运输、基础设施、装备等产业链，提升以整车、系统、膜电极、基础材料等为核心的燃料电池汽车产业链薄弱环节。

（三）完善氢能基础设施

根据全省氢源特点与用氢中心的地理分布，建设适度超前的氢能供给体系。一是探索非化工园区制氢，借鉴广东、河北等省份具体做法，探索允许在非化工园区制氢，降低终端用氢价格。二是完善加氢站建设和管理，按照适度超前布局原则，统筹协同中石油、中石化、华润等有加油（气）站土地资源和能源设施的核心企业，探索建设一批加油、加气、加氢、充换电等综合能源服务一体化充能项目站。与此同时，探索简化加氢站行政审批手续，强化跨部门协调行政审批。三是提升氢气数字化供应保障能力，谋划在氢能分配调度及加氢站安全监控中引入"互联网+大数据"新技术，探索建立氢能"一体化运维管理云平台"，利用平台对氢源、氢运输、加氢站、消费终端各环节进行重新整合，进行氢气供需预测与平衡分析、加氢站负荷实时监控，实现不同氢源、加氢站之间灵活调度。

（四）调整优化示范车型

通过一年半的示范应用，不难发现郑州城市群在申报之初设置的具体目标与实际示范应用存在一定程度的不匹配。下一步，为了更好推进城市群示范应用，建议将燃料电池汽车推广应用与各地市传统产业、运力需求相结合，打造规划化、商业化、效益化的终端应用场景。支持工信厅等相关省厅职能部门，积极向国家有关部委反映，争取允许各地市在城市群车辆推广应用总量不变的前提下，结合各自现有氢燃料电池汽车种类以及特色应用场景，对推广示范应用车型进行相应调整，增加冷链车、渣土车、环卫车、牵引车等示范车型。

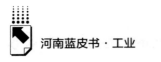

参考文献

王建建等：《2022年中国氢燃料电池汽车产业发展报告——规模化示范应用背景下的氢燃料电池汽车产业发展》，载《中国车用氢能产业发展报告（2022）》，社会科学文献出版社，2023。

原田、孟德水、张龙海：《郑州氢能产业与燃料电池汽车示范城市群发展报告（2022）》，载《中国车用氢能产业发展报告（2022）》，社会科学文献出版社，2023。

李梅香、侯锐、魏玲圆：《河南氢能产业发展趋势及前景展望》，载《河南商务发展报告（2022）》，社会科学文献出版社，2022。

《河南省人民政府办公厅关于印发河南省氢能产业发展中长期规划（2022—2035年）和郑汴洛濮氢走廊规划建设工作方案的通知》，河南省人民政府网站，2022年9月6日，https：//www.henan.gov.cn/2022/09-06/2602465.html。

B.16
河南产业集群竞争优势提升研究

翟海文*

摘　要： 随着科学技术的革新和产业的变革，产业集群已成为推动产业发展和提升区域竞争力的重要手段，世界各国纷纷将培育世界级集群和提升产业集群竞争优势作为重点发展战略。近年来，河南高度重视产业集群的培育工作，不断提升产业集群能级、升级产业集群载体、丰富产业集群类型与优化产业集群生态，从而提升河南产业集群的竞争优势。但是，仍存在产业集群规划不完善、集群数量少、整体发展水平不高和自主创新能力弱等问题。根据河南发展基础与实际，下一步，建议通过增强产业链延伸能力、提升科技创新能力、加快高端要素聚集和抢抓机遇精准招商等措施，构筑河南产业集群核心竞争力，推动河南现代化产业体系建设。

关键词： 产业集群　现代化产业体系　河南省

在新一轮科技革命和产业变革的大环境下，制造业生产方式和企业形态产生根本性变革，制造业的竞争由企业与行业间的竞争逐渐变为产业集群之间的竞争，世界各国纷纷将培育世界级产业集群作为提升竞争优势的核心战略。《中共中央 国务院关于新时代推动中部地区高质量发展的意见》中也明确提出，统筹规划引导中部地区产业集群（基地）发展，为河南提升产业集群竞争力带来重大机遇和有利条件。河南接连出台多项政策，加快培育壮大产业集群，构筑集群核心竞争力，持续推动河南制造业强省建设。

＊ 翟海文，河南省社会科学院数字经济与工业经济研究所研究实习员，研究方向为产业经济。

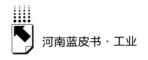

一 河南提升产业集群竞争优势的做法及成效

近年来，得益于河南良好的产业发展基础和河南省政府不断完善政策支撑体系等做法，河南产业集群培育成效显著，并已构筑产业集群核心竞争力，强势推动河南现代化产业体系的建设。

（一）完善政策支撑体系，产业集群能级显著提升

近年来，河南出台了《河南省人民政府办公厅关于加快培育发展新兴产业集群的实施意见》《河南省先进制造业集群培育行动方案（2021—2025 年）》等政策文件，在统筹协调、金融支持、创新体系、集群引进等方面为产业集群提供政策支持，不断推动河南产业集群能级的提升。

近年来，河南不断完善产业集群政策支撑体系。一是统筹协调。河南各地市根据自身资源禀赋、政策环境、产业基础等条件，制定千亿级主导产业集群规划，建立先进制造业集群重点产业链群链长制和盟会长制，提高了制造业集群、企业之间的配套协作水平和产品本地化匹配度。二是金融支持。近年来，河南省致力于为产业集群的发展提供金融支持。早在 2012 年河南就设立股权投资引导基金，2015 年河南设立先进制造业集群培育基金，对河南省重点产业集群进行直接投资。三是创新体系。河南省构建以企业为主体、市场为导向、产学研相结合的产业技术创新体系。由龙头企业牵头，企业、知名高校、科研院所等共同参与，设立产业技术创新战略联盟，并实施一批重大科技专项，加快突破一批关键共性技术。四是集群引进。近年来，河南针对各地市主导产业集群的特点，编制重点领域产业链图谱和招商图谱，并将人才、技术、企业、项目等事项进行全面梳理，形成清单，引导企业和社会资金向集群集聚。

河南产业集群政策的完善不断推动集群能级提升。根据国家统计局河南调查总队公布的数据，2010 年河南 100 亿级以上的产业集群只有 6 个。依

托河南大力建设产业集聚区和优势产业集群培育工程，产业集群能级迅速提升，到 2020 年全省形成了装备制造和现代食品 2 个万亿级产业集群，电子信息、汽车及零部件等 5 个 3000 亿级产业集群，智能家居、现代轻纺等 12 个千亿级产业集群，另外，还有 127 个百亿级特色产业集群。近年来，河南各地市立足地方实际及特色优势，也在加大产业集群培育力度，其中以郑州、洛阳和许昌为代表。郑州形成了电子信息、汽车、装备制造等 6 个千亿级主导产业集群，其中郑州聚力打造电子信息"一号"产业，形成了智能终端、计算终端、智能传感等新兴产业链条，着力培育万亿级电子信息产业集群。洛阳已形成 2 个千亿级、7 个百亿级产业集群，并对产业基础进行深入分析，规划出光电元器件、农机装备、航空装备等 10 个重点发展的产业集群。许昌培育形成电力装备、节能环保 2 个千亿级产业集群，碳硅新材料、超硬材料等 10 个以上百亿级产业集群。河南其他地市也相继制定产业集群培育规划，不断提升河南产业集群竞争优势。

（二）整合提升开发区，产业集群载体调整升级

产业集聚区和开发区是推动产业集群发展的主要载体。产业集聚区是在特定空间范围内形成的一种承载产业集群的新型高效的经济组织平台，对于构建创新体制机制、培育区域竞争优势具有重要作用。河南自 2009 年开始规划建设产业集聚区，2019 年以前河南各地市的产业集聚区一直保持良好的发展态势，在全省工业体系中的地位不断提高。2014~2018 年，河南产业集聚区规模以上工业增加值增速均高于全省规模以上工业增加值增速，产业集聚区规模以上工业增加值占全省比重由 52.3% 提高到 71.6%。河南自 2013 年开始开展产业集聚区星级考核，产业集聚区争星晋位态势良好，打造出一批特色明显、优势突出、集群效应凸显的产业集聚区（见表 1）。但 2019 年，河南省产业集聚区规模以上工业增加值增速与全省持平，且增加值占全省比重略有下降（见图 1），产业集聚区忽视地均产值、集群发展等问题凸显。对此，2020 年河南省开展产业集聚区"二次创业"，以产业用地提质增效为抓手，开展"百园增效"行动，持续推进产业集聚区高质量发展。

表1 2013～2015年、2019年河南省星级产业集聚区

星级	2013年	2014年	2015年	2019年
六星级	—	郑州经济技术产业集聚区	郑州航空港产业集聚区、郑州经济技术产业集聚区	郑州航空港产业集聚区
五星级	—	郑州航空港产业集聚区	—	郑州经济技术产业集聚区
四星级	—	—	—	永城市产业集聚区
三星级	郑州航空港产业集聚区、郑州经济技术产业集聚区	—	郑州高新技术产业集聚区、林州市产业集聚区、长葛市产业集聚区	郑州高新技术产业集聚区等11个
二星级	郑州高新技术产业集聚区等11个	郑州高新技术产业集聚区等24个	新密市产业集聚区等34个	巩义市产业集聚区等44个
一星级	郑州市中牟汽车产业集聚区等49个	郑州马寨产业集聚区等80个	郑州马寨产业集聚区等93个	郑州市中牟汽车产业集聚区等54个

资料来源：河南省人民政府各年度产业集聚区考核晋级结果的通报。

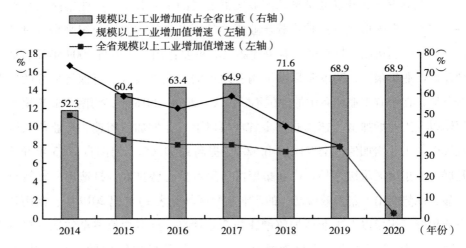

图1 2014～2020年河南省产业集聚区规模以上工业增加值
占全省比重及增速

资料来源：2014～2020年河南省国民经济和社会发展统计公报。

随着新发展格局的加快构建，河南由推进产业集聚区"二次创业"转向更高站位的开发区整合提升。开发区是河南省产业最集中、经济最活跃的平台功能区。然而，随着开发区建设规模和区域边界逐渐扩大，大量社会管理职能涌入，导致主业模糊、主责弱化，难以集中精力抓经济谋发展。对此，2021年河南开始按照"整合、扩区、调规、改制"的总体思路，以"三化三制"、优化管理机构设置、剥离社会管理职能、组建开发区运营公司为主要措施进行改革，把开发区工作重心放到提质提效提速发展上，紧紧围绕加快构建现代化产业体系，全力做大做优做强产业，基本实现"一县一省级开发区"布局。河南将全省288个开发区整合为184个，之后新增设豫东南高新技术产业开发区。从层级来看，国家级开发区18个，经开区和高新区各9个。2022年，商务部国家级经开区综合发展水平考核评价结果显示，河南有5个经开区跻身全国100强，郑州经开区持续表现突出，全国排名第23、中部地区排名第3，连续3年稳居全国30强，河南国家级高新区数量也位居全国第5。从类别来看，分为先进制造业开发区、现代服务业开发区、现代农业开发区、综合保税区、其他功能开发区。其中，88个开发区以先进制造业为主导产业，冠以"先进制造业开发区"这一名称，约占总数的48%。河南开发区经过整合扩区，目前就业人数已超过500万人，工业增加值、工业投资、工业利润等分别占全省总量的60%以上，经济建设的主阵地、主战场、主引擎功能日益凸显。

（三）积极创建国家级集群示范，产业集群类型不断丰富

产业集群化发展是提升区域核心竞争力的重要举措。近年来，河南省积极创建国家级集群，发挥国家级集群对河南产业集群建设的示范引领作用，并持续推进多种类型产业集群培育工作。

近年来，河南省积极推进国家级集群示范的创建，在国家新型工业化产业示范基地、国家级战略性新兴产业集群、国家火炬特色产业基地、国家创新型产业集群、国家级中小企业特色产业集群等评选中均有成果，起到了良好的示范带动作用。国家新型工业化产业示范基地发展水平和

规模效益处于行业领先地位，是我国制造业集聚发展的主要载体和制造强国建设的有力支撑。自 2009 年起，河南省启动国家新型工业化产业示范基地创建工作，截至 2021 年已成功创建 14 家示范基地（见表 2），其中，洛阳、郑州分别创建 4 家，3 家，且排名靠前，在全省领先优势明显。其中，洛阳的装备制造（节能环保装备）·河南洛阳高新技术产业开发区连续两年被评为五星级示范基地。另外，河南创建了 17 家国家火炬特色产业基地。

表 2　河南国家新型工业化产业示范基地

示范基地名称	2021 年发展质量评价结果	批次
装备制造（节能环保装备）·河南洛阳高新技术产业开发区	连续两年五星	第一批
食品·河南汤阴县		
食品·河南漯河经济技术开发区	四星	第二批
装备制造·郑州经济技术开发区	四星	
装备制造（起重机械）·河南长垣	四星	
石化化工（尼龙新材料）·平顶山高新技术产业开发区	四星	第三批
有色金属（铝加工）·河南巩义市产业集聚区	四星	
高技术转化应用·河南洛阳涧西区	四星	第四批
有色金属（铝）·河南三门峡高新技术产业开发区	四星	
装备制造（矿山装备）·河南焦作高新技术产业开发区	四星	第五批
石化化工（烯烃及深加工、电子化学品）·河南濮阳经济技术开发区	四星	第六批
汽车产业·河南中牟（优势类）	四星	第八批
大数据·河南洛阳大数据产业园（特色类）	四星	第九批
建材（绿色建材）·河南汝阳产业集聚区（特色类）		第十批

资料来源：根据工信部国家新型工业化产业示范基地名单整理。

近年来，河南培育壮大战略性新兴产业集群，坚持以科技创新为引领打造创新型产业集群，积极创建具有较强核心竞争力的中小企业产业集群。河南省战略性新兴产业集群已经形成"1+4+15"的雁阵发展格局。"1"是国务院 2022 年度战略性新兴产业集群发展工作成效明显的督查激励推荐城市之一的平顶山市，"4"是郑州信息技术服务产业集群、郑州下一代信息网络产业集群等 4 个集群纳入首批国家级战略性新兴产业集群，"15"是河南首批 15 个省级战略性新兴产业集群，分布在河南省 13 个地市，涵盖东西南北中各个区域，除郑州和南阳入围 2 个外，其他地市均入围 1 个，改善了以前存在的省内产业集群发展不均衡问题。河南省共拥有 8 个创新型产业集群，这些集群共有企业 753 家，其中高新技术企业 301 家，营业收入超过 10 亿元的企业 36 家；拥有服务机构 122 个、研发机构 279 个、金融服务机构 68 个，形成了"产业引领+龙头企业带动+大中小企业融通+金融赋能"的创新发展生态。河南省中小企业特色产业集群进行国家级、省级两级培育，以中小企业为主体，集群主导产业为所在县域的支柱或特色产业。河南省长垣市门桥式起重机械产业集群、河南省叶县尼龙材料产业集群等 4 个集群纳入 2022 年度中小企业特色产业集群。2023 年，河南省确定鹤壁市淇滨区人工智能产业集群等 20 家集群为 2023 年度河南省中小企业特色产业集群，入选集群主导产业为新能源、新材料等新兴产业。

（四）构建现代化产业体系，产业集群生态持续优化

近年来，河南围绕招商引资、营商环境、土地供应、创新平台等持续优化产业集群发展的生态。招商引资呈现稳步增长态势，近年来，河南省持续推进精准招商策略，积极对接长三角一体化发展战略、融入京津冀协同发展战略、对接粤港澳大湾区发展战略，主打优势产业招商，将制造业作为主攻方向，大力引进战略性新兴产业，加快构建现代化产业体系。

一是招商引资，2013~2022 年，河南省实际到位省外资金由 6197.5 亿元增长至 11076.9 亿元，2022 年第二产业实际到位省外资金 6553.4 亿元，是 2013 年的两倍多。2022 年，河南先进制造业和战略性新兴产业到位资金

6029.8 亿元，占全省总额的 54.4%。二是营商环境，近年来河南出台《河南省优化营商环境创新示范实施方案》等多项政策文件，致力于优化营商环境，并打造"万人助万企"这一重要名片。2022 年，河南省共派出助企干部 7.6 万名，包联企业 13.5 万家，累计解决企业反映问题 88435 个，问题解决率 99.8%。各地把打通堵点与优化环境相结合，把经济工作的着力点聚焦到产业、企业、企业家上，纾解痛点和堵点，改善政商关系，锤炼能力作风，提振企业的发展信心。三是土地供应，强化集群用地保障，面对河南 1.2 亿亩的耕地红线与之前产业集聚区和专业园区土地粗放的利用方式，河南发布《关于实施开发区土地利用综合评价促进节约集约高效用地的意见》，建立开发区土地利用综合评价机制，加强规划科学引导，强化土地标准管控，推广应用多层标准厂房，加强工作保障，推进"亩均论英雄"改革，推动开发区高质量发展。四是创新平台建设，2022 年河南新批复建设龙门、中原关键金属、龙湖现代免疫、龙子湖新能源等 7 家省实验室，新组建 28 个省中试基地、12 个省实验室基地，以省实验室为核心，整合优质高端创新资源，逐渐形成"核心+基地+网络"的创新格局。

二　河南产业集群发展存在的问题

虽然河南省产业集群建设发展态势良好，也取得了显著成效，但应看到，产业集群的高质量发展仍存在先进产业集群数量有待增加、集群整体发展水平有待提高、自主创新能力不强等问题。

（一）产业集群发展规划有待完善

近年来，河南高度重视产业集群的培育工作，印发《河南省先进制造业集群培育行动方案（2021—2025 年）》，许昌和鹤壁等地市也相继出台先进产业集群培育行动方案，但是现有的规划方案仍然有待完善。一是规划有待进一步统筹。目前河南省已成立制造强省领导小组负责统筹，也建立了先进产业集群重点产业链"双长制"，但是在实际工作中，一个重点产业集群的招商引资、项目投资、上下游衔接等涉及跨部门、跨地区时难以统筹协调。二是规划有待进一步细化。产业集群发展的统计监测机制不完善，集群发展相关数据指标不全，难以精确监测并评估集群发展情况。而且集群发展的奖惩机制也有待细化，尤其是集中在县域的中小企业特色产业集群，缺乏立足当地特色的详细发展规划。

（二）先进产业集群数量有待增加

高度发达的先进产业集群，是现代化经济体系的重要特征，也是经济高质量发展的大趋势。虽然近年来河南积极推进先进产业集群的培育，但2022年工信部发布的 45 个国家先进产业集群中，河南却无一在列，而江苏、广东等国内发达地区与同为中部地区的湖南、湖北、安徽、江西分别有10 个、7 个、4 个、2 个、1 个、1 个入选；在科技部发布的国家级创新型产业集群中，河南虽然有 8 个集群入选，但国内发达省份江苏入选了 19 个，同为中部地区省份的湖北入选了 16 个；在国家发展改革委组织认定的 66 个战略性新兴产业集群中，郑州仅有信息服务、下一代信息网络 2 个集群入选，但武汉和合肥分别有 4 个和 3 个集群入选；在工信部公布的 2022 年度中小企业特色产业集群中，河南入围 4 个，但安徽、江西和湖北均有 5 个入围。

（三）产业集群整体发展水平有待提高

虽然河南培育了装备制造、现代食品两个万亿级产业集群和多个千亿级以上的产业集群，但是其余产业集群尤其是新兴产业集群规模普遍较小，在"2023 中国百强产业集群"（民营经济集聚区）中，河南只入围 3 个，排名分别为第 45、第 60、第 67，均比较靠后，数量上与江苏的 18 个、浙江的17 个、安徽的 8 个差距较大。另外，集群层次偏低，主要集中在价值链低端。以食品产业为例，河南食品产业集群处于微笑曲线的底部，产品以粗加工产品为主，精深加工产品较少，而集群内企业又缺乏合作意识，互相模仿，导致同质化产品多、特色产品少，中低端产品多、高附加值产品少，多数企业产品平均单价低，缺乏市场竞争力，且缺乏品牌效应。开发区作为集群载体整体发展水平也有待提高，根据商务部发布的2022年国家级经济技术开发区综合发展水平考核评价结果，河南仅有郑州经开区进入国家级经济技术开发区排名前30，且在中部地区排名第3，前两名均出自安徽。

（四）自主创新能力有待提升

一是研发费用不足，且集中在传统产业。当前产业集群依然以传统资源型为主，高技术制造业和战略性新兴产业集群所占比重较低，集群内拥有较高技术水平和研发能力的企业数量较少，且研发费用投入排在前列的企业仍然集中在传统产业。从行业分布看，2022年，河南研发费用投入排名前5的行业分别是机械、冶金、化工、电子和煤炭，这几个行业的研发费用投入规模达到了501亿元，占全省研发费用的73%。从企业层面看，2022年，河南研发费用投入排名前5的企业分别是平煤神马、宇通集团、能源集团、中航光电和郑煤机，研发费用投入合计达96.1亿元，占比14%。二是创新型企业较少。龙佰集团、宇通集团上榜由中国企业联合会、中国企业家协会发布的"2022中国大企业创新100强"榜单，但北京企业占26%、广东企业占18%、浙江企业占9%，同为中部地区的安徽和湖北企业各占4%、湖南企业占3%，均高于河南。

三　河南产业集群发展的对策建议

新型工业化背景下，制造业成为影响区域竞争态势的关键，越来越多省份加入建设"制造强省"竞赛，且竞争态势日益激烈。河南应从以下几个方面着手聚力做强产业集群。

（一）打造优势产业集群，增强产业链延伸能力

发展先进产业集群是促进河南产业向中高端迈进、提高产业链供应链韧性和安全水平的重要抓手。一是河南应根据自身产业基础在主导产业、

传统产业、新兴产业、未来产业中选取优势先进产业集群，加快推进先进制造业群链培育工程，着重打造装备制造、绿色食品等十大先进产业集群和先进超硬材料、新能源汽车等 28 个千亿级重点产业链，以及地方优势特色产业集群，加快创建国家先进产业集群、国省两级中小企业特色产业集群。二是纵向和横向延伸产业链。产业链纵向延伸可围绕主导产业引进和培育龙头企业，以龙头企业吸引产业链上下游企业集聚，形成完整产业链，同时推动上下游联动和大中小企业协同，实现龙头带动和集群发展。产业链横向延伸可不断完善产业配套，提升先进产业集群能级，引导郑州、洛阳、许昌等市向设计研发、品牌打造等价值链高端环节跃升，延长产业链条，并逐步将原材料、零部件配套等环节向省内其他地区转移，提升全省整体产业集群发展水平。

（二）提升科技创新能力，推动集群转型升级

抓创新就是抓发展，谋创新就是谋未来。河南应坚持把创新作为第一动力，以创新推动传统产业集群转型升级高质量发展。一是搭建创新平台，加大力度创建国家实验室和国家重点实验室，对现有省级创新平台进行高标准整合提升，择优部署实验室、研究中心、创新中心等平台。二是搭建科技成果转化中试平台，坚持在地市高质量发展考核指标中加入技术合同成交额，加快建设 10 家河南省科技成果转移转化示范区，在重点产业集群中实现中试基地全覆盖，形成体制全新、机制灵活、服务特色鲜明的中试服务网络体系。三是搭建创新创业公共服务平台。整合技术、人才、培训等资源，为传统产业集群创新发展提供优质公共服务。四是引导集群内企业实施新技术改造工程，组织企业实施高端化、智能化、绿色化、服务化改造提升专项行动，对技术改造项目分类分级按实际投资比例提供补助。

（三）加快高端要素集聚，提高集群发展水平

河南应加快人才、技术、资金等高端要素资源集聚，推动河南产业集群整体发展水平提升。一是对先进产业集群的人才需求进行摸排，制定高端人

才引进清单，出台高补贴、高福利的人才政策，以产业集群内的头雁企业、瞪羚企业、优质中小企业为依托，在保留人才原工作岗位的前提下，支持集群内企业通过远程指导、项目合作等方式吸引各类人才向省内产业集群集聚。二是引导产业集群的"链主"企业牵头，与集群内的配套中小企业、科研院所、知名院校等共同组建重点产业技术创新战略联盟，开展联合研发，重点突破该集群所需的共性技术，集中攻克一批关键核心"卡脖子"技术。三是设立河南先进产业集群专项培育基金，引导社会资金流向重点产业集群和优势企业，鼓励银行设置面向产业集群的信贷专项额度，并给予利率优惠。四是保障高端要素资源的自由流动，建立先进产业集群人才共享、技术交易、金融服务等平台，保障高端要素供求信息透明、流动畅通。

（四）坚持"项目为王"理念，抢抓机遇精准招商

抓项目就是抓发展，谋项目就是谋未来。河南应坚持"项目为王"的理念，加快推进项目建设，围绕重点产业链精准招商，培育壮大更具竞争优势的产业集群。一是坚持"项目为王"的理念。围绕装备制造、新材料等重点先进产业集群，制定重点项目和补短板项目清单，着力引进落地一批投资规模大、覆盖领域广的项目，按照"三个一批"工作要求，加快推进项目前期工作，缩短审批流程，强化保障土地、资金等要素，确保重点项目按时投产。二是抢抓精准招商，围绕河南开放带动战略，积极承接长三角、珠三角、京津冀三个重点区域的产业转移，绘制制造业招商路线图，围绕重点发展的先进产业集群和产业链梳理招商目标企业，在三个重点区域开展驻地招商，做好精准对接，有针对性地进行高水平招商引资活动，提升河南招商引资推介会的影响力，吸引国内外知名企业来河南投资。

参考文献

王彦利：《河南大企业高质量发展路径探析》，《统计理论与实践》2023 年第 6 期。

张雯:《河南加快培育先进制造业集群的问题及对策》,《中共郑州市委党校学报》2022 年第 6 期。

宋振平:《平顶山市中小企业集群发展研究》,《科技创业月刊》2019 年第 11 期。

刘晓萍:《河南产业集群发展的现状、问题及升级趋势》,《决策探索》(下半月) 2015 年第 7 期。

赵建吉:《打造先进产业集群 推动产业迈向中高端》,《河南日报》2021 年 8 月 21 日。

B.17
河南县域制造业高质量发展对策研究

孙秋雨[*]

摘　要： 县域制造业是河南产业发展的重要板块，也是产业集聚区的承载地，河南各县域抢抓机遇，积极培育特色主导产业，加快实现创新驱动发展，提升县域制造业的竞争力。近年来，河南县域制造业整体向好发展，部分县域制造业转型升级成效显著，但河南县域制造业在面对新的复杂形势和高质量发展要求时，也逐渐凸显一定的问题。本文通过分析河南县域制造业发展的整体成效，针对凸显的问题，围绕县域平衡发展、产业转型升级、高端要素供给、科技创新、优化发展环境等，探索河南县域制造业高质量发展的具体对策。

关键词： 县域制造业　高质量发展　特色主导产业　产业转型升级

县域是承接产业转移的重要阵地，产业强则县域强，河南县域在厚积底气的同时，实现了从平稳起步到驶入快车道的跨越式发展，夯实了县域高质量发展的基础。河南县域数量多地域广，县域经济的发展决定着全省经济发展，关系着现代化河南建设的实现程度，在全省发展大局中举足轻重。制造业是县域经济发展的核心，是推动县域经济"成高原"的关键力量，也是河南制造业高质量发展的重要基石。河南省委、省政府高度重视县域制造业的发展，把县域制造业发展作为统筹城乡协调发展的重要载体，加快现代化产业体系构建，推动河南县域制造业高质量发展，谱写出中国式现代化建设河南实践的县域新篇章。

---

* 孙秋雨，河南省社会科学院数字经济与工业经济研究所研究实习员，研究方向为产业经济。

一 河南县域制造业高质量发展的整体成效

在实现河南制造业高质量发展的过程中，夯实县域制造业这个发展基石，已经成为河南各县域要走的发展之路。河南在新发展格局中找准定位，把县域高质量发展上升到省级战略层面，提升县域发展竞争力，带动县域制造业高质量发展。河南县域制造业的发展整体稳中向好，产业转型升级取得明显成效，形成了一批极具地方特色的县域产业集群，为全国县域高质量发展提供河南经验。

（一）构建现代化产业体系，县域发展整体稳中向好

河南各县域注重地方产业的发展，结合地方优势搭建产业平台，培育发展产业项目主体，延伸产业链、提升价值链、打造供应链，积极培育壮大地方优势产业集群，加快现代化产业体系构建，提升县域制造业高质量发展的核心竞争力。宜阳县围绕"航空装备、高端轴承、休闲食品、新材料、文旅文创"等主导产业，全力打造"3+1+1"产业体系，加快推动高质量发展。叶县把产业作为强县的基础，找准产业发展方向，围绕尼龙新材料产业，构建产业链完整且集聚效应明显的尼龙新材料产业集群，提升产业集群竞争力，培育本地特色产业体系。临颍县依托"一体两翼、三区联动"构建了以食品加工主导产业、精密制造产业、板材家居产业、绿色装配式建筑产业等为主的"1+3"产业体系。平舆县围绕皮革加工、建筑防水、休闲家具等主导产业发展县域工业经济，形成极具特色的多元化现代产业体系，提高县域产业竞争力，推动县域高质量发展。河南县域发展不断推进多链协同，推动产业价值链向中高端发展，实现河南县域产业基础高级化，加快提升河南县域产业链的现代化水平，推动县域高质量发展稳中向好。

（二）聚焦打造百强县市，县域综合竞争力稳步提升

百强县市是县域经济发展的标杆，在县域高质量发展的竞争态势下，

河南聚焦县域发力打造百强县市，实现河南县域高质量发展。河南县域发展较快，百强县市排名总体靠前。《2022年中国中小城市高质量发展指数研究成果》显示，河南有7个县市入围百强县市，总量排名靠前，且与2021年相比，各县市排名稳步提升。依据全国各县域发展的经济实力、增长潜力、富裕程度以及绿色水平4个指标，综合评价全国1800多个县域的赛迪百强县市排名显示，2022年河南有6个县市入围，比2021年减少1个，但是总量排在第6位，总体来说，河南百强县市的数量排名比较靠前，县域经济竞争力稳步提升。依据综合指标、创新发展、协调发展、绿色发展、开放发展、共享发展和安全发展7个维度以及36项具体指标构建的县域高质量发展评价体系，综合评价全国各县域高质量发展水平。《中国县域高质量发展报告2023》显示，河南3个县市上榜，分别为新郑市（第54位）、永城市（第58位）、巩义市（第65位），虽然数量比上一年下降，但是总量排名第7，依然靠前。在2022年发布的《中国工业百强县（市）、百强区发展报告》中，河南有5个县市入围，虽然数量比2021年减少2个，但是巩义市和长葛市排名上升，且总量排名靠前，河南县域工业竞争力不断增强。2022年全国制造业百强县市榜单显示，百强县市规模以上制造业总产值达15.24亿元，占全国比重达到13.52%；百强县市规模以上制造业产值总体增速超过20%，高于全国的18.8%，制造功能凸显。从省份分布来看，江苏省有21个县市入围全国制造业百强县市，居全国第1位；浙江省17个，排在第2位；山东省14个，排在第3位；河南省10个，排在第4位。由此可见，河南县域制造业发展水平排在全国前列，县域制造业逐步实现高质量发展。河南百强县市的数量、质量及综合竞争力稳步提升，县域经济高质量发展的成色越来越足，有力推动河南从县域发展大省向县域发展强省跨越。

（三）推进县域数字化转型，县域制造业发展提质升级

河南县域制造业以数字化转型发展为着力点，强链补链延链，激发龙头企业引领数字化转型活力，持续推动县域制造业高质量发展。各县域加速数

字转型升级，积极推进新旧发展动能转换，立足自身资源和优势，因地制宜发展县域特色产业。河南县域制造业转型发展聚焦自身传统产业和特色主导产业，重点突破关键创新技术，进一步完善形成科技成果转化和技术交易系统，提升河南县域企业的技术创新能力以及数字化应用水平。内乡县以数字经济为抓手，在原有的生猪产业链生态体系优势上，结合云行信联网技术服务和内乡农商行的"特专精"定位，推进实施生猪产业链数字化金融服务项目，利用大数据和物联网新技术，结合产业发展情况，打造产业链智能数字平台，引领带动发展一大批数字化场景应用领先企业。巩义市持续推动传统产业优化升级，发展优势主导产业，加快改造工业企业技术，进一步推进智能化绿色化改造，调整优化县域产业结构，加快新旧动能转换，推动县域制造业发展提质升级。中牟县依托汽车产业集聚区，拓展汽车相关产业链条，进一步发展智能网联和新能源汽车，吸引相关汽车制造业企业加入，实现以汽车制造为主体的先进制造业转型升级。河南各县域不断探索"互联网+产业"发展新模式，适应数字经济变革发展的未来需要，带动传统产业转型升级。

（四）强化链式集聚发展，特色产业集群发展成效显著

链式集聚发展突出河南县域发展特色，特色产业集群是提升县域竞争力的关键抓手，强化链式集聚发展，以特色产业集群发展推动河南县域高质量发展。河南各县域以产业集聚区为载体，抢抓产业发展机遇，持续推进县域产业集聚区承接产业转移，特色产业集群发展取得了显著成效，通过集聚资源降低成本，提高县域产业高质量发展的竞争力。民权县强化制冷装备产业发展，强化链式整合创新发展，形成自身特色产业链发展模式，打造制冷装备产业集群，持续推进民权制冷产业提质增效高质量发展。淮滨县围绕纺织服装全产业链招商引资，吸引龙头企业进驻，构建纺织服装科技产业集群，在全国抢先发展纺织服装科技高端市场。平舆县围绕建筑防水主导产业，打造跨产业链升级的全产业链模式，形成极具地方特色的防水产业集群。鹿邑县围绕产业集聚区发展特色产业，打造百亿级化妆刷特色产业集群，围绕火

锅食材全链条打造百亿级食品加工产业集群，围绕主导产业，延伸产业链发展特色产业集群，推动县域高质量发展。睢县以市场为导向抢抓发展机遇，强化企业科技创新主体地位，围绕传统产业、制鞋产业、电子信息产业和新兴产业发展，培育形成4个极具特色的百亿级产业集群，提升睢县制造业发展竞争力。链式集聚发展已成为河南县域产业升级的新导向，河南不断优化县域产业布局，构建特色产业集群，在产业分工格局系统性调整中找准县域位置，推进县域高质量发展。

（五）探索县域发展实践，典型县域引领高质量发展

河南各县域不断探索实践，制造业转型发展成效明显，典型县域持续涌现，为河南县域制造业高质量发展提供了强有力的支撑。巩义市以制造业高质量发展综合评价试点县市为发展契机，围绕高精铝、新材料和装备制造等主导产业，强化科技创新引领，大力推进传统产业、战略性新兴产业以及未来产业快速发展，连续多年上榜全国工业百强县市、科技百强县市和综合实力百强县市。长葛市深入实施创新驱动战略，围绕主导产业强链和传统产业升级，推进创新链与产业链的融合发展，聚焦产业集群培育，形成了现代装备制造和再生金属及制品2个主导产业集群，以及现代食品、卫浴洁具和包装印刷3个传统优势产业集群，还有电子信息和生物医药2个战略性新兴产业集群，紧抓超硬材料产业发展的窗口期，开创超硬材料产业发展新局面，加速推进长葛高质量发展，综合实力排名始终保持在河南省前列，连续8年入围全国工业百强县市，已获11个"全国百强"荣誉。叶县围绕尼龙新材料开发区和先进制造业开发区，培育发展尼龙新材料、制盐、聚碳材料和装备制造等产业，加快盐穴储气和天力锂电循环科技等"六新"产业项目的建设，打造千亿级中国尼龙城，成为全省制造业高质量发展综合评价试点县市。2022年，叶县的尼龙新材料开发区和先进制造业开发区入选省级新型工业化产业示范基地，尼龙新型功能材料产业集群入选国家级中小企业特色产业集群，叶县荣登全国制造业百强县市榜单。

二　河南县域制造业高质量发展存在的问题

经过多年发展，河南县域制造业发展已经取得明显成效，县域制造业逐渐迈向中高端，但面对新发展形势和新要求，河南县域制造业面临更加复杂严峻的挑战，县域发展相对失衡、产业综合竞争力不强、高端要素供给不足、创新发展能力较弱、发展环境有待优化等问题进一步凸显。

（一）县域发展相对失衡

由于各县域地理区位、资源禀赋和发展程度等存在差异，河南县际发展不平衡，对县域制造业发展产生了一定阻碍。一是县域制造业发展与全省制造业发展不匹配。近十年，河南工业增加值一直居全国前列，但是县域制造业的发展与河南在全国的地位不匹配。2022 年，河南有 5 个县市入围全国工业百强县市，入围数量和河南工业发展地位不匹配，有 10 个县市入围全国制造业百强县市，与江苏省的 21 个县市相比，还存在一定差距。二是县际发展不平衡。河南各县市之间存在地域异质性和发展的非均衡性，《河南统计年鉴（2021）》相关县域数据显示，河南省 102 个县市的第二产业产值平均值为 147.4 亿元，其中，高于平均产值的县市有 31 个，低于平均产值的县市有 71 个，河南县域之间发展严重不平衡。三是县域内产业融合不充分。河南县域内的产业融合普遍存在不平衡性，且主导产业不突出，县域产业之间的协作配套能力较弱，普遍处于产业链的中低端。这些因素进一步制约了河南县域制造业高质量发展。

（二）产业综合竞争力不强

面对新发展形势，河南县域发展的结构性矛盾逐渐显现，县域产业发展的综合竞争力较弱，制约高质量发展。一是县域产业层次偏低。从工业的内部结构来看，河南大多数县域的产业层次偏低，大多数县域食品加工和轻纺等劳动密集型产业占比较大、层次不高，新兴产业培育不足,河南县域战略性新兴产业发展还未成型,且规模以上企业数量较少,龙头企业相对不足且带动能力较弱。二是产业链不完整。河南大多数县域产业发展较为缓慢,处于产业链的中低端,产业技术基础能力较弱,一些产品和相关技术标准不健全不完善,造成高端产能不足而低端产能过剩,不利于县域产业发展。三是产业集聚不足。河南县域部分产业园区的定位不明确,大多数产业的同质化现象较为严重,高附加值产业发展较弱,且招商方面重数量、轻产业链延伸,产业集群效应以及产业协同效应较弱,县域产业资源优势未能得到有效利用,县域工业化长期处在较低水平。

(三)高端要素供给不足

在发展过程中,中心城市的辐射效应向县域渗透较为困难,各县域很难利用相关技术、人才和信息等高端要素,县域制造业发展面临高端要素供给不足的问题。一是高端人才短缺。河南县域的科研机构、创新平台和高等院校数量较少,相应的高端人才资源分布不均,高新技术人才供给严重不足,县域制造业转型升级面临的人才制约更为严重。二是县域金融服务严重滞后。县域制造业普遍存在产业层次偏低、利润率不高等问题,相关制造业企业因此存在资金短缺的问题,且融资渠道单一、成本较高,造成县域企业融资难、融资贵,不利于县域制造业中小企业的发展。同时,部分县域财政方面存在负担,一些企业优惠政策很难落实,在一定程度上抑制了相关投资企业的投资积极性。三是县域建设用地供给紧张。河南大多数县域的产业集聚区存在土地闲置问题,出现僵尸企业和部分厂房闲置的现象,导致县域制造业建设用地利用率不高且供给紧张,不利于推动县域制造业高质量发展。

(四)创新发展能力较弱

河南县域科技创新对制造业发展的作用虽然逐渐凸显,但制约县域科技创新的因素仍然存在,科技创新能力不足是主要因素,在一定程度上限制了河南县域制造业高质量发展。一是科技资源较少。河南大多数县市没有高等院校，且缺乏具有较强创新能力的科研院所，与研发创新相关的新型科技平台也比较少，即便存在也是层次不高且等级较低，难以推动县域制造业高质量发展。二是企业产品创新能力较弱。河南部分县域的发展基础和环境较差，大多数企业是规模较小的中小型企业，研发投入较低，产品创新能力不足，限制产业链延伸，很难形成科技含量较高的优势产品，也很难显现产业链整体的竞争优势。三是动能转换有待加速。河南县域 R&D 经费支出和创新研究方面的投入较低，与发达省份县域存在一定的差距，创新动能转换有待加速，创新还未成为县域高质量发展的第一驱动力。

（五）发展环境有待优化

随着制造业的快速发展，河南县域制造业发展依然面临软件环境待改善、硬件环境待优化的问题。一是思想观念较为保守。河南大多数县市对制造业发展的思想认识及创新意识不足，部分企业家对智能制造和"互联网+产业"等认识不够，在一定程度上抑制了企业转型升级，限制了企业的可持续发展。二是营商环境有待优化。部分县域相关政策落实不到位，而且相关企业办理业务事项仍然存在痛难点，缺乏质量较高的公共服务。此外，河南部分县市还存在重视招商引入的企业、忽视本地企业转型发展需求的问题，本地企业发展受到限制，不利于县域整体发展。根据《2021 中国县域营商环境百强研究白皮书》，河南与江苏和浙江等省份对比，县域营商环境有待进一步优化提升。三是体制机制有待完善。部分河南县域特色主导产业发展不强，产业集群效应不显著，县域比较优势未能完全转化为生产力和竞争力，县域错位发展机制有待进一步优化完善。此外，部分县市对产业园区的管理存在问题，相关管理机制不健全，相关配套服务缺失，管理体制有待进一步完善。

三 河南县域制造业高质量发展的对策建议

加快推进县域制造业高质量发展，是新时期河南现代化建设的内在要求，是贯彻落实省委决策部署的具体实践，河南县域制造业发展应立足阶段性和区域性特征，结合县域发展特点，突出优势，梳理聚焦产业定位，找准制造业发展方向，探索提升河南县域制造业竞争力的特色路径。

（一）提升县域协调发展的平衡力

河南县域要提升协调平衡能力，加强区域协调发展，促进县市之间实现资源优势互补和协同发展，提升河南县域制造业发展的影响力和竞争力。一是打造百强县域"河南雁阵"。借鉴湖北以百强县市带动县域发展的"雁行"模式，河南需要进一步聚焦县域发力，推动县域融入城市群协调发展，进而带动周边县域发展，培育打造县域"雁行阵列"新增长点，构建百强县域"河南雁阵"。二是加强区域协同发展。形成以郑州为核心，整合开封、许昌、新乡、焦作等地市的国家中心城市群，构建以洛阳为中心的都市圈，推动同城一体化发展，打破界限，以资源互补推动协同发展。县域制造业发展要"跳出县域"，消除县域发展壁垒，推动县际协调发展，实现资源要素在县域之间的良性互动，提升县域发展竞争力。三是分类推进协调发展。依据全省 102 个县市的区位特点、资源禀赋和产业优势，对县域发展合理定位并分类推进，促进因地制宜错位发展，要以县域不同特点明确发展重点，中心城市周边的县域积极承接产业转移以及功能配套，实现分工协作错位发展；省直管县市发挥区域辐射带动能力，重点打造有产业基础和特色资源的乡镇，形成具有特色功能的产业小镇，加快推动县域高质量协调发展。

（二）培育产业转型发展的内生力

河南县域产业发展需要优化配置产能空间，优化调整产业结构，立足自身发展资源和优势，壮大特色产业，培育产业转型发展的内生动力，提升县域制造业高质量发展的竞争力。一是优化产业结构，加快新旧动能转换。加快推动传统产业优化升级，精准施策、多措并举，推动工业企业进行技术改造、智能化和绿色化改造。着力培育战略性新兴产业，找准科技创新和产业发展的方向，拓展科技成果转化渠道，开展新兴产业布局，推动重点产业领域规模效应快速形成，培育新的增长点。二是梳理聚焦主导产业。河南县域发展应立足自身资源和比较优势，梳理聚焦县域主导产业，招商引资谋划项目发展，引导县域立足自身优势，延伸发展特色产业链，培育打造特色品牌，提升产业附加值，集聚产业链提升产业竞争力，推动县域主导产业发展，促进河南县域高质量发展。三是培育壮大先进产业集群。实施县域产业集群提升行动，梳理聚焦县域主导产业和发展方向，依托优势产业培育打造特色集群品牌，集聚相关产业链价值链供应链发展，促进优势产业集群发展。积极发挥河南各县域开发区以及产业园区的载体作用，加快推进产业集聚发展，形成集群效应，依托差异化发展的优势产业集群，提高县域产业集群的综合竞争力。

（三）强化高端要素供给的支撑力

推动县域高质量发展，需要人才和资金等高端要素的支撑，河南县域要进一步强化要素供给的支撑力，提升县域制造业高质量发展的竞争力。一是释放各类人才活力。坚持人才引进和自主培养相结合，引进国内外高层次科研骨干和技术骨干，打造团队发展优势，推动招商引资与招才引智并举，在创新平台载体的基础上，加大对科技创新人才和管理人才的引进力度，加速集聚高端人才要素。发展壮大回归经济，鼓励引导各类人才返乡创业，激发县域发展人才活力，打造县域人才发展高地。二是激发县域金融活力。鼓励金融机构加大对县域发展的支持力度，解决县域企业发展融资难融资贵的问题，加快整合升级县域投融资平台，促进投融资体制改革，优化金融服务，引导金融机构支持县域高质量发展。鼓励各类金融机构在县域增设分支机构，加大对县域工业化以及重大项目的支持力度，降低投融资门槛，为县域高质量发展注入金融活水。三是保障建设用地活力。加强政策引导和支持，制定和完善相关政策措施，引导和支持合理利用建设用地，通过产业结构调整，推动产业向高附加值和技术密集型产业转型，减少对建设用地的需求，缓解建设用地紧张问题。

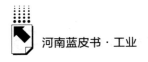

（四）激活科技创新驱动的引领力

河南积极实施创新驱动战略，激活科技创新驱动的引领力，推动县域高质量发展。一是培育产业创新平台载体。各县域立足自身优势产业和龙头企业，构建创新发展平台载体，鼓励县域企业联合其他地区的科研院所创办产学研合作机构，打造创新发展实践基地、中试基地和重点实验室等，整合重组县域科技创新资源，以工业为主阵地，以各类开发区和产业园区为载体，推进县域内外的创新要素集聚，提升科研院所创新源头的供给能力。二是提高企业自主创新能力。鼓励引导龙头企业带动县域中小企业创新发展，打造企业技术研发创新中心或平台，提高产品的竞争力。加大对民营企业的扶持力度，给予企业科技创新研发的财政支持，激励引导县域企业自主创新。三是开展开放式创新。县域发展需要抢抓战略机遇，打造开放平台，积极主动对接产业转移，逐步实现高水平开放，进一步促进更高层次的创新，强化外部创新要素资源的集聚链接，提升河南县域制造业发展的竞争力。鼓励引导各县域龙头企业在先进地区设立科技创新平台，吸引更多本地企业进入，结合先进地区的创新资源集聚发展优势，促进县域产业转型升级。此外，各县域要进一步完善配套服务，吸引国家级、省级创新平台及各科研中心机构在本地设立分支机构，构建县域内外创新资源要素的联结纽带，以开放促进河南县域高水平创新发展。

（五）增强发展环境优化的保障力

河南县域制造业高质量发展要持续增强发展环境优化的保障力，吸引高层次产业和生产要素集聚，提升县域产业发展竞争力，加快推动河南县域制造业高质量发展。一是提升县域基础能力。以"百城建设"提质工程为抓手，突破县域发展瓶颈，重点在县域基础设施以及公共服务等方面谋划发展项目，提升县域公共服务的支撑能力，结合数字经济进行改造升级，完善县域基础设施，吸引企业集聚发展。二是加快转变思想观念。河南各县域要全面贯彻新发展理念，转变思想，谋划县域高质量发展，培育优秀县域制造业企业家，发展壮大新生代企业家群体，带动县域产业升级和制造业高质量发展。三是优化县域营商环境。河南各县域坚持深化"放管服"改革，依托"互联网+"服务，积极开展县域营商环境评价，持续完善相关配套措施，结合数字化转型，推进公共服务体系智能化发展，提升县域高质量发展新活力。四是完善体制机制。完善协同推进机制，优化考核评价机制，创新园区管理机制，立足省级开发区完善产业集聚区管理体制，加快整合产业园区和去行政化，创新管理模式，激发开发区创新活力，提升县域制造业竞争力，推动河南县域制造业高质量发展。

参考文献

韩树宇：《河南县域制造业高质量发展的思路与对策研究》，《现代工业经济和信息化》2022 年第 8 期。

张凤臣：《新旧动能转换背景下县域经济如何实现高质量发展》，《中国集体经济》2022 年第 30 期。

谷建全等：《新起点上推进县域经济高质量发展的路径选择》，《河南日报》2020 年 5 月 6 日。

赵西三：《培育河南制造业高质量发展新优势》，《河南日报》2021 年 1 月 3 日。

高昕：《新发展阶段 河南县域经济高质量发展的路径》，《河南日报》2022 年 4 月 11 日。

《河南县域经济"换挡提质"——全省县域经济高质量发展工作会议扫描》，"河南日报客户端"百家号，2020 年 4 月 30 日，https：//baijiahao. baidu. com/s？id＝1665356860596333300&wfr＝spider&for＝pc。

B.18
河南制造业绿色转型发展对策研究

尚思宁[*]

摘　要：　绿色转型是制造业高质量发展的重要动力。面对"双碳"目标以及"新型工业化"目标，为实现区域经济竞争力和环境效益的双赢，"十四五"期间河南制造业亟需在绿色发展道路上取得积极进展。本文梳理探讨了当前河南制造业绿色转型发展的成绩与难点，围绕政策激励、环境监管、绿色发展资金、技术创新应用、人才梯队建设、绿色开放合作等方面，探索适合河南本土制造业的绿色赋能路径，助力河南绿色制造跃升新台阶。

关键词：　制造业　绿色转型　河南省

　　"绿水青山就是金山银山"，环境是人类、经济和社会发展的基本载体。2020年我国正式提出"2030年前实现碳达峰、2060年前实现碳中和"的远景目标，彰显了坚定走绿色发展道路的决心。"十四五"规划更加强调推动经济社会全面绿色转型，建设"美丽中国"。在新发展理念指导下，我国正经历产业结构、增长动力的蝶变。作为国民实体经济的支柱、工业体系的核心，制造业绿色转型，实现低碳循环生产是打破"经济增长"与"环境污染"两难困局的重要抓手，更是实现高质量发展的重要保障和必然选择。习近平总书记强调，要"推动制造业高端化、智能化、绿色化发展"，[①] 为加快绿色低碳发展和推进制造强国建设明确了目

---

　　*　尚思宁，河南省社会科学院数字经济与工业经济研究所研究实习员，研究方向为产业经济。
　　①　《始终干在实处走在前列勇立潮头 奋力谱写中国式现代化浙江新篇章》，《人民日报》2023年9月26日，第1版。

标与方向。当前绿色低碳发展已成为国际社会的广泛共识。在全球产业链加速重构的背景下，美国、欧盟等发达经济体竞相提出增强制造业绿色竞争力的主张，未来绿色化无疑将成为新一轮国际制造业竞争的承载核心。

工业制造在推动河南经济发展的进程中一直扮演着关键角色。河南虽然在"高污高耗低效"的粗放黑色增长模式下取得了跨越式进步，成功迈入工业大省行列，但工业消耗和污染造成的诸多环境问题，如水质恶化、雾霾、噪声等，对社会生产、民众生活造成的危害不容忽视。2020 年，河南碳排放总量约 4.88 亿吨，工业碳排放约占总量的六成以上，其中钢铁、有色、建材、石化化工等重点行业碳排放约占工业碳排放的五成以上，制造业的绿色低碳发展情况，直接影响全省经济社会全面绿色高质量发展目标的实现。近年来，河南省致力于打造"绿色制造强省"，以传统产业绿色化改造为重点，以促进产业链和产品全生命周期绿色发展为目的，构建高效、清洁、低碳、循环的绿色制造体系，为全面建设社会主义现代化河南打下坚实基础。

一　河南制造业绿色发展概况

（一）顶层设计提供"绿色"支撑

《黄河流域生态保护和高质量发展规划纲要》等赋予河南重要战略地位。河南省成立碳达峰碳中和工作领导小组统筹推进相关工作，并印发实施《河南省"十四五"制造业高质量发展规划》、《河南省建设制造强省三年行动计划（2023—2025 年）》、《河南省制造业绿色低碳高质量发展三年行动计划（2023—2025 年）》、《关于加快建立健全绿色低碳循环发展经济体系的实施意见》、《河南省碳达峰实施方案》及重点领域专项行动方案，围绕发展绿色能源、壮大绿色产业、创新绿色技术等提出细化措施，为深入实施"绿色低碳转型"发展战略提供制度保障。

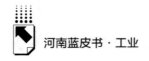

（二）制造业绿色转型成效初显

1. 逐步构建绿色生产制造体系

河南积极实施"绿色发展领跑计划"，着力打造绿色工厂、绿色供应链管理企业，构建绿色制造体系。先后组织实施绿色低碳领域重大科技专项、重大公益专项、创新示范专项等省级重大项目 31 项，累计投入财政资金 1.4 亿元。大力支持河南省绿色制造联盟、河南省能效技术协会等组织，在绿色设计、绿色回收、应用绿色能源等领域发挥效能。

2023 年度河南省绿色制造名单涵盖了蚂蚁新材料、均美铝业等 109 家省级绿色工厂，叶县先进制造业开发区、民权县高新技术产业开发区等 9 个绿色工业园区，黎明重工、万洋绿色能源、四方达等 22 家绿色供应链管理企业，以及真石漆、三安复合肥、纸面石膏板等 25 个绿色设计产品。当前，河南已经培育国家级绿色工厂 138 家、国家级绿色设计产品 62 个、国家级绿色工业园区 12 个、国家级绿色供应链管理企业 14 家，并拥有中材环保等一批骨干企业，以及三门峡戴卡轮毂绿色化智能化生产线、洛阳上市公司建龙微纳的绿色工艺生产线等经典绿色生产先进案例。

2. 工业制造结构优化升级

河南省坚持在三次产业结构调整中调整二产比重，积极引导企业向绿色产业链延伸和高端制造升级，着力构筑"以传统产业为基础、新兴产业为支柱、未来产业为先导"的先进制造业体系。

高技术制造业引领作用更加凸显。2013~2021 年河南高技术制造业增加值年均增长 17%，高于规模以上工业 9.3 个百分点。2022 年，河南高技术制造业同比增长 12.3%，占规模以上工业的 12.9%；工业战略性新兴产业同比增长 8.0%，占规模以上工业的 25.9%，其中，装备制造业和电子信息产业已经成为支撑全省工业经济发展的主要力量。五大主导产业（装备、食品、新材料、电子信息、汽车及零部件）占比从 2016 年的 44.4% 提高到 2021 年的 46.1%。包含有色金属冶炼加工、化学制品、非金属矿物制品的六大高耗能行业增速放缓，2022 年仅增长 4.3%。

3. 新旧能源转换取得阶段性突破

积极推进绿色低碳能源发展。2022 年，河南省火电装机容量 7272.23 万千瓦，同比下降 0.4%；水电装机容量 438.65 万千瓦，同比增长 7.7%；新增风电装机 1398 万千瓦，新增光伏发电装机 1125 万千瓦，风能、太阳能、生物质等清洁能源发电量同比分别增长 16.2%、51.7%、42.8%；可再生能源发电装机达到 3900 万千瓦，装机占比达到 35%，新增可再生能源供暖能力 2400 万平方米，非化石能源消费占比达到 12.7% 左右。2022 年，河南完成 627 万千瓦煤电机组节能改造，完成"电代煤""气代煤"改造 548 万户。新乡氢能产业园初具雏形，未来将着力打造"一轴带、五节点、三基地"的郑汴洛濮氢走廊以及郑汴洛濮氢能示范应用轴带。

4. 节能减排及环境治理情况良好

节能降耗成效显著。河南工业用水总量从 2013 年的 59.4 亿立方米下降至 2021 年的 28.0 亿立方米。2013～2021 年，河南规模以上工业企业综合能源消费量总体下降，2021 年为 13111.47 万吨标准煤，同时工业增加值抬升至 22757.55 亿元（见图 1）。2021 年，河南规模以上工业单位增加值能耗下降了 7.27%；2022 年，全省单位 GDP 能耗累计降低 25%，建成工业固废综合利用基地 4 个，新增工业固废综合利用企业 18 家、工业固废综合利用项

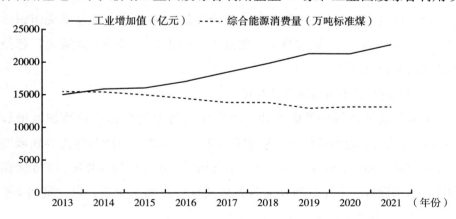

图 1 2013～2021 年河南省规模以上工业企业工业增加值和综合能源消费量

资料来源：河南省历年统计年鉴。

目 18 个，2 家企业的 36 个规格型号再制造产品列入国家产品再制造目录。

坚决遏制"两高"项目盲目发展。河南省工业废水排放量从 2013 年的 13.08 亿吨下降至 2021 年的 4.39 亿吨；二氧化硫排放量从 2013 年的 125.4 万吨下降至 2021 年的 6 万吨；氮氧化物排放量从 2013 年的 156.56 万吨下降至 2021 年的 49.81 万吨；颗粒物排放量从 2016 年的 38.06 万吨下降至 2021 年的 7.27 万吨，其他种类污染排放情况也有所改善。[①] 2020~2021 年河南省各类污染物排放情况见表 1。

表 1　2020~2021 年河南省各类污染物排放情况

年份	石油类排放量（吨）	总铬排放量（千克）	总砷排放量（千克）	二氧化硫排放量（万吨）	氮氧化物排放量（万吨）	颗粒物排放量（万吨）
2020	46.5	998	110	6.68	54.55	8.58
2021	34.3	757	83	6.00	49.81	7.27

资料来源：国家统计局和 2021 年、2022 年《中国城市统计年鉴》。

2013~2021 年，河南省工业污染治理累计完成投资 346.3 亿元，治理废水项目累计完成投资 25.15 亿元，治理废气项目累计完成投资 252.1 亿元，治理其他项目累计完成投资 64.89 亿元。2022 年，河南累计完成非电行业提标改造项目 157 个、工业锅炉综合整治项目 1434 个、工业企业无组织排放治理项目 17417 个，取缔整治"散乱污"企业 12 万余家，燃煤电厂超低排放改造全面完成。[②]

5. 绿色环保产业及项目蓬勃发展

河南加快发展绿色低碳产业，2022 年全省节能环保产业增加值增长 9.4%，尤其是节能环保装备、新能源汽车、新能源、氢能与储能等领域发展成效明显。如节能环保装备方面，节能锅炉、水污染治理装备、工业废弃物综合利用设备、大气监测仪器等领域涌现一批知名企业，以"装备+平

---

① 资料来源：国家统计局和历年《中国城市统计年鉴》。
② 资料来源：根据河南省生态环境厅和省工信厅相关资料整理。

台+服务"模式推动产业绿色发展;新能源汽车方面,宇通新能源商用车基地、比亚迪郑州基地、上汽新能源二期等项目开建,明阳智能、宁德时代等知名企业落地。2022年河南新能源汽车产量同比增长31.8%。

二 河南制造业绿色转型发展面临的挑战

近年来,河南工业绿色发展取得了阶段性成就,绿色产业不断壮大、节能降碳成效明显、绿色制造体系初步构建,但总体还未完全突破"高投入、高消耗、高排放、低效益"的传统生产范式,仍有多种因素掣肘制造业绿色转型发展。

(一)工业制造绿色基底较薄

1.能源结构尚需优化

"以煤为主"能源结构短期内难以破局。2012~2021年,河南煤炭消费总量累计下降约18%,新能源占比提升至11%,但煤炭占能源消费总量的比重依旧高企,约为63.3%。传统能源路径依赖和不断推进的工业化使得河南生产制造领域实现"双碳"目标形势格外严峻。

2.产业结构底盘偏重

结构调整任务重。河南拥有41个工业行业大类中的40个、207个中类中的197个以及583个行业小类。尽管近年来大力优化产业结构,全省战略性新兴产业、高技术产业也发展较快,但作为传统工业制造大省,发展不平衡不充分问题仍旧凸显,"大而不强、大而不优、大而不新"的态势尚未显著改变。发展方式偏粗放,质量效益不优。钢铁、化工、水泥等传统工业制成品产能过剩、低端产品过多问题不容忽视,河南规模以上工业企业营业收入和利润总额从2016年的全国第四位不断下降,这对制造业的绿色发展造成负面影响。

3.工业制造现代化、集群化水平较低

河南省工业制造呈现"倒U形"走势,面临"未强先降"的局面。在

赛迪研究院发布的《地方制造业高质量发展白皮书》中，河南制造业没有进入全国前十，与工业规模排名全国第六的地位极不相符。《中国高端制造业上市公司白皮书2022》显示，全国高端制造业上市公司数量达到2121家，在12个省份中河南高端制造业上市公司数量仅高于江西、山西。在2022年工信部公布的45个国家先进制造业产业集群中，河南无集群入选。

河南制造业呈现"小集中，大分散"的分布状态，多数企业"聚而不群"。2020年，河南全省规上工业的大约七成由不同市县的171个产业集聚区承载，难以形成完整的产业链闭环，不利于构建企业循环式生产、产业循环式组合的低碳循环发展模式。河南制造业绿色供应链体系不完善，能效利用和生产效率仍需进步。

（二）绿色技术创新不力

《河南社会治理发展报告（2022）》指出，河南省绿色发展质量评价等级为"一般"，大多数地市绿色规划是短板，绿色技术投入产出滞后。

1. 科研创新能力不足

创新投入不足、创新平台不多、高端要素匮乏、设计创新驱动不足等现实情况表明，河南科创实力不强的基本面没有得到根本性改变，这是制约河南省绿色技术质量提升的核心因素。河南至今未取得国家实验室零的突破，"双一流"高校只有2家，中国科学院在全国共有114家直属机构，河南仍是空白；高新技术企业数量虽然突破了"万字大关"，但在全国占比不到3%；与企业合作的高校以及科研院所在绿色关键技术突破方面进展缓慢。

2. 头部企业绿色竞争力较弱

知名制造企业行业引领度较低，在绿色标准制定方面参与不足。在绿色转型过程中，数量众多的中小型制造业企业受制于创新意识、资金和能力的不足，对绿色核心技术的研发、环保装备的应用、绿色发展政策的解读、创新管理措施的落地等缺乏应有的关注，也导致现有的绿色技术，如碳捕集与封存、数字减碳等，在化工、材料等制造领域应用普及度较低。

（三）绿色转型成本较高

先进的绿色技术设备等在先期投入及后续保养方面投入巨大，多数企业面对高转型成本很难平衡投入与收益，因此绿色化发展动力不足。当前，河南工业生产制造所涉及的原材料成本、设备成本、物流运输成本、人力资源成本等都在逐步增长。过去河南制造业大多建立在"人口红利"上，面临新时期人口老龄化加速演进、青壮年劳动力外流严重的境况，企业生产成本压力提升。同时，绿色金融供给不足，对接精准度较低。绿色金融资金投放量难以满足工业低碳转型需求。绿色信贷内部服务存在结构性不平衡，河南现有绿色信贷业务服务对象主要是大型企业，中小企业难被兼顾。

（四）绿色人才支撑较弱

绿色人才是绿色经济发展与企业组织绿色转型的关键。《2022 年全球绿色技能报告》指出，环境修复、循环回收、职业安全与健康顾问、气候和太阳能技术等绿色技能的职位招聘规模以每年 8% 的速度增长，而同期绿色人才整体规模不足，年均增长约 6%，难以填补绿色经济对人才的供需缺口。

河南基础研究和应用研究人才比例较低，尤其缺少绿色发展领域的高精尖技术人才，以及管理、营销等跨界复合型人才。河南省绿色职业起步较晚，省内各大高校几乎没有对口专业课程设置，教育链与绿色产业链之间没有有效衔接，与市场和绿色发展的需求脱节。河南省人才交流中心调研数据显示，多数毕业生前往北上广深等一线城市以及苏浙等地区就业的意向更强。人才流失问题的叠加，导致难以有效为河南制造业绿色转型发展提供强有力的人才支撑和智力保障。

三 河南制造业绿色转型发展的对策建议

制造业绿色转型是一项复杂的系统性工程，需多措并举打好河南绿色低碳发展"组合拳"。

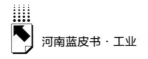

（一）完善环境监管体系，落实绿色制造政策

建立环境监测与管理体系，提升环境管理和监督能力。健全环境监测网络和数据共享平台，加强对工业制造企业污染物排放和废水处理等环境指标的监督检测和管理。建立绿色技术和产品认证机制，建立绿色供应链管理体系，实现资源的有效循环利用。加快化解能耗、环保、安全、技术不达标的过剩低效产能。

绿色低碳制造标准。依托国家技术标准创新基地（郑洛新）平台，聚焦绿色制造领域瓶颈问题，开展基础共性标准、关键技术标准和行业应用标准研究。加大对违规企业的处罚力度，确保绿色生产和环境执法的严肃公正。

打造绿色制造公共服务平台，引培绿色制造服务供应商，加强绿色园区建设。从基础设施、能源供应、用地保障、税收优惠、补贴措施、标准制定等方面制定优惠政策，推动企业绿色升级。同时，鼓励各地市结合自身实际和资源禀赋，出台具有本地特色、灵活高效的配套措施。

（二）加大发展资金投入，攻克绿色技术设备难关

谋划设立绿色项目专项资金，充分发挥政府资金的杠杆作用，通过税收、补贴、奖金等增加对绿色制造的整体投入。重点推进河南钢铁、有色、化工、建材等传统产业链绿色化升级改造。鼓励金融市场机构、政策性银行发展绿色金融业务，创新融资工具，如"新能源贷""绿色贷"等。银企联合，探索"PPP"模式。继续推进"绿色发展领跑计划"，引导风投基金和社会资本流向制造领域绿色升级项目，拓宽企业融资渠道。

科技创新促进企业"减排增绿"。着力开发和引入绿色低碳技术，提高环保设备的研发能力。发挥嵩山实验室、信大先进技术研究院，以及各技术创新中心、重点实验室、中试基地、工程技术研究中心等科研创新平台作用，对能源回收利用、工业固体废弃物协同利用、智能控制系统、负排放科技、碳捕集和碳汇等绿色低碳先进技术进行协同攻关和应用推广，打造绿色低碳技术高地，争取设立国家绿色技术交易中心。

（三）提质发展节能环保产业，打造绿色人才队伍

一是布局新能源产业，如氢能、光电等领域。同时，推动冶金、化工、建材、焦化等行业实现全链条能源调整，减少对"煤"的强依赖性。二是壮大绿色新兴产业，如节能环保装备、新能源汽车、新材料等。三是加强数字产业发展。数智化发展是绿色制造的"加速器"。深化新一代数字信息技术与制造业融合，打造"工业互联网+绿色制造"示范点。采用数字化碳管理手段，打通制造环节和各企业间的信息壁垒，加快"数字""节能"产业耦合发展。

同时，紧密围绕省情实际，加大绿色低碳领域高层次人才引进和培育力度。支持"产学研用金"合作，建立绿色技术实训基地，培养一批专业技术和应用型人才。设立河南绿色低碳发展战略咨询委员会、专家库，围绕节能节水、减污降碳、资源循环、综合能源管理等关键领域，深入开展工业节能诊断服务和节能服务进企业活动。

（四）拓宽绿色制造交流合作空间，加强低碳环保宣传

企业是绿色发展的主体，也是直接受益者。建立产业协同与合作机制，鼓励支持龙头企业牵头组建体系化、任务型绿色制造创新联合体，开展合作与协同创新，共享资源、技术和管理经验，整合产业链上下游环节，协同推动河南绿色制造的进步。同时，加强对外交流合作，引导企业主动对接先进地区，建立绿色低碳技术互助交易市场平台。

加强社会环保教育和宣传，提倡绿色消费。鼓励消费者购买环保产品，引导市场需求向绿色产品转变，为企业绿色制造提供市场支撑，并加强河南绿色制造领域典型经验的总结、推广与应用。

参考文献

王中亚：《高质量发展下河南制造业绿色转型的问题与对策》，《河南牧业经济学院

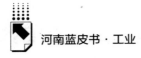

学报》2020年第3期。

毛强等：《中部六省视域下河南省装备制造企业绿色竞争力评价及提升对策》，《河南工学院学报》2022年第5期。

朱艳平：《河南加快制造业绿色转型路径》，《中国外资》2023年第2期。

杨倩：《高质量发展下河南制造业绿色转型的问题与对策》，《中小企业管理与科技》（上旬刊）2021年第6期。

《河南省"十四五"制造业高质量发展规划》（豫政〔2021〕49号），2021年12月31日。

《河南省制造业绿色低碳高质量发展三年行动计划（2023—2025年）》（豫政办〔2023〕6号），2023年1月31日。

《河南：绿色制造标准引领行动》，新浪财经，2023年5月23日，https：//finance. sina. com. cn/money/future/indu/2023-05-23/doc-imyuuaxe3977265. shtml。

区域篇

B.19

郑州市工业经济发展态势研究

吴忠阳　陈金芬　马继培　马丹锋　江玲玲*

摘　要： 　2023 年是实施"十四五"规划承上启下的关键之年，也是郑州加快建设国家先进制造业高地的攻坚之年。2023 年以来，郑州市深入贯彻落实习近平总书记关于河南、郑州重要讲话和批示指示精神，以"当好国家队、提升国际化、引领现代化河南建设"为总目标，强化"三标"引领，聚焦制造业高质量发展主攻方向，大力实施"换道领跑"战略，深入推进"链长制"工作，全力提升产业基础高级化、产业链现代化水平，国家先进制造业高地建设迈出坚实步伐。

关键词： 　工业经济　企业服务　高质量发展

---

* 吴忠阳，郑州市工业和信息化局党组成员、一级调研员；陈金芬，郑州市工业和信息化局一级调研员；马继培，郑州市工业和信息化局法规处处长；马丹锋，郑州市工业和信息化局法规处副处长；江玲玲，郑州市工业和信息化局法规处副处长。

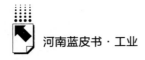

2023年以来，郑州市坚持以习近平新时代中国特色社会主义思想为指导，深入学习贯彻习近平总书记关于河南、郑州重要讲话和批示指示精神，认真落实省委工作会议、市委工作会议有关部署，聚焦制造业高质量发展主攻方向，大力实施"换道领跑"战略，加快构建以先进制造业为骨干的现代化产业体系，全面落实"链长制"工作，推进"五链"深度耦合、"六新"加速突破，深入开展"万人助万企"活动，持续优化产业发展环境，奋力打造国家先进制造业高地。

一 工业经济运行情况

（一）工业经济稳中向好

2023年1~8月，全市规模以上工业增加值同比增长8.7%，分别高于全国、全省4.8个、5.1个百分点，增速在9个国家中心城市和全省均居第1位。全市工业投资同比增长30%，分别高于全国、全省21.2个、23个百分点，增速居全省第1位。

（二）产业结构持续优化

2023年1~8月，全市六大主导产业规上工业增加值同比增长10.7%，占规上工业增加值的比重达到83.3%；全市工业战略性新兴产业增加值同比增长12.9%，占规上工业增加值比重达到49.3%；高耗能产业同比增长4.7%，占规上工业比重下降到26.9%。

（三）创新水平显著提升

2023年1~8月，全市高技术制造业增加值同比增长12%，占规上工业增加值的比重达到34.8%；新培育省级产业研究院5家、质量标杆企业8家、制造业"单项冠军"企业32家、国家级专精特新"小巨人"企业11家，规上工业企业研发活动覆盖率超过65%。

（四）智改数转加速推进

2023 年 1~8 月，全市电子信息产业规上工业增加值同比增长 13.3%，软件和信息技术服务业主营业务收入同比增长 24.3%，新培育省级智能工厂（车间）28 家，新增国家级工业互联网"双跨"平台 2 个，新建 5G 基站 1.7 万个，新增"上云"企业 5000 家，成功入围首批国家中小企业数字化转型城市试点。

二　开展的主要工作

（一）强化调度服务，工业经济实现平稳较快增长

一是创新工作方法。坚持全市工业经济运行分析会、工信局长双周例会和县处级分包联系 16 个县（市、区）制度，共开展调研 100 余次，协调解决工业经济发展中的突出问题。二是强化运行监测。聚焦全市 66 家龙头企业和开发区、县（市、区）30（20）强企业，对主要预期指标逐月细化分解，着力稳住重点区域、重点产业、重点企业增速。建立全市产值 66 强和各县（市、区）30（20）强重点企业用电量"旬监测、旬调度"机制，对每旬用电量同比、环比均下降的企业，逐一走访调研，"一企一策"帮助企业解决问题。三是提升企业服务水平。深入推进"万人助万企"活动，实施产业链培育、企业创新能力提升等七大行动，共收集问题 13891 个，已解决 13879 个，解决率 99%。持续开展"四项对接"活动，举办产销、产融、用工、产学研活动 193 场，加大清理拖欠账款力度，化解拖欠中小企业账款举报问题 26 个，涉及金额 1.24 亿元，化解率 56.52%。

（二）狠抓招商引资，项目建设成果丰硕

一是强力推进招商引资。2023 年以来，全市工信系统落实"开局即决战、起跑即冲刺"的工作要求，高标准开展"郑州·全球招商季"行动，深入开展"四个专班"专项招商，全市新签约亿元以上工业项目 175 个，

总签约额 2063.4 亿元，完成年度目标的 93.8%，新能源动力电池产业集群生态圈、北京数渡科技、星驾科技氢能全产业链基地、上汽新能源电池、海尔集团压缩机生产线等一批重大项目成功签约。二是成功举办两大活动。圆满完成"2023 中国产业转移发展对接活动（河南）"郑州各项工作任务，签约了包括投资额 50 亿元的中原智慧建造产业园、投资额 50 亿元的人工心脏医研中心等在内的 77 个高质量产业项目，总签约额达 795 亿元，位居全省第 1。成功举办"2023 中国（郑州）国际智能网联汽车大赛"，郑州与 10 多家国内知名整车厂、零部件供应商和检测认证服务机构签订战略合作协议，为智能网联汽车产业发展注入新活力。三是全面推进项目建设。以"三个一批"活动为抓手，制定实施《郑州市 2023 年工业投资推进方案》《关于进一步强化部门联动优化投资结构的通知》，明确工业投资和项目建设目标任务，建立重点项目推进台账，强化部门联动，实时协调解决项目建设中存在的问题。2023 年 1~8 月，全市统筹推进的 900 个工业和信息化项目中，比亚迪新材料、三全食品航空港区产业园、海尔集团压缩机生产线等 237 个项目开工建设，比亚迪整车项目、动力电池项目、富联精密 5G 手机机构件项目等 86 个项目竣工投产，1122 个项目纳入省工业和信息化项目系统，数量居全省首位。

（三）实施"换道领跑"战略，产业结构进一步优化

深入贯彻落实《郑州市换道领跑战略实施方案》，强力实施"创新驱动、强基提链、数字赋能、企业培育、项目建设、品质提升、集聚提质、绿色发展"八大专项行动，加快构建"1566"现代产业体系。一是全力推进产业链现代化。制定《郑州市先进制造业产业链链长制工作方案》，围绕省 28 条产业链，结合郑州实际，确定郑州重点发展 13 条产业链，建立"1+6+13"组织架构，分工推进产业链发展工作。各县（市、区）参照市级架构成立了工作专班、建立了工作机制，围绕辖区发展实际，确立了 67 条县级特色产业链，初步形成了条块结合、齐抓共管的工作格局。二是持续开展"亩均论英雄"综合评价。印发《关于 2023 年持续开展工业企业分类综合

评价工作的通知》，启用"亩均论英雄"综合评价大数据平台，组织各县（市、区）严格节点开展评价，目前各县（市、区）已初步完成9000家工业企业分类评价。三是推动淘汰退出落后产能。依据《河南省淘汰落后产能综合标准体系（2023年本）》等文件精神，印发《关于开展落后产能淘汰退出排查的通知》，组织各县（市、区）对照国家、省产业调整目录，对全市水泥、炭素、砖瓦窑、电解铝、铸造、造纸、钢铁等行业产能进行摸排，为下一步制定政策提供依据。认真贯彻落实《2023年蓝天、碧水、净土保卫战实施方案》要求，有序引导炼钢企业、中心城区耐火材料、砖瓦企业和日用玻璃企业退出。

（四）坚持创新引领，创新对发展的支撑作用不断提升

一是大力推进"设计河南"建设。高质量编制《郑州市打造设计之都中长期规划（2023—2035）》、《郑州市建设"设计河南"先行区打造设计之都行动计划（2023—2025）》和《郑州市建设"设计河南"先行区打造设计之都人才引育图谱》，开展"设计河南"暨工业设计专题对接活动，征集6个项目现场签约，签约金额近千万元，占全省比重超60%。二是积极构建创新平台。印发实施《郑州市支持产业研究院建设实施方案》《郑州市产业研究院管理办法（试行）》，建立了涵盖73家首批市级产业研究院的培育库，支持河南省微球先进材料产业研究院发展成为省产业研究院。指导中机新材等企业申报省级制造业创新中心，对河南省功能金刚石材料等4家省级制造业创新中心三年工作目标完成情况进行评估，河南省系统集成创新中心获得"优秀"等次。三是强化培育市场主体。建立郑州制造业"单项冠军"企业培育库，组织开展第一批河南省制造业"单项冠军"企业遴选工作，培育人民电缆集团有限公司等32家企业成为省级制造业"单项冠军"。组织开展"2023省（市）质量标杆遴选活动"，郑州煤机长臂机械有限公司、郑州天河通信科技有限公司等8家企业先进管理经验获评河南省质量标杆，认定郑州豫兴热风炉科技有限公司、郑州万特电气股份有限公司等20家企业为郑州市质量标杆。四是着力开展产学研合作。组织开展院士中原科

技行活动，邀请中国科学院、中国工程院 8 位院士对郑州新能源汽车、生物医药产业问诊把脉。组织 55 家企业与工信部 7 所部属高校开展产学研专题对接，推进筑友科技与哈尔滨工程大学签约装配式建筑全产业链关键核心技术研发与应用等多个科研合作项目，促进科技成果转移转化。

（五）深化数字化转型，融合发展提质提速

一是郑州成功入围首批国家中小企业数字化转型城市试点，结合郑州产业发展现状，选定新型耐火材料制造、汽车零部件及配件制造、高端装备制造、新型金属材料制造 4 个行业作为申报方向开展试点，并对国家支持资金进行市级资金 1∶1 配套。二是实施智能化改造行动，持续开展智能制造诊断服务活动，依托智能制造评估评价公共服务平台，对 247 家企业实施线上诊断，对 100 家企业提供"线下"诊断服务；鼓励企业开展以"设备换芯、生产换线、机器换人"为核心的智能化改造，滚动实施 82 个智能化改造项目，项目总投资 299.8 亿元；引导企业积极创建智能制造试点示范，新增 28 家智能工厂（车间），累计达到 180 家，稳居全省首位。三是深化新一代信息技术与制造业融合。加大工业互联网平台引育力度，新增天瑞信科、忽米网络 2 家国家级工业互联网"双跨"平台，宇通客车申报的国家级"双跨"平台已通过工信部集中审核环节，新增汉威科技、恒达智控、嘉晨智能 3 家省级工业互联网平台；持续实施"万企上云上平台"行动，新增上云企业约 5000 家，累计超过 6.4 万家，部署工业 App 1200 余个，服务企业 3.3 万余家，连接设备 630 余万台；加快大数据、云计算、人工智能、区块链、元宇宙等新一代信息技术在制造业领域的融合应用。累计培育国家级新一代信息技术与制造业融合发展示范 5 个，省级新一代信息技术融合应用新模式示范 52 个，新增省级服务型制造试点示范 25 个、两化融合贯标企业 40 家。四是加快软件和信息技术服务业发展。加快推进国家区块链发展先导区建设，积极争创省级区块链发展试点示范，中原科技城入选省区块链发展先导区创建名单，35 个应用试点被列为省区块链创新应用试点。积极创建国家元宇宙发展先导区，将"支持元宇宙产业发展、开展省级元宇宙创

新应用先导区建设"写入近期签订的部省战略合作协议，开展元宇宙典型案例和创新应用场景需求征集工作，初步遴选出元宇宙典型案例 50 个、创新应用场景需求 20 个。

（六）多措并举，高质量推进平台载体建设

一是加快小微企业园建设。起草《关于进一步加快小微企业园高质量发展的实施意见》，高质量推进小微企业园建设，初步形成了"企业集聚、产业集群、要素集约、服务集成、治理集中"的园区产业生态。2023 年上半年，全市重点监测小微企业园 159 个，集聚入园企业达到 7761 家，其中，科技型企业 1898 家、"专精特新"企业 660 家。二是加强中小企业公共服务平台和小微企业"双创"基地建设，制定了市级示范平台、基地认定管理暂行办法，开展了 2023 年度市级示范平台、基地认定工作。目前，全市共有国家、省、市三级中小企业公共服务示范平台 194 家，其中国家级 9 家；国家、省、市三级小型微型企业创业创新示范基地 90 家，其中国家级 7 家。三是扎实做好中小企业特色产业集群推荐工作。中牟县新能源专用车整车及零部件制造产业集群、巩义市铝精深加工产业集群获评省级中小企业特色产业集群，并继续申报国家级中小企业特色产业集群。

（七）统筹发展和安全，抓好安全生产工作

按照"三管三必须"原则，重点围绕燃气安全、消防安全、防汛备汛等重点工作，开展常态化安全指导检查，督促企业落实安全生产主体责任。突出抓好煤炭、民爆、电力行业重点领域的安全防范，深入开展安全隐患大排查大整治，对专家隐患排查整治相关问题的整改落实情况，进行"四不两直"暗访抽查，确保隐患动态清零。同时，以 2023 年 6 月 25 日综合演练为契机，组织落实好《河南省民爆行业安全生产监督检查规范》等要求，督促企业完善双重预防机制，支持智能制造技术的推广应用，从源头促进生产安全。深入贯彻落实全市能源电力迎峰度夏工作推进会的要求，对影响电力设施安全运行的隐患进行集中整治，保障电力运行安全。

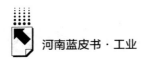

三 下一步工作打算

下一步，郑州市将持续全面贯彻党的二十大精神，深入贯彻习近平总书记视察河南、郑州重要讲话重要指示和关于新型工业化的重要论述，坚定不移实施制造强市战略，推动制造业高端化、智能化、绿色化发展，提升产业基础高级化、产业链现代化水平，努力开创新时代郑州制造业高质量发展新局面，在中国式现代化郑州实践中体现省会担当、贡献关键力量。

（一）聚力制造强市，构建更具竞争力的现代化产业体系

实施电子信息、新能源汽车"双万亿"工程和战略性新兴产业倍增工程，打造世界级电子信息产业基地和全国最大的新能源汽车生产基地。巩固装备、铝加工、食品等传统支柱产业领先地位，延链中高端，形成"新制造"。加快推进郑州城市群燃料电池汽车示范应用工作、国家区块链发展先导区建设工作，积极创建国家元宇宙先导区，加快构建"新兴+支柱+未来"制造业新体系。力争到2025年，电子信息、汽车及装备产业达到万亿规模，铝及铝精深加工、现代食品产业规模加速挺进五千亿级，新材料、生物及医药产业规模达到千亿级。进一步深化"链长制"工作，全力打造"13+1"条重点产业链，推动产业链协同发展，力争产业链市内配套率倍增至25%以上，省内配套率倍增至50%以上，培育"链主"企业150家以上。

（二）坚持"项目为王"，集聚产业发展新动能

牢固树立"项目为王、招商为要、落地为大"的鲜明导向，把项目建设作为先进制造业高地建设主抓手，聚焦未来汽车、物联网、元宇宙、能源科技等新赛道，实施招商引资"一把手"工程，发挥港资、台资、日韩和世界500强四个专班作用，按照"储备项目是开工项目4倍以上"的目标，强化以商招商、资本招商、群链招商、央企招商；举办好中国（郑州）产业转移对接、世界传感器大会等重大活动，积极承接产业转移。压茬推进

"三个一批"项目建设，建立重点在建项目建设进度"旬报告"制度，及时研究解决问题，确保项目按进度扎实推进，不断为制造业高质量发展增潜力、厚优势。力争到2025年，制造业储备项目达到8000亿元左右，工业投资年均增长30%以上，完成工业投资4500亿元以上。

（三）突出主体培育，筑牢制造业发展坚实根基

支持龙头企业对标国际先进水平，突破核心技术，加快并购重组，加速成长为全球行业标杆，每年培育1~2家超百亿领军型企业。进一步完善"专精特新"中小企业、"新升规上"企业、"准规上"企业培育库，确保全年新增规上工业企业300家、省级及以上"专精特新"企业300家以上。支持企业聚焦新技术新业态新模式，打造具有核心技术或颠覆性商业模式的独角兽企业，积极为独角兽企业提供对接全球资源的专业化服务。力争每年培育5~10家独角兽或独角兽种子企业。高质量推进小微企业园建设，到2025年，建成小微企业园200家左右，入园企业达到1.5万家。狠抓以"万人助万企"为引领的一系列企业服务活动，落实好制造业高质量发展、中小企业"专精特新"发展、战略性新兴产业发展各项政策，推动政策资金直达企业。优化升级"郑惠企·亲清在线"平台，推进各项惠企政策"精准推送""免申即享"。办好"郑州企业家日"活动，积极构建"亲""清"政商关系，每年开展"四项对接"活动200场以上，帮助企业拓市场、破瓶颈、解难题。

（四）加快数字化转型 赋能制造业高质量发展

加快新一代信息基础设施建设，推动5G、千兆光网、工业数据中心等新型信息基础设施建设，打造"算力之城"；突破发展新型显示产业，将郑州航空港加快建设成为全球重要的智能终端生产制造基地；高水平建设中原科技城、鲲鹏软件小镇、中国科学院软件所郑州基地等优质产业载体，强化优质企业引育；加快建设国家区块链发展先导区，开展国家中小企业数字化转型城市试点，争创国家级数字化转型促进中心、国家元宇宙产业发展先导

219

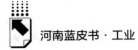

区，打造中国智能传感谷、中国元谷，走出"郑州智造"特色路径。力争
电子信息、软件和信息技术服务业工业增加值年均增长 20% 以上，新增国
家级智能制造相关试点示范 2 个以上，新增省级智能工厂（车间）20 家以
上。力争到 2025 年，基本建成全国重要的新一代信息技术产业高地和中国
软件特色名城，全市制造业整体数字化水平居全国前列。

参考文献

陈康、王丹丹：《"互联网+"背景下加快河南信息技术与制造业融合发展的路径研
究——以郑州为例》，《现代工业经济和信息化》2022 年第 5 期。

刘哲：《推进郑州先进制造业高质量发展研究》，《河南牧业经济学院学报》2021 年
第 6 期。

《2023 年 1—8 月郑州经济运行情况》，郑州市统计局网站，2023 年 9 月 25 日，http：//
tjj. zhengzhou. gov. cn/tjxx/7847861. jhtml。

《2022 年郑州市国民经济和社会发展统计公报》，郑州市统计局网站，2023 年 4 月 7
日，http：//tjj. zhengzhou. gov. cn/tjgb/7051390. jhtml。

B.20
洛阳市工业经济运行情况分析

魏斌　郝爽*

摘　要： 　洛阳是我国中部地区重要城市，也是整个中西部地区重要的工业城市。2023年以来，全市深入学习贯彻习近平总书记视察河南重要讲话和重要指示精神，全面贯彻新发展理念，聚焦"建强副中心、形成增长极、重振洛阳辉煌"，全力推动经济平稳健康运行。当前，洛阳工业经济保持较好韧性，优先确定5个先进制造业集群17条产业链，积极提升企业竞争力、产业引领力，加快建设现代化产业体系，奋力开创现代化洛阳建设新局面。

关键词： 　工业经济　产业链　现代化洛阳

2023年以来，洛阳市工业经济整体呈现恢复向好态势，虽然第二季度经济受到洛阳石化四年一度的生产装置大检修影响出现阶段性下行，但全市上下强化保障、攻坚克难、抢抓风口，工业经济承压前行，第三季度实现经济逐步回升。

一　工业经济运行情况

（一）工业经济保持较好韧性

2023年第一季度全市规上工业增加值同比增长4.2%，与全省持平；第二季度受洛阳石化检修出现下行，但扣除石化系企业检修影响，仍保持相对

---

* 魏斌，洛阳市工业和信息化局局长；郝爽，洛阳市工业和信息化局运行监测协调科科长。

平稳；在第三季度洛阳石化恢复生产、工业企业产销旺季推动下，全市月度工业增速大幅回升，前三季度全市工业增值税同比增长87.9%，高于全省16.4个百分点，工业经济展现出较强韧性。

（二）新质生产力加快形成

新能源、新材料、新IT、智能装备等产业借助风口力量，发展态势良好。智能装备产业方面，洛阳市装备产业基础雄厚，近年来在"三大改造"推动下，加快推动传统产业与"风口"关联、向"风口"转型，企业智能化和高端化水平不断提升。2023年以来，中信重工机器人板块保持较快增长，洛轴LYC积极开发新能源汽车轴承，1~8月产值同比增长超过30%；中色科技实现六辊铝带冷轧机组产品的进一步突破，1~8月产值同比增长超过20%。新材料产业方面，洛阳市材料产业优势明显，是新材料国家高技术产业基地，千亿级企业洛钼集团稳步推进国际化运营，千亿规模的铝基新材料产业链平稳运行，利尔功能材料不断提高产品竞争力、扩大市场份额，1~8月产值同比增长超过25%；昊华气体产品订单饱满，1~8月产值同比增长近1.5倍。新能源产业方面，洛阳市具备完整的光伏产业链，新能源汽车及新能源电池等领域也在积极发力，赛美科技加速抢占储能市场，PACK模组及储能集装箱产品供不应求，1~8月产值同比增长近4倍；阿特斯实施技改项目后，产能由5GW增加到10GW，但是由于硅片价格同比下降约30%，1~8月产值仅同比微增。新IT产业方面，洛阳市在光电设备、集成电路与智能传感器、新型显示和智能终端等领域具有一定的产业基础，百亿级企业中航光电加快实施基础器件产业园项目，1~8月营收同比增长近20%；中科慧远实现从基础研究、关键技术到规模化应用的全链条创新，处于爆发增长期，1~8月营收同比增长近5倍。

（三）优质企业快速成长

洛阳市统筹实施存量企业做增量和高成长性企业提质倍增计划，遴选出63家规模效益佳、创新水平高、行业引领强、增量空间大的优质存量企业，集中优势资源加大支持力度。2023 年 1~8 月，63 家优质存量企业营收同比增长 5.8%，高于全市规上企业营收增速 13.8 个百分点，中航光电、洛轴 LYC、一拖集团等龙头企业稳健发展，优箔金属、昊华气体、瑞昌环境等高成长性企业快速发展。

（四）重点县区增势良好

涧西区、伊滨经开区、洛龙区、西工区等都市核心区域转型升级成效明显，工业保持较强增长态势；宜阳县、伊川县、新安县等环都市核心区积极发挥工业基础优势，对全市形成积极支撑；嵩县、洛宁县等南部生态涵养县积极推进"三大改造"，工业增速排名全市靠前。

（五）项目建设稳步推进

开展工业项目建设百日攻坚行动，建立全市重点工业项目台账，持续推动工业项目平稳建设。2023 年计划实施 713 个总投资 2556.4 亿元、年度投资 737.4 亿元的千万元以上工业项目，1~8 月累计完成工业项目投资 769.2 亿元。洛阳石化百万吨乙烯等 324 个重点项目新开工建设，黄河同力绿色装配式建筑新材料产业基地等 222 个项目竣工投产。

二 洛阳市优势产业链情况

2023 年 4 月，河南省委、省政府印发实施《关于加快构建现代化产业体系 着力培育重点产业链的工作推进方案》，重点谋划培育 7 个先进制造业集群 28 条产业链。洛阳市结合发展实际和产业风口，研究确定先进装备、新型材料、电子信息、新能源汽车、现代医药五大先进制造业集群、17 条优势产业链，预计到 2025 年 17 条产业链规模接近 8000 亿元。

（一）电子化工材料产业链

洛阳市是我国中部地区重要的化工材料产业基地，拥有规上企业 160 余

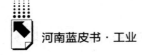

家，重点企业有洛阳石化、炼化宏达、昊华气体、宏兴新能、黎明化工院等。具备年产原油加工品 1000 万吨、对二甲苯 21.5 万吨、对苯二甲酸 32.5 万吨、聚酯 38 万吨、乙二醇 20 万吨等能力。

（二）铝基新材料产业链

洛阳市已形成煤、电、铝、铝深加工、铝用炭素及循环经济一体化发展的铝基新材料产业链条，在全省产业板块中占有重要地位，拥有规上企业 40 余家，重点企业有万基控股、伊电集团、中铝河南洛阳铝加工、台联新材料、优箔金属、鑫鑫铝业等。具备年产氧化铝 140 万吨、电解铝 118 万吨、铝加工品 243 万吨等能力，电解铝产能居全省首位。

（三）先进合金材料（钨钼钛）产业链

洛阳市钨钼资源丰富，已探明钨、钼矿资源储量分别为 62 万吨、372 万吨，其中钼矿资源储量居全国首位。洛阳形成了涵盖矿产资源采选、冶炼、加工等环节，相对完善、加工品种齐全的钨钼产业链条，拥有规上企业 50 余家，钨钼产业支链重点企业有洛钼集团、龙宇钼业、金钼汝阳、丰联科光电、金鹭硬质合金、爱科麦钨钼等；钛产业支链重点企业有中国船舶 725 所、双瑞万基钛业、双瑞精铸钛业、航辉新材、科品实业等。具备海绵钛年产能 3 万吨，约占国内年产能的 15%，形成"海绵钛—钛加工材—钛结构件"较为完整的产业链。

（四）耐火材料产业链

洛阳市拥有国内唯一的国家级综合性耐火材料研究院——中钢洛耐院，拥有规上企业 50 余家，重点企业有中钢洛耐、洛阳利尔、盛铁耐火、中岳耐火、大洋功能材料、海格迩新材料、中唯冶金、科创新材等。具备耐火材料年产能约 240 万吨（其中定形类 165 万吨、不定形类 70 万吨、熔铸类 5 万吨）。

（五）铜基新材料产业链

洛阳市是我国国防军工用铜材研发及生产基地、中国铜加工行业现行国家和行业标准的主要制定者，在铜及铜合金板、带、箔、管、棒材，以及铜铝复合材料生产方面优势明显，拥有铜及铜合金加工、国家级有色金属检测试验中心等平台，拥有规上企业 20 余家，重点企业有中铝洛阳铜加工、铜一金属材料等。

（六）新能源汽车（新能源电池）产业链

洛阳市新能源汽车（新能源电池）产业链在企业培育、平台建设、人才供给方面具备一定发展基础，拥有规上企业 50 余家，重点企业有机械四院、中集凌宇、中航锂电等，涵盖工厂设计、车辆制造，以及动力电池、连接器、汽车轴承等关键零部件领域。随着宁德时代进驻洛阳市，投资 280 亿元的两期新能源电池项目投产后将带动洛阳市新能源电池产业进入全国前列。

（七）光电产业链

洛阳市具备较完整的光电元器件和材料制造体系，产业整体规模在全省排名第一，拥有规上企业 40 余家，重点企业有中航光电、昊华气体等。具备年产 600 万片 4~8 英寸硅抛光片、5000 吨高纯多晶硅能力。龙头企业中航光电全球排名第八，生产的 56Gbps 高速光电连接器全国市场占有率达到 75%。昊华气体拥有 30 种电子特气生产能力，年产 1000 吨的电子级六氟化硫全国市场占有率 70%。

（八）集成电路与智能传感器产业链

洛阳市在集成电路与智能传感器产业链的上游材料、中游制造、下游应用领域均有一定基础，拥有规上企业 10 余家，重点企业有麦斯克、中硅高科、金诺机械、自动化研究所、正硕电子等。麦斯克拉制的 8 英寸电路级单晶硅棒打破发达国家垄断，中硅高科电子级多晶硅产品已完成关键制备技术试验并成功实现国产替代，正硕电子研发的电子雷管芯片模组在全国名列前三。

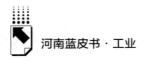

（九）新型显示和智能终端产业链

洛阳市电子显示材料产业基础比较薄弱，在玻璃基板、溅射靶材、电子特气等方面有一定配套基础，拥有规上企业10余家。偃师区正加快建设超薄电子信息玻璃基地，涧西区、孟津区努力在高性能靶材、电子特气等细分领域形成竞争优势。伊滨区洛玻创新中心项目已奠基开工；凯盛信息显示材料ITO导电膜玻璃项目新增5条ITO导电膜玻璃生产线已投产。

（十）人工智能产业链

洛阳市拥有人工智能相关企业40余家，在人工智能基础设施领域与华为、360等开展深度合作。中北宏远5G通信新基建、深兰科技人工智能产业园、洛阳昇腾人工智能实验等一批人工智能项目落地实施。洛阳昇腾人工智能实验规划建设算力100P的实验室，建成后将孵化引进10家以上人工智能企业，带动全市算法研发能力大幅提升。

（十一）元宇宙产业链

洛阳市部分行业结合5G、AR/VR、云计算、人工智能等技术进行了元宇宙初步探索和应用。底层技术层拥有麦斯克、中硅高科、正硕电子、中科生物芯片、智能农业装备研究院、中航光电、航海电子、众智软件等企业，涉及光电元器件、芯片、软件服务等方面；网络技术层拥有洛阳移动、洛阳联通、洛阳电信、景安IDC等企业，涉及基础电信运营商、IDC服务商等网络运营商；平台技术层拥有西交大中原大数据研究院、唐普云信息、华瑞指数云等一批科技型企业或综合服务平台，产品涉及工业设备数据采集共享、人工智能研发数据提供、大数据挖掘分析平台、云计算及大数据综合解决方案等。

（十二）先进农机装备产业链

洛阳市农机装备产业规模约占全国1/8，是国内最大的集研发、设计、制造、检验、服务于一体的农机装备研发制造基地，拥有规上企业 50 余家，重点企业有中国一拖、辰汉农机、世英机械等。拥有全省唯一的国家级制造业创新中心"国家农机装备创新中心"，形成年产 15 万台拖拉机、1.5 万台收获机械的能力，120 匹马力以上大轮拖产品规模和技术处于国际先进水平。

（十三）高端轴承产业链

洛阳市作为国内五大轴承生产基地之一，产业规模约占全国 1/10，是国内轴承产品种类最全、用途最广的综合性轴承生产基地之一，拥有规上企业 60 余家，重点企业有洛轴 LYC、新强联、鸿元轴承等。洛轴 LYC 的盾构机主轴承、高铁轴承等一批高端精密轴承实现了国产化，鸿元轴承生产的机器人谐波减速器和 RV 减速器轴承已抢占国内主要市场。

（十四）航空航天及卫星应用产业链

洛阳市航空装备产业在航空器整机、机载设备与系统领域拥有基础优势，在国内具有一定影响力，拥有空导院、613 所等龙头企业，现有重点企业 20 余家。重点建设的航空航天智创产业园项目一、二标段主体已完工。

（十五）节能环保装备产业链

洛阳市在工业节能、大气污染治理、固废处理、资源循环利用等领域形成一定的产业优势，余热余压发电成套装备、工业冷端高效换热器、节能风机等产品在国内市场有一定影响力，拥有规上企业 40 余家，重点企业有中信重工、隆华科技、北玻三元流等。

（十六）机器人和数控机床产业链

洛阳市在矿山救援、消防、巡检、管道焊接、智能检测装备等领域形成一批优势企业，特种机器人、智能检测装备等特色优势产品处于国内先进水平。拥有规上企业 10 余家，重点企业有中信重工、清洛基地、美锐克机器人、尚奇机器人等。

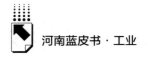

（十七）生物医药产业链

洛阳市形成以普莱柯为代表的兽用疫苗和药品产业，以华荣生物科技为代表的医药中间体产业，以君山制药、顺势药业为代表的中药饮片、中成药产业，以普泰生物为代表的诊断制剂产业，拥有规上企业 20 余家、各类创新平台 34 个，重点企业有普莱柯、红日康仁堂、康达卡勒福等。

三　洛阳市优质企业培育情况

洛阳市委、市政府高度重视企业培育工作，通过政府引导、风口引航、创新引领、数智引擎，加强顶层设计、抢抓产业机遇、强化科技创新、打造良好生态，构建以头雁企业（25 家）、高成长性企业（148 家）、"专精特新"企业（261 家）、创新型中小企业（657 家）为矩阵的全周期企业梯次培育体系，积极提升企业竞争力、产业引领力，为助力产业转型升级、跨越式发展奠定坚实基础。

（一）坚持政府引导，加强顶层设计、健全服务机制

坚持有为政府和有效市场更好结合，以精准培育为目标，实施优质企业梯次培育计划，持续培优育强不同规模层级的优势企业。健全政策支持体系。积极争取国家级、省级企业培育政策支持，落实《洛阳市高成长性企业提质倍增计划推进方案》《洛阳市专精特新企业培育提升行动方案（2023—2025年）》等，完善优质企业培育顶层设计，着力构建梯次培育政策体系。强化推进保障机制。围绕 17 条优势产业链，形成产业链全景图谱、产业链支链图谱等"两图谱四清单"，以"链长+会（盟）长"双长制推动产业聚链成群。建立分包、例会、考核等制度，通过工作推进会、企业观摩会、座谈交流会等积极构建部门协同的工作氛围。建立重点培育清单。分级分类明确企业培育重点，实施清单式、台账式管理，积极助推优质企业提升产业链供应链现代化水平。支持头部企业通过上市、兼并重组等方式裂变扩能，提升

影响力；鼓励中小企业走"专精特新"之路，打造一批行业"小巨人""隐形冠军"企业。优化企业家服务。持续推进"企业家素质提升工程"，组织企业家管理提升、资本运营等培训，强化企业家现代经营理念。围绕数字化转型、知识产权保护、产业投融资等，开展优质中小企业培训。开展"河洛茶叙""企业沙龙"等交流活动，畅通政企间、企业间合作对接渠道。在市级重大活动、庆典中邀请企业家代表出席，给予企业家高规格礼遇，增强企业家获得感。

（二）坚持风口引航，加快转型升级、提高发展质效

坚持以关联风口为方向，鼓励传统企业向风口发展、新兴企业向风口布局，引导企业向高端化、智能化、绿色化、融合化转型升级。加强聚链集群培育。聚焦17条优势产业链，找准产业风口和产业链关键环，增强竞争力。做强优势产业集群，推动新能源电池、化工新材料、铝基新材料等千亿级产业链，进一步延链补链强链，加快重大项目建设，发挥产业能级提升的支柱作用；做优特色产业集群，对农机装备、高端轴承、耐火材料等百亿级产业链，加强头部企业培育和产业转型升级，提升产业竞争力；做大新兴产业集群，对机器人与数控机床、生物疫苗、人工智能等成长性好的产业链，加大政策资源扶持力度，开展优质企业招商引育，推动尽快发展壮大。纵深推进"三大改造"。滚动实施新一轮更高水平"三大改造"，加速推动传统优势产业向风口产业转型。做好高端化改造提速升级，聚焦产业链中高端和关键环，鼓励企业加速实施产品升级换代、工艺质量提升，以及新技术、新材料、新流程技术改造，做好成套装备、轴承、新材料等领域首台套、首批次推广应用。做好智能化改造提效扩面，推进"智改数转"免费入企诊断活动，实现规上工业企业"数字化诊断"全覆盖；开展企业数字化转型梯度培育，"一企一策"分类推进企业数字化转型升级。做好绿色化改造提标示范，完善国家、省、市绿色工厂梯度培育机制，分行业开展节能降碳监测诊断。组织建材、石化行业召开绿色发展观摩活动，推广企业节能降耗典型经验。

（三）坚持创新引领，持续激活动能、抢占产业赛道

坚持以创新驱动为引领，激活企业发展动能。加快产业研究院建设步伐。鼓励农机装备、耐火材料、动物疫苗、轴承4家省级产业研究院积极发挥产业创新带动作用，不断强化光电元器件、硅基材料、船舶与海洋工程新材料等18家市级产业研究院建设。组织市先进制造产业研究院与专业类产业研究院加强对接，提升产业研究院创新研发及成果转化能力。推进工业设计赋能。推动制造业企业向综合服务商转变，培育打造一批具备"核心制造+综合服务"能力的产品全流程综合服务商。出台洛阳"设计之都"建设方案，建立工业设计重点企业培育库。充分发挥2家国家级工业设计中心、10家省级工业设计中心作用，围绕17条产业链开展工业设计赋能专项行动，引导企业将工业设计理念贯穿研发、生产、管理、营销、售后全过程，提高企业产品和服务附加值。

（四）坚持数智引擎，强化数实融合、推进"四化协同"

坚持以数字化转型为动力，以数字经济和实体经济深度融合为重点，统筹推进数字产业化、产业数字化、数字化治理和数据价值化"四化协同"。加强基础设施建设。加快5G基站、算力中心等信息基础设施建设，探索拓展5G机床联网、安防机器人和远程驾驶等应用场景。开展数据要素资源培育，推进数据要素试点城市建设。加强工业互联网建设。加快"1+N"工业互联网平台建设推广，打造农机装备、矿山机械、有色金属等行业工业互联网平台标杆，推动中小企业"上云上平台"，实现"大企业建平台，中小企业用平台"，构建各有侧重、协同发展的工业互联网平台体系。加强数字赋能产业发展。深入开展机器换人、设备换芯、生产换线、企业上云，引导企业加快数字化转型。发挥数实融合的产业赋能效应，加快数字技术、应用场景和商业模式融合创新，以数字技术的发展和融合提升企业发展能级，带动全市制造业向高质量发展持续迈进。

四 2024年工业经济发展展望

2024年是全面贯彻落实党的二十大精神的重要一年，是实现"十四五"规划目标的冲刺阶段，洛阳市将继续坚持创新引领、聚焦产业风口、厚植发展优势，积极重塑产业格局，加快建设现代化产业体系，奋力开创推动现代化洛阳建设新局面。

从国际看，全球经济稳定趋势明显，经济活动逐渐恢复正常，技术创新和数字化转型将持续推动经济增长，也将提供更多发展机会和空间，为经济增长注入新活力。虽然全球政治不稳定、自然灾害和贸易摩擦等因素仍可能会对经济增长造成一定压力，但经济发展大概率呈回升趋势。从国内看，国家因时顺势加强逆周期调节，为推动产业发展提供了良好的政策环境，宏观政策持续朝扩大国内需求、提振市场信心方向发力，在政策发力叠加经济本身蕴含回升向上潜能的双重作用下，国内宏观经济复苏动能不断转强。从河南看，省委十一届五次全会强调全省要紧紧围绕高质量发展首要任务，紧抓构建新发展格局战略机遇，着力扩大内需、提振信心、防范风险，不断推动经济运行持续好转、内生动力持续增强、社会预期持续改善、风险隐患持续化解，推动经济实现质的有效提升和量的合理增长。

具体到洛阳而言，在市委、市政府的正确领导下，洛阳市把产业发展作为全市三项重点工作之首，牢牢抓住产业这个"牵一发而动全身"的关键点，推动各方面工作向产业聚焦、各方面精力向产业集中、各方面资源向产业倾斜，广大干部牢固树立"抓产业必须抓风口，抓风口必须抓创新""必须把创新落到产业上、把主体落到企业上""既要巩固传统产业基本盘，更要抢占产业发展新赛道"等大抓产业发展的理念和意识，产业发展路径清晰、氛围浓厚、成效明显。2024年，随着中州时代新能源生产基地、洛阳石化百万吨乙烯项目加快建设，万基控股2×60万kW热电联产机组、海澜集团服装生产基地等一批带动性强的项目建成投产，中航光电、中信重工、阿特斯等一批优质存量企业持续增资扩产，中硅高科、

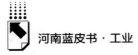

建龙微纳、铜一金属等一批高成长性企业持续快速发展，洛阳工业发展将借助产业发展风口高位起航，为推进现代化洛阳建设、重振洛阳辉煌贡献积极的产业力量。

参考文献

《洛阳：产业发展景象新》，《河南日报》2023年8月11日。

《洛阳市人民政府关于印发洛阳市2023年国民经济和社会发展计划的通知》，洛阳市人民政府网站，2023年2月9日，https：//www.ly.gov.cn/html/1/2/10/29/13/78/661/10973713.html。

《上半年全市经济运行情况》，洛阳市统计局网站，2023年8月8日，http：//lytjj.ly.gov.cn/sitesources/lystjj/page_pc/tjfw/tjfx/sjfx/article10337020eef24f02b305664da292e22f.html。

B.21
新乡市工业经济运行分析与展望

韩 莹 牛铭杰 郭迎超*

摘 要： 围绕党的二十大关于制造业的重大战略部署，紧盯建设全国先进制造业基地目标，2023 年以来，新乡市坚持稳字当头、稳中求进，工业规模逐渐扩大，高新技术产业增长较快，重点行业稳步回升，工业经济呈现向好态势。但从整体上看，新乡市依然承压前行，工业企业生产后劲不足，工业投资持续低迷，需求动能提振不足。未来，为进一步巩固工业回升势头，新乡着力提升产业链供应链韧性和安全水平，实施集群培育行动，加大创新力度，培育优质企业，通过数智赋能促进数字经济和实体经济深度融合，推动工业经济高质量发展。

关键词： 工业经济 韧性 高质量发展 新乡市

新乡工业脱胎于国家"一五"时期军工企业布局，成长于国家重点建设时期，兴起于改革开放国民经济蓬勃发展时期。经过 70 多年发展，已经形成门类齐全、结构合理、科技含量高、配套能力强的制造业体系，拥有国民经济 41 个行业大类中的 35 个，工业规模居河南省前列，形成了装备制造、食品制造、轻纺、化工、建材五大传统支柱产业，电池及新能源、生物与新医药、节能环保、新一代信息技术四大战略性新兴产业，正在超前布局基因工程、氢能与储能两大未来产业。

2023 年以来，国际环境复杂严峻，国内有效需求仍显不足，经济发展

---

* 韩莹，新乡市工业和信息化局，运行监测协调科科长；牛铭杰，新乡市工业和信息化局，运行监测协调科四级主任科员；郭迎超，新乡市工业和信息化局，运行监测协调科一级科员。

环境的不确定性显著上升，新乡工业经济增长放缓。在市委、市政府的坚强领导下，全市上下始终坚持稳字当头、稳中求进，严格贯彻国家、省关于经济工作的安排部署，深入开展"万人助万企"活动，稳生产政策组合拳效果显现，工业经济持续回升向好。

一　工业经济承压回暖

（一）工业生产加快恢复，大型企业增势稳定

2023 年 1~8 月，全市规上工业增加值同比增长 0.1%，较 1~7 月提升 1 个百分点（见图 1）；8 月，全市规上工业增加值同比增长 6.8%，增速高于全省 1.3 个百分点，居全省第 3 位。分三大门类来看，采矿业增加值占全市总量的 7%，同比下降 4.7%；制造业增加值占全市总量的 82%，同比增长 0.7%，高于全市 0.6 个百分点，拉动全市增速 0.6 个百分点；电热气水的生产和供应业增加值占全市总量的 11%，同比下降 0.8%。分行业来看，统计口径 35 个行业大类中，15 个行业增加值增速为正，特别是占全市工业比重较大的化学纤维制造业、通用设备制造业、电气机械和器材制造业、化学

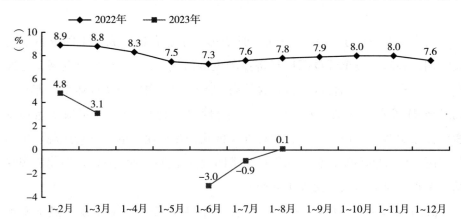

图 1　2022 年至 2023 年 8 月新乡市规上工业增加值增速

资料来源：根据新乡市工信厅内部数据资料整理。

原料和化学制品制造业、医药制造业合计拉动全市规上工业增加值增速2.3个百分点。分企业规模来看，大中型企业保持稳定发展态势。全市1911家规上企业中，大型企业增加值占全市总量的35.7%，同比增长1.2%，拉动全市增速0.4个百分点；中型企业增加值占全市总量的25.8%，同比增长1.8%，拉动全市增速0.5个百分点。

（二）工业投资降幅收窄，技改占比显著提升

2023年1~8月，全市工业投资同比下降28.2%，降幅分别较上半年、1~7月收窄了18.7个、9.5个百分点。工业企业技术改造投资同比下降0.1%，降幅分别较上半年、1~7月收窄了13.2个、15.3个百分点，占工业投资比重（20.6%）较上年同期增加5.8个百分点。

（三）企业效益小幅改善，盈利能力依然较弱

2023年1~8月，全市规上工业企业营业收入同比下降3.8%，降幅较1~7月收窄0.3个百分点（见图2）；规上工业企业利润同比下降14%，降幅较1~7月收窄3.4个百分点（见图3）；规上工业企业营业收入利润率3.64%，高于上半年0.17个百分点，高于全省同期（3.38%）0.26个百分点。

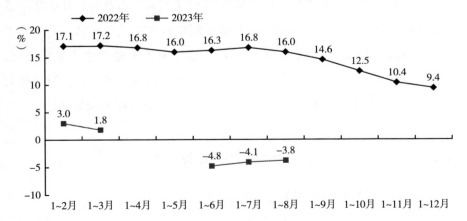

图2　2022年至2023年8月新乡市规上工业企业营业收入增速

资料来源：根据新乡市工信厅内部数据资料整理。

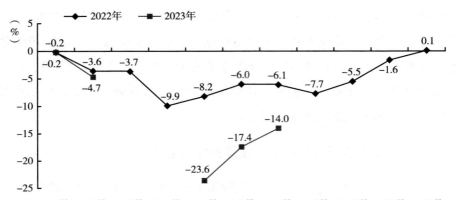

图3 2022年至2023年8月新乡市规上工业企业利润增速

资料来源：根据新乡市工信厅内部数据资料整理。

（四）制造业用电保持平稳，六成行业正增长

2023年1~8月，全市累计完成工业用电量118.9亿千瓦时，占全社会用电量的58.3%，同比增长2.7%。其中，制造业累计完成用电量76亿千瓦时，占工业用电量的63.9%，同比增长5.7%，拉动全市工业用电量增速3.5个百分点。8月，完成工业用电量14.5亿千瓦时，占当月全社会用电量的52.3%，同比下降3.2%。其中，制造业用电量9.4亿千瓦时，占当月工业用电量的64.8%，同比增长5%，拉动全市工业用电量增速3个百分点。分行业来看，统计口径35个行业大类中21个行业实现正增长，占行业总数的60%；16个行业增速高于全市平均水平，9个行业实现两位数增长。

二 重点行业偏弱运行

（一）产品价格环比趋稳、同比下滑

从环比情况看，2023年8月，新乡重点监测的18种工业产品，总体为8涨、6平、4跌，4种产品价格止跌回升，多数监测产品价格处于合理波动区

间。从同比情况看，总体表现为 4 涨、4 平、10 跌，轻纺、化工、建材、电池、煤炭产品价格波动较大。具体来看，受下游消费持续低迷、纸企库存维持高位、原材料废纸价格下滑等因素影响，瓦楞纸价格（新亚）同比下降 23.8%；因房地产行业持续低迷，水泥需求疲软，水泥价格（孟电）延续下跌趋势，同比下降 31.8%；因原材料煤炭价格下行，复合肥价格（心连心）也相应下调，同比下降 25.1%；发电企业进入淡季后，由于长协煤的履约以及煤炭价格较低，仍然积极补货，煤炭需求淡季不淡，煤炭价格（赵固一矿）环比止跌回升，增长 14.4%；碳酸锂价格同比大幅下降，7 月下旬以来在 20 万元/吨上下小幅波动，三元材料价格同比下降 25.7%、环比基本持平。国内尿素生产企业库存维持低位，加之上游原料价格继续提涨，8 月尿素价格（心连心）同比止跌回升，环比增长加快；开学季、双节前备货，促使小麦制粉需求增加，小麦粉（五得利）价格同比降幅收窄，环比小幅抬升。

（二）重点行业"二增七降"、增长乏力

五大支柱和四大新兴产业中，食品产业势头良好，装备制造平稳增长，轻纺、化工、建材低位运行，电池及新能源形势欠佳，生物与新医药、新一代信息技术、节能环保增势不足。具体来看，1~8 月，新乡市装备制造产业整体形势有所好转，重点企业保持平稳运行，营业收入同比增长 3.4%；受益于中秋、国庆"双节"临近，新乡食品制造产业整体形势向好，营业收入同比增长 1.3%；受上游原料价格震荡下跌和下游终端需求不振双重影响，轻纺产业整体形势较差，营业收入同比下降 6.6%；受供应过剩及下游需求不振影响，除先进高分子材料发展势头良好外，化工产业整体保持低位运行，营业收入同比下降 7.9%；因下游房地产市场低迷，基础设施和重点项目建设复产进度较慢，水泥、商砼等建材产业持续低迷，营业收入同比下降 16.2%；受电池原材料碳酸锂价格波动较大影响，企业大多持保守态度，不敢投、不想投的思想严重，新乡电池及新能源企业产能利用率处于低位，营业收入同比下降 3.5%；生物与新医药产业整体运行态势不佳，口罩、防护服等防疫物资市场订单明显下降，营业收入同比下降 11.2%；受龙头企

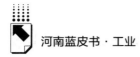

业订单不足、高进低出下拉影响，节能环保产业营业收入同比下降15.4%；受上下游制约和外部环境影响，新一代信息技术产业整体形势不佳，营业收入同比下降4.2%。

三　工业运行态势分析

（一）不利因素

从宏观形势来看，全球经济复苏前景不明，俄乌冲突延宕发酵，主要经济体货币政策收紧，大宗原材料价格呈下行趋势，外部环境不稳定因素仍然存在，企业发展面临多重压力。全国工业经济仍面临需求不足、效益下滑等困难和挑战。国家统计局数据显示，2023年8月制造业采购经理指数（PMI）为49.7%（见图4），连续5个月处于荣枯线以下，5个分类指数中，原材料库存指数、从业人员指数仍低于临界点。8月反映市场需求不足的企业占比仍达59%以上。1~7月，41个行业大类中28个行业的利润总额同比下降。从全省来看，工业增长回升势头不强。8月，河南工业生产者出厂价格同比下降2.8%，其中，生产资料价格下降3.8%；参与工业生产者出厂价格调查的38个行业大类价格，同比"27降10涨1平"，行业下降面为71.1%，较7月扩大2.6个百分点。省工信厅开展的问卷调查结果显示，订单减少或持平的企业占比超六成。

从新乡来看，工业经济发展中仍存在不少突出矛盾和问题。指标完成情况方面，一是工业增加值低位徘徊。2023年以来，规上工业增加值增速低位运行，低于全省平均水平，与先进地市差距较大。二是企业盈利能力较弱。规上工业企业利润连续20个月负增长，且降幅较上年同期增加了7.9个百分点；营业收入利润率（3.64%）跌至4%以下，低于全国平均水平（5.52%）1.88个百分点。三是工业投资持续低迷。2023年上半年，全市工业投资降幅达46.9%，跌至近三年来最低点，1~8月降幅虽收窄18.7个百分点，但仍保持两位数的负增长，且低于全市固定资产投资增速20.3个百分点。产业结构

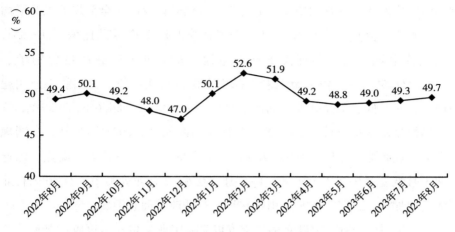

图4　2022年8月至2023年8月中国制造业PMI

方面，新乡市仍处在产业转型的阵痛期，主要产业处于产业链前端和价值链低端。2023年1~8月，高载能行业增加值占全市规上工业增加值的39%，分别较上年同期、上年年底增加2.4个、2.8个百分点。现有龙头企业产业链条不长、本地配套率不高。新乡尚未培育出千亿级产业集群，现有产业集聚区主导产业不突出，企业关联性不强，亩均效益不高。企业信心方面，当前新乡企业仍面临市场需求疲软、投资拉动不足、原料价格波动、外贸出口下滑、用能成本上升等多重压力。抽样调查显示，8月全市企业家宏观经济热度指数为32.69，比上年同期下降5.93；再投资扩产计划指数为38.46，比上年同期下降0.98，仅3.45%的企业家有再投资扩产计划。

（二）有利因素

从宏观环境来看，随着一系列稳增长、强实体、扩内需政策逐步显效，我国工业经济运行总体保持了恢复向好的态势，在外部环境复杂多变的情况下展现出强劲韧性。一是工业生产稳中有升，制造业增速明显加快。2023年8月，全国规模以上工业增加值同比增长4.5%，增速较上月加快0.8个百分点；1~8月，规上工业增加值增长3.9%，较1~7月加快0.1个百分点。二是高技术制造业稳步发展，新产品生产向好。8月全国高技术制造业增加值同比增速较上月加快 2.2 个百分点，回升幅度高于全部规上工业平均水平 1.4 个百分点。2023 年 8 月，全国新能源汽车产量同比增长 13.8%，带动光伏电池、汽车用锂离子动力电池、充电桩等产品产量分别增长 77.8%、31.5%、17.4%；新材料产品生产保持高速增长，太阳能工业用超白玻璃、多晶硅、单晶硅等产品产量分别增长 63.3%、84.6%、79.9%。三是产销衔接水平继续改善，七成以上行业利润回升。2023 年 8 月，全国规模以上工业企业产品销售率为 97.4%，为 2023 年以来各月第二高点，已连续两个月恢复至 97% 以上水平。1~8 月，在 41 个行业大类中，有 30 个行业利润增速加快，或降幅收窄、由降转增，行业改善面超七成。

从政策层面来看，2023 年第三季度以来，工业稳增长力度继续加码，工信部等多个部门密集发布轻工业、汽车、电子，以及石化化工、钢铁、有色金属、建材 4 个原材料重点行业稳增长工作方案，工业经济稳增长路径更加明确，工业领域供求关系有望逐步改善，工业生产和企业利润也将有更好支撑。此外，新乡工业基础相对较好，近年来，市委、市政府做了大量打基础、谋长远的大事要事，获批了一大批国家级支持平台，有效融入了全国、全省的重大战略，新乡的基础优势、区位优势、政策优势、改革优势等不断凸显。

从运行态势来看，一是工业经济回暖迹象明显。2023 年 1~8 月，全市规上工业增加值增速实现由负转正，由 1~7 月的 -0.9% 回升至 1~8 月的 0.1%，回升速度高于全省 0.7 个百分点，居全省第 1 位；1~8 月，规上工业营业收入、利润降幅分别较上半年收窄 1 个、9.6 个百分点。二是高新技术产业增长较快。1~8 月，高新技术产业及企业（省级统计口径）增加值同比增长 15.4%，分别高于全市平均增速、1~7 月 15.3 个、1.1 个百分点，占规模以上工业增加值的 58.4%，拉动全市工业增加值增速 7.9 个百分点。三是重点行业稳步回升。造纸和纸制品业、煤炭开采和洗选业、计算机通信和其他电子设备制造业等行业增加值降幅分别较上半年收窄 2.2 个、3.3 个、4.6 个百分点，医药制造业增加值增速由负转正，对全市规上工业增加值增速的下拉影响合计减弱了 3.3 个百分点。四是工业规模逐步壮大。新乡规上工业企业数量由 2022 年的 1681 家增加至 2023 年 8 月的 1911 家，排名由全省第 7 上升至第 5；规上企业营业收入占全省的比重由 2022 年的 5% 增加至 2023 年 8 月的 6.2%，排名由第 7 上升至第 3。种种迹象充分说明，新乡工业经济发展长期向好的基本面没有变，工业经济韧性好、潜力足、回旋空间大的基本特质没有变，工业经济持续增长的良好支撑基础和条件没有变，工业经济结构调整优化的前进态势没有变，预计 2023 年全年工业经济整体呈现"曲折式前进，波动中回暖"的态势。

四 下一步重点工作

2023 年，新乡市将紧紧围绕党的二十大关于制造业的一系列重大战略部署，紧盯建设全国先进制造业基地目标，实施"换道领跑""数字化转型"两大战略，坚持传统产业提质升级、新兴产业重点培育、未来产业抢滩占先"三业"统筹，推动高端化、智能化、绿色化、服务化"四化"改造，实施"稳链保供、集群培育、创新提升、育企强企、数智赋能"行动，下先手棋、打主动仗，在新起点上努力实现工业经济高质量发展。

（一）着力提升"产业链供应链韧性和安全水平"，实施"稳链保供"行动

一是强化监测调度。紧盯 200 家重点监测企业，持续开展工业经济运行指导服务，组建 6 个工作指导组，分片区开展工业经济运行调研、调度和服务，深度了解企业生产经营和项目建设情况，建立"问题收集—跟踪解决—定期回访"的闭环工作机制。二是聚焦纾困解难。深入开展"万人助万企"活动，常态化分行业召开"政企面对面"座谈会，定期召开"万人助万企"活动月调度会，加大企业问题化解力度，不断提高企业满意度和问题解决率。积极帮助企业争取资金、项目、荣誉支持，加大政策宣讲、四项对接、助企服务工作力度。三是加强产销对接。以 17 条重点产业链为核心，聚焦产业链短板缺项和企业个体需求，通过"带配套进龙头""点对点牵线搭桥"等方式，谋划开展一系列产销对接活动。

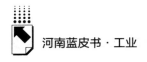

（二）聚焦聚力"建设现代化产业体系"战略任务，实施"集群培育"行动

一是加快"542"产业体系构建。提质升级装备、食品、化工、轻纺、建材五大传统产业，重点培育生物与新医药、电池及新能源、新一代信息技术、节能环保四大新兴产业，抢滩占先氢能、基因工程两大未来产业。二是加强重点产业链培育。扎实推进《重点产业链培育工作方案》落地执行，发挥产业链总牵头作用，做好专班化责任推进、清单化动态管理、精准化企业服务等工作落实，上下协同抓好补链延链强链工作，提升重点产业链规模能级。三是壮大特色产业集群。持续推动长垣市门式起重机产业，辉县市弹簧产业，新乡县振动筛分、封头产业，获嘉县农机装备产业，原阳县预制菜产业发展，着力培育更多国家级、省级特色产业集群。

（三）深刻领会"创新是第一动力"内涵，实施"创新提升"行动

一是加强培育创新主体。积极培育一批具有自主知识产权、研发基础好、技术创新能力强、具有行业带动性的龙头企业。加快中小企业共用研发平台建设，推动规上工业企业研发活动覆盖率达到70%以上。二是加快推进平台载体建设。指导新乡县、获嘉县、平原示范区完成中原农谷高新技术产业园产业规划编制工作，延津县化工园区及周边区域协调发展产业规划编制工作取得重大进展。三是开展技术改造提升行动。进一步增加"三化"改造项目储备，不断完善"三化"改造项目库，力争全年完成投资500亿元以上。

（四）紧紧围绕"提升企业核心竞争力"发展要求，实施"育企强企"行动

一是抓龙头引领。围绕全市重点产业集群和产业链，强化政策引领，积极培育制造业头雁企业、申报单项冠军、争取省制造业专项资金等，培育一批创新水平高、质量效益优、成长性好、带动力强的百亿企业。二是抓升规

入统。细化分解目标，压实属地责任，对照规上工业企业入库统计标准，以县（市、区）为单位，按照不低于发展预期数的 1.2 倍要求，精准服务"小升规"培育库企业。三是抓"专精特新"。分级动态更新国家级专精特新"小巨人"企业、省级"专精特新"中小企业培育库，分批次采取"线上+线下"相结合的方式开办申报培训会，指导企业申报。

（五）牢牢把握"促进数字经济和实体经济深度融合"产业机遇，实施"数智赋能"行动

一是夯实新型数字基础设施。以创建全国千兆城市为契机，不断完善 5G 网络设施，优化光纤宽带网络架构，建设新一代超大容量、超长距离、智能调度的光传输网，乡镇以上及农村热点区域实现固定和移动网络"千兆到户"。二是推进数字产业化。推进数智谷建设，鼓励 5G、物联网、云计算、大数据等新一代信息技术融合应用。加快微电子中试基地建设，推进专用传感器的创新研发和产业化。三是推进产业数字化。鼓励制造业企业融合应用新一代信息技术，推进企业产线、车间、工厂等智能化改造，带动产业链上下游和产业集群实现数字化转型升级。四是完善工业互联网平台体系。持续推动数智谷科技集团工业互联网标识解析体系二级节点建设和应用推广，推动中小企业研发设计、生产制造、经营管理、市场营销、运维服务等关键环节上云上平台。

参考文献

《我市公布 2023 年国民经济和社会发展计划》，新乡市财政局网站，2023 年 5 月 17 日，http：//czj. xinxiang. gov. cn/sitesources/xxsczj/page_ pc/xwdt/xwlw/articlefdaca2f51038 454e8d84182553d8b201. html。

《2023 年 1-7 月新乡市规模以上工业生产 企稳回升》，新乡市人民政府网站，2023 年 8 月 30 日，http：//www. xinxiang. gov. cn/sitesources/xxsrmzf/page_ pc/zwgk/zwxx/bmd t/articleebe7d856e2f24155823e80681880c41c. html。

B.22
鹤壁工业经济运行态势分析与展望

侯淑贤　秦福广　马啸宇*

摘　要： 2023 年以来，面对复杂多变的宏观经济环境，鹤壁市深入贯彻习近平总书记关于河南重要讲话和批示指示精神，践行省委、省政府赋予鹤壁加快建设新时代高质量发展示范城市的使命任务，积极落实稳增长、促改革、调结构以及"六稳六保"等各项政策措施，协同推进优势产业提质升级、大力发展新兴产业和加快布局未来产业，全市工业经济保持恢复性增长，重点行业运行平稳，新的增长点不断涌现。

关键词： 工业经济　高质量发展　鹤壁市

以习近平同志为核心的党中央，对实体经济尤其是制造业的发展给予了高度重视，提出了建设"制造强国"这一重要战略决定，为我国工业发展指明了前进方向、提供了行动指南。2023 年以来，鹤壁坚持稳中求进工作总基调，锚定高质量发展方向不动摇，以创建全国产业转型升级示范区为抓手，在转方式、调结构上做文章，工业经济平稳运行，产业发展亮点频频，"鹤壁制造"稳步向"鹤壁智造"华丽蝶变。

一　鹤壁市工业经济运行特征分析

2023 年以来，鹤壁市委、市政府坚持以习近平新时代中国特色社会主

---

* 侯淑贤，河南省社会科学院鹤壁分院研究实习员；秦福广，河南省社会科学院鹤壁分院研究实习员；马啸宇，河南省社会科学院鹤壁分院研究实习员。

义思想为指导，在优存量、扩增量上下功夫，在强动能、优服务上想办法，工业经济实现恢复性增长，重点行业继续复苏，发展动能持续增强，发展活力明显提高，全市工业经济运行态势良好。

（一）工业经济呈现恢复性增长，项目投资稳步进行

总体上，鹤壁市通过建立完善各项预警机制，制定监测清单，对在库规上企业进行深度监测，进而加大稳工业力度，工业经济运行保持恢复性增长。2023 年 1~8 月，鹤壁规模以上工业增加值增速较 1~7 月有所提高，8 月当月比上年同期增长 5.8%，居全省前列。从投资情况来看，工业投资增长明显，增速达到 19%，持续保持全省较好位次。从项目完成情况来看，全市 5000 万元及以上投资项目增长 14%。从新入库项目看，全市新入库投资项目 192 个，其中亿元及以上投资项目 77 个。

（二）重点行业运行平稳，行业表现继续复苏

从三大门类来看，鹤壁市采矿业持续增长，制造业降幅收窄。2023 年 1~8 月，采矿业增加值同比增速为 66.2%，占全市规上工业增加值比重为 18%；制造业增加值占全市规上工业增加值比重为 66.7%，同比降幅明显收窄。从新兴产业来看，高新技术产业和高技术产业实现增长，其中，高新技术产业增加值同比增长 2.0%，高技术产业增加值同比增长 0.5%。具体来看，煤炭行业逐步复苏，随着鹤煤集团产能逐渐恢复，全市原煤总产量下降态势逐渐缓解；电子电器行业发展态势良好，2023 年上半年，全市多数企业订单充足，生产稳定；食品行业平稳增长，2023 年上半年，受春节前后产销旺季影响，企业普遍订单较足，多家企业产值保持增长。

（三）产业升级稳步推进，新动能日趋壮大

2023 年以来，鹤壁市稳步推进产业结构升级，产业发展的动能稳步增强。在优势产业方面，通过开展数智赋能产业转型行动，建成省级及以上绿色工厂（车间）、智能工厂 50 个，同时加速建设"美瑞聚氨酯新材

料产业园""尼龙小镇""龙宇聚甲醛"等重大项目，优势产业实现转型升级。在新兴产业方面，通过大力实施科技创新提升突破行动，鹤壁科创新城成为全省首批同意建设的10个河南省科技成果转移转化示范区之一。随着鹤壁智慧岛、省科学院鹤壁分院、河南密码产业研究院等一批高能级创新平台相继落户及战略性新兴产业培育计划的实施，鹤壁市共引进头部企业29家。与此同时，电子电器产业集群入选全省首批战略性新兴产业集群。在未来产业方面，通过实施未来产业孵化计划，以航天宏图为龙头带动了17家卫星互联企业、以龙芯中科为龙头带动了25家信创企业。2023年以来，航天宏图"女娲星座"首发卫星"中原1号""鹤壁1、2、3号"成功发射升空，鹤壁卫星产业集群成为河南省卫星产业发展的新亮点。鹤壁特色鲜明、优势突出的产业体系逐渐形成，并成为鹤壁工业经济发展的新动能。

（四）助企纾困帮扶力度加大，发展活力进一步增强

2023年以来，鹤壁市深入推进"万人助万企"活动，扎实开展助企纾困解难等"六大攻坚行动"，提振企业发展信心，企业发展活力明显增强。一方面，惠企纾困政策红利持续释放。结合企业经营中面临的实际问题，鹤壁市先后推出"科创贷""鹤创担"等产品，构建"投保贷"联动、"政银保企担"风险共担的科技金融"鹤壁模式"，引导和帮助规模以上工业企业积极开展研发活动。2023年上半年，在全市新增贷款中，企业贷款占比达到64.7%，制造业贷款增长29.4%、高于各项贷款平均增速19.1个百分点，"四优三新"主导产业贷款增长43.2%，有力支持了项目建设和企业发展。另一方面，专精特新发展迈上新台阶。通过建立健全"微成长、小升高、高变强"创新型企业梯次培育机制，鹤壁市创新型企业规模不断扩大。在连年高基数增长的情况下，2023年上半年，全市新设市场主体数量同比增长28.6%，其中企业增长12.3%；新增升规纳统"四上"单位73家，其中工业企业22家。同时，全市新增国家级专精特新"小巨人"企业3家、总数达到12家，省级创新龙头企业、"瞪羚"企业数量稳居全省前列。

二 鹤壁市推动工业经济发展的经验做法

当前，我国经济发展正面临需求收缩、供给冲击、预期转弱三重压力，工业经济稳定发展面临的困难和挑战明显增多。为确保工业经济平稳运行，鹤壁市围绕工业经济发展，在培育产业生态、推进高端化改造行动、加强企业培育、强化工业发展保障等方面积累了一些经验。

（一）统筹推动产业生态化

产业生态化作为产业链发展的新型模式和高级形态，通过产业链技术融合进一步提高资源配置和使用效率，拓展产业的价值链、提高产业链的效率。为推动产业可持续发展，鹤壁市积极探索产业生态化发展之路，紧密围绕主导产业和相关产业链延伸，立足产业现状，放眼经济长期稳定扎实发展，科学系统研判产业链上下游适配性，拓宽路线规划，实现短板产业补链、优势产业延链、传统产业升链、新兴产业建链，打造上下游、左右岸、干支流深度耦合的产业生态体系，形成了360鹤壁模式（360网络安全协同创新产业基地）、5G产业园、中维化纤新材料（科创中国"新锐企业"）等经验，产业生态环境持续优化。其中，360鹤壁模式指围绕"数字城市""平安社会""城市名片""安全生态"四大方向，为鹤壁市打造"网络空间安全城市运营体系""网络空间安全城市治理体系""网络空间安全人文体系""网络安全产业生态体系"四大安全支柱体系。通过构建"网络空间安全城市运营体系"及"网络空间安全城市治理体系"，保障鹤壁市及周边地域城市数字经济高质量发展；通过构建"网络空间安全人文体系"，培养网络安全文化产业及教育培训产业，提升城市数字经济发展水平；通过发展"网络安全产业生态体系"，形成网络安全产业的本地集群，为网络安全产业发展注入新动能。实践中，由鹤壁市委、市政府主导，市委办局及本地企事业单位积极配合、共同推进，做好城市网络安全产业发展顶层规划。同时，对全市数字经济、5G产业、新基建智慧城市、智能制造等数字化转型关键项目进行安全能力的统一规划，统筹构建包括安全运营、攻防演练、网络安全评估、安全研究、人才培训等在内的数字安全体系和业务闭环。

（二）推进高端化改造行动

当前我国经济发展正处于新旧动能转换的时期，工业经济高质量发展离不开高端化的产品供给。近年来，鹤壁市坚持以供给侧结构性改革为主线，积极培育、强化高端产品供给，提高产品供给现代化水平。一方面，以龙头企业原料采购、产品销售等需求为牵引，围绕企业上下游抓招商、引链条、育生态，加速形成产业集聚效应，鹤壁天海电子、天海环球、海昌智能、淇花食用油等企业均为产品供给高端化的典型。另一方面，分领域、分行业制定高端化改造路线，推动传统优势产业"老树发新芽"、新兴产业"小苗成大树"、未来产业"领航新赛道"。其中，新兴产业迅速发展，2023年以来鹤壁市高新技术产业增加值增速居河南省前列，高新技术产业增加值占全市规上工业增加值比重超过40%；数字经济交易额超过百亿元，数字经济核心产业占比连续两年位居全省第二。同时，未来产业赢得发展主动，通过提升"从0到1"的自主创新能力、打造未来技术应用场景、筑牢未来产业发展基础、加速形成若干未来产业。

（三）内育外引激发工业发展强劲动能

2023年以来，鹤壁市突出做好内部培育、外部引进工作，不断夯实工业经济发展的基础。一是加强对企业专业化发展的培育。鹤壁市着力培育一批科技型中小企业，形成了以飞天生物、永优种业、谊发牧业为代表的专业化发展的优质科技型企业。2023年上半年，全市开展研发活动的规上工业企业接近60%、技术合同成交额同比增长166.2%，295家企业通过国家科技型中小企业评价入库、为上年同期的1.6倍，科技创新综合实力保持在全省前列。二是大力实施科技创新提升突破行动。鹤壁市坚持把科创新城作为创新主要阵地，谋划推进50余个片区的综合开发，先后成立了"5+2"产业园、汽车产业研究院等高能级创新平台。三是不断加大人才引育力度。2023 年以来，鹤壁市持续加强对人才要素禀赋的支持，从实施"兴鹤聚才"计划和"挂职博士"百人计划，到"1+N"人才新政的落实，再到探索推行"企业点单、政府搭桥"的人才引进模式以及加大领军型、技能型、应用型人才引育力度，为全市工业经济高质量发展提供强力人才支撑。

（四）要素服务保障工业经济发展

工业是经济增长的重要支撑，完善的要素服务则为工业经济发展提供了保障。2023 年以来，鹤壁市紧盯重点行业、重点企业、重点项目，扎实抓好周、月、季度经济运行监测分析，全力抓好规上工业企业生产要素保障。具体来讲，首先通过出台《关于支持工业高质量发展的若干意见（2022—2024 年）》《鹤壁市数字经济高质量发展三年行动计划（2022 年—2024 年）》《鹤壁市数字化转型三年行动计划（2022—2024 年）》等政策，支持现代化产业体系的构建，促进工业高质量发展。同时，鹤壁市持续优化营商环境，形成鹤壁营商经验，有力地支撑了全市工业经济的稳步发展。一是持续深化"放管服效"改革，全面推行工业用地"标准地+承诺制"，项目用地保障率位居全省第一。二是供需两端发力着力破解"就业难""用工缺"，经验做法受到国务院通报表扬。三是营商环境评价连续 4 年位居全省第三，企业满意度调查连续 3 年位居全省第一，被评为全省优化营商环境创新示范市。四是完善"五位一体"服务机制，开展优化营商环境监督治理工作。五是纵深推进"万人助万企"活动，企业问题解决率 100%，获评全省"万人助万企"活动优秀集体。

三　鹤壁工业经济发展的对策建议

2023 年以来，鹤壁市工业经济实现了平稳增长，工业经济转型步伐也在逐渐加快，但同时，仍面临行业发展不均衡、企业融资难等问题。2024年，鹤壁市仍然需要坚持目标导向，突出"三个一批"，优化企业生产环境，聚焦数字赋能，持续推进工业经济高质量发展，为鹤壁新时代高质量发展示范城市建设打下坚实基础。

（一）坚持目标导向，逐步完善现代化工业体系

工业经济的平稳发展离不开产业链供应链的稳定畅通，鹤壁市需要进一步明确目标导向，加快构建现代化产业体系。一是聚焦"四优三新"主导产业体系，促进现代化工及功能性新材料、绿色食品、电子电器和镁基新材料等产业生态进一步完善，不断增强发展的接续性和竞争力。二是按照竞争力最强、成长性最好、关联度最高的标准，大力发展煤电化材一体化、食品、汽车及零部件3个战略支撑产业和金属镁精深加工、电子2个新兴先导产业。三是完善"一链一专班一图谱六清单"工作机制，推进十大重点产业链加快高新技术产业引进培育和集群打造，争创国家新型工业化产业示范城市。四是围绕上下游、关键环、中高端强化、全链条培育、全流程服务，促进产业链、供应链、创新链、要素链、制度链深度耦合。

（二）突出"三个一批"，精准推进项目落地建设

工业经济的运行是一个复杂的系统工程，上下游之间的传导链条长、环节多，需要项目建设这一重要载体将各类要素资源整合起来。高质量的项目建设不仅能够引导优质要素资源向工业领域集聚，还能实现供需关系的良性互动，拓展投资空间，优化投资结构。鹤壁市应加快推动一批强基础、增功能、利长远的重大项目建设落地。一是突出主导产业、新兴产业定位，围绕新基建、新技术、新材料、新装备、新产品、新业态等"六新"，瞄准国家战略取向、宏观政策导向、上级资金投向、产业发展方向、市场需求走向，契合实际绘制重点产业链图谱和招商线路图，开展产业招商、以商招商、基金招商等。二是继续坚持和有序推进实效投资和重大项目储备、谋划、申报机制，围绕省、市重点先进制造业项目和新兴产业链重点项目，争取更多项目进入国家、省盘子。三是坚持优势强化项目和短板补链项目一起抓、技改提能项目和抢占风口项目一起抓，深入集中推进各类项目统筹、跟踪、审

验、容缺等举措，专班推进、逐月调度，强化问题解决、要素保障，推动一批重大工业和信息化项目尽快形成产能、早日发挥效应，确保工业投资高于全省平均水平，持续增强投资拉动力。四是常态化开展"金融机构园区行"等活动，引导金融机构与"三个一批""320"等重点项目深入对接，促进资金有针对性、长效投放，根据行业特点制定个性化综合金融服务方案，确保项目真落地、快建设、早达效。

（三）优化企业生产环境，着力稳定工业经济比重

企业作为经济发展的微观主体，其生产经营情况对于工业稳定发展具有重要的影响。鹤壁市需优化企业生产环境，缓解企业经营压力。一是加大对中小微企业的培育力度，扩充升规后备资源。全面摸清全市升规入库目标资源，建立梯度培育库，强化对企业的帮扶支持，创新服务方式，并出台相关激励政策，同时积极落实已经出台的政策，用心用情帮助企业解决发展中遇到的困难，及时为企业排忧解难，确保企业稳定生产经营。二是积极化解企业发展中的突出问题，针对企业发展中资金难、人才难、技术难等问题，着力开展针对性化解工作，助力企业做大做强。三是鼓励企业找准市场定位，加大技改力度。引导企业在产品创新和生产效率提升上下功夫，通过技术革新和产品迭代，不断提高附加值和市场竞争力，实现企业的高质量发展。

（四）聚焦数字赋能，着力提升数字经济水平

随着信息基础设施的加速完善，企业进行数字化转型的动力也在不断增强，鹤壁市应抓住数字经济发展的战略机遇，在推动企业数字化、智能化转型上不断发力。一是加快构建以通信网络为基础、以数据和计算设施为核心、以融合基础设施为突破的新型数字基础设施体系，推进数字经济与营商环境系统集成、双向赋能。二是推动5G网络和产业发展，聚焦光通信、3C智造、智慧城市等优势领域打造一批标杆应用场景，加快壮大数字经济核心产业，推进鹤壁数字经济产业园、龙芯生态产业园建设和城市数字安全大脑服务推广。三是围绕龙头企业建设"工业大脑"，支持企业深度上云，分行

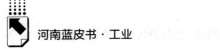

业助力制造业数字化转型，强化数字经济叠加倍增效应。四是把握数据这一集群规模跃升、动力整合产业要素，提质发展现代物流产业，以物流提速大宗商品流通、电商快递、冷链物联，构建"通道+枢纽+网络"的现代物流运行体系，在培育外贸综合服务企业的同时建设电子信息、镁基新材料、现代化工及功能性新材料等外贸转型升级基地，扩大进出口。

参考文献

《"河南这十年"主题系列新闻发布会鹤壁专场答记者问实录》，《鹤壁日报》2022年9月26日。

河南省社会科学院鹤壁分院联合课题组：《凝心聚力拼经济　砥砺奋进谋发展——2023年上半年鹤壁市经济运行形势分析暨全年展望》，《鹤壁日报》2023年7月28日。

《构建"4+1"体系　厚植创新创业沃土》，《鹤壁日报》2023年8月30日。

鹤壁市统计局：《2022年鹤壁市国民经济和社会发展统计公报》，2023年4月4日。

鹤壁市人民政府：《鹤壁市数字经济高质量发展三年行动计划（2022年—2024年）》，2022年9月6日。

Abstract

This book is compiled under the auspices of Henan Academy of Social Sciences, with the theme of "Building a modern Industrial system". It comprehensively analyzes the general situation and outstanding characteristics of Henan's industrial economy in 2023, analyzes the situation facing Henan's industrial development in 2024, and forecasts and prospects the trend of industrial economy operation. The book is divided into five parts: general report, evaluation article, industry articles, special subject articles, and regional articles, focusing on the construction of a modern industrial system, and proposing ideas and countermeasures to speed up the high-quality development of Henan's industry from multiple levels, and consolidating the industrial foundation of the new development pattern.

The general report, written by the research group of the Institute of Digital Economy and Industrial Economy of Henan Academy of Social Sciences, represents the basic views of the book on the operation situation and development trend of Henan industrial economy from 2023 to 2024. According to the report, since 2023, in the face of many adverse factors such as sluggish global economic growth, weakening internal and external demand, and slowing investment, Henan's industrial economy has generally shown the characteristics of "low operation, pressure recovery, industry differentiation, innovation and upgrading". In 2024, Henan's industrial development still faces many uncertainties, but the foundation for the recovery of industrial economy has been continuously consolidated. It is expected that the growth rate of Henan's industrial added value above designated size is expected to be higher than the national average in 2023. In 2024, Henan's industrial development will continue to push forward, and the growth rate of industrial

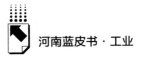
added value above designated size is expected to be higher than the national average. The overall development trend is "stable growth, structural optimization, active innovation, and simultaneous improvement of quantity and quality".

This book also makes an in-depth study of Henan's industrial development situation, providing ideas and suggestions for improving the level of industrial modernization and accelerating the construction of modern industrial system. The evaluation part mainly evaluates the high-quality development of manufacturing industry in 17 provincial cities and Jiyuan demonstration zone in the province. The industry part studies the path to accelerate the construction of modern industrial system, analyzes the development status quo and operation trend of energy conservation and environmental protection industry, advanced computing industry, new consumer industry, future industry, big data industry, etc., and puts forward the construction of countermeasures to improve development. The special subject prat studies the development of new industrialization, innovation of industrial technology, improvement of competitive advantage of industrial clusters, development of county manufacturing industry and green transformation of manufacturing industry. In the regional part, the industrial operation situation of Zhengzhou, Luoyang, Xinxiang and Hebi is deeply studied.

Keywords: Henan Industry; Manufacturing; Modern Industrial System

Contents

I   General Report

B.1   Analysis and Prospect of Industrial Development in Henan
Province From 2023 to 2024

Abstract: Since 2023, in the face of many adverse factors such as sluggish global economic growth, weakening internal and external demand, and slowing investment, Henan's industrial economy has generally shown the characteristics of "low operation, pressure recovery, industry differentiation, innovation and upgrading". In 2024, Henan's industrial development still faces many uncertainties, but the foundation for the recovery of industrial economy has been continuously consolidated. It is expected that the growth rate of Henan's industrial added value above designated size is expected to be higher than the national average in 2023. In 2024, Henan's industrial development will continue to push forward, and the growth rate of industrial added value above designated size is expected to be higher than the national average. The overall development trend is "stable growth, structural optimization, active innovation, and simultaneous improvement of quantity and quality".

Keywords: Henan; Industrial Economy; High-quality Development

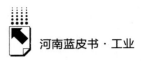
II Evaluation Report

B.2 Evaluation Report on High Quality Development of
Henan Regional Manufacturing Industry

Research Group of the Institute of Digital Economy and Industrial

Economy, Henan Academy of Social Sciences / 017

Abstract: Industrial manufacturing is the foundation of the country, the tool of the country, the foundation of a strong country. With the new round of global industrial revolution and scientific and technological change, China has started a new journey towards a manufacturing power. In the new development stage of industrial restructuring and regional reshaping, promoting the high-quality development of the manufacturing industry is an urgent need to promote the more balanced and full development of Henan's economy, and it is also an inevitable requirement to build a strong province of advanced manufacturing and open a new journey to build a modern Henan. On the basis of continuing the previous research, this evaluation report fine-tunes the evaluation index setting to build the evaluation index system for the high-quality development of Henan regional manufacturing industry. On the basis of collecting the original data related to industrial manufacturing in 18 prefectures and cities in *Henan Statistical Yearbook* (*2022*), the evaluation indicators were processed in a non-dimensional way, including 6 first-level indicators, scale strength, innovation level, efficiency and efficiency, digital transformation, green development and open cooperation, and 24 second-level indicators. A comprehensive display of the latest ranking of Henan regional industrial manufacturing development. Zhengzhou, Luoyang, Xuchang, Xinxiang, Nanyang and Zhoukou rank among the top six in the comprehensive ranking of high-quality development of Henan's manufacturing industry. In terms of scale and strength, Zhengzhou, Luoyang, Xuchang, Xinxiang, Nanyang and Pingdingshan are among the top six cities in the province. In terms of innovation level, Zhengzhou, Luoyang, Nanyang, Xinxiang, Xuchang and Jiaozuo ranked the top six in the province; In terms of benefit and efficiency, Zhoukou, Luohe, Xuchang, Shangqiu, Kaifeng, Zhumadian ranked the top six in the province; In terms of digital transformation, Zhengzhou, Luoyang, Nanyang, Xinxiang, Zhoukou and Xuchang are among the top six cities in the province; In terms of green development, Luohe, Zhengzhou, Zhumadian, Xuchang, Hebi and Xinyang are among the top six in the province; In terms of opening up and cooperation, Jiyuan, Hebi, Sanmenxia, Zhengzhou, Jiaozuo and Luohe are among the top six in the province. In the new development stage, focusing on new industrialization, the provincial cities should actively cultivate new growth points, strengthen innovation-driven development, enhance the ability of cluster chain development, accelerate the pace of digital intelligence transformation, promote green development, promote high-level open coo-peration, and continue to accumulate strength for the high-quality development of regional manufacturing industry.

Keywords: Industrial Economy; Manufacturing; High-quality Development; Henan Province

III　Industry Reports

B.3　Research on the Path of Accelerating Construction of Modern Industrial System in Henan Province

Tong Baochen, Ye Weiping, Ren Jingwen and Shen Xiaopeng / 036

Abstract: Industry is the backbone of economic development and the main driver of future competition. It is necessary to establish a strategic vision, adhere to a systematic concept, strengthen ecological thinking, and promote the coordinated development of traditional, emerging and future industries. Based on Henan Province and facing the world, this study elaborates the basic status quo of industrial upgrading in Henan, explores the bottleneck problems in the industry. This study

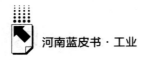

focuses on promoting the layout of future industries, cultivating and growing emerging industries, and improving the quality and upgrading of traditional industries, and puts forward targeted suggestions from the aspects of building a good development ecology and promoting the continuous growth of market players, so as to help Henan build a modern industrial system.

Keywords: Modernization; Industrial Upgrading; Henan Province

B.4 Research on the Development Trend and Promotion Strategy of Energy Conservation and Environmental Protection Industry in Henan Province *Niu Xueyan* / 046

Abstract: As the first strategic emerging industry, energy conservation and environmental protection industry is an important guarantee to promote green and low-carbon development. Developing energy conservation and environmental protection industry helps to achieve carbon peak and carbon neutrality goals, promote sustainable economic development, and build a resource-recycling industry system. During the " 13th Five-Year Plan " period, Henan's energy conservation and environmental protection industry has achieved rapid growth and become a new growth point for the high-quality development of manufacturing industry. The industrial scale is gradually expanding, the advantages in some fields are prominent, the agglomeration effect is initially emerging, the innovation ability is continuously enhanced, and the platform is successively established, showing a good development trend. However, on the whole, Henan's energy conservation and environmental protection industry still faces problems such as small industrial scale, small number of leading enterprises, insufficient innovation drive, imperfect service system, and inadequate implementation of some policies. During the " 14th Five-Year Plan " period, in order to promote the industry development, efforts should be made to promote cluster development, build a high-quality enterprise gradient cultivation system, strengthen technological innovation, lead industrial expansion through digitalization and intelligence and increase policy support. Thus, a modern industrial system with Henan characteristics and comparative advantages can be established to provide strong green impetus for the high-quality development of Henan's manufacturing industry.

Keywords: Energy Conservation and Environmental Protection Industry; Henan Province; Green and Low-carbon; Modern Industrial System

B.5 Development Situation and Promotion Path of Henan

Advanced Computing Industry *Lin Fengxia* / 059

Abstract: In recent years, Henan seized the opportunity of the development of advanced computing industry to preempt the layout, the advanced computing industry has realized the leap-over development from scratch, the industrial chain has been gradually completed, and the cluster advantage has gradually emerged, the industrial ecology is being optimized day by day, and the application scenarios are expanding rapidly. However, compared with the fast-growing demand for computing power, the energy level of Henan's advanced computing industry still needs to be upgraded, the development of high-quality industries is restricted by such factors as insufficient independent innovation ability, incomplete industrial chain and insufficient reserve of computing talents. the bottleneck of high-quality industrial development should be solved by promoting systematic innovation, cluster layout and chain development.

Keywords: Advanced Computing Industry; Computing Power; Henan Province

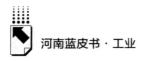

B.6 The Development Trend and Improvement Measures of

Henan's New Consumer Industry   *Liu Xiaoping* / 068

Abstract: Consumption is a key engine driving economic growth. With the continuous iteration and upgrading of consumer demand, new consumer groups continue to grow, and new consumer industries are rapidly developing. Currently, actively cultivating new consumer industries has become the focus of a new round of regional competition. Whoever does a good job in creating new consumer industries can seize the initiative in development. Focusing on Henan, the competitiveness of our province's new consumer industry is becoming increasingly prominent. New consumer brands are accelerating to rise, the new consumer ecology is becoming increasingly perfect, and a national research and learning base for new consumption is being formed. However, compared with provinces such as Hunan, Sichuan, and Shaanxi, there is still a gap in the development of our province's new consumer industry. How to promote the transformation of consumption scale advantages into industrial development advantages and cultivate and strengthen new consumer industries to help Henan change lanes and lead is an urgent problem to be solved.

Keywords: New Consumption; Henan Province; Land Change Leading Strategy

B.7 The Future Industrial Development Situation and

Improvement Path of Henan Province   *Yang Mengjie* / 074

Abstract: Against the backdrop of a new round of technological revolution and industrial transformation sweeping deeply, and an unprecedented frequency of global technological innovation activities, future industries representing the direction of future technology and industry development, which are related to regional core competitiveness, have become a hot field of competitive layout in various regions. The future industry is characterized by cutting-edge technological innovation driven, high-risk long-term periodicity, and huge potential for high growth. Although it has huge strategic value, it needs to undergo long-term incubation. In recent years, Henan has attached great importance to future industries and has continuously issued a series of special development plans, clarifying six major development directions, including quantum information, hydrogen energy and energy storage, brain like intelligence, and future networks, and has achieved certain results. However, it still faces constraints from high-end factors, efficient systems, and industrial ecology. Henan needs to make breakthroughs in enhancing its ability to innovate future industries, highlighting the leadership of top-level design in future industries, strengthening scenario driven exploration and application space, and planning to gather points, form chains, and expand the scale of clusters.

Keywords: Future Industries; Emerging Industry; Henan Province

B.8 Research on Development Situation and Countermeasures of Big Data Industry in Henan Province *Han Shuyu* / 090

Abstract: As an important strategic asset, big data has penetrated into multiple industry fields and departments to varying degrees. In recent years, Henan has vigorously implemented the digital transformation strategy and given certain policy support and guidance to the development of the big data industry, laying a good foundation for the development of the big data industry. However, there are still gaps in the development scale and level of Henan's big data industry, so it is necessary to further improve the development ecology, expand the industrial scale, improve the level of technological innovation, and promote the integration and application of big data to empower Henan's economic and social development.

Keywords: Big Data Industry; Digital; Data Resources; Henan Province

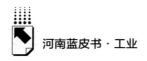

B.9　Research on Strategies and Measures for Promoting the
High-quality Development of the Tea Industry in
Xinyang　　　　　　　　　　　　　　　　*Qiu Jing* / 100

Abstract：The tea industry, as a distinctive, ecological, and livelihood-boosting sector in Xinyang, serves as a shining beacon for the city's image. With increasing attention and support from both national and local authorities, the tea industry in Xinyang has witnessed expanding production scales, growing brand influence, and rapid advancements in tea culture and tourism integration. However, challenges persist, including weak tea enterprise branding, limited capacity for leading enterprises to drive growth, low added value of tea products, and insufficient awareness of the productive potential of tea culture. Drawing upon the experiences and practices of tea industries in other provinces, this paper offers insights and recommendations to promote the high-quality development of Xinyang's tea industry.

Keywords：Tea Industry; High-quality Development; Xinyang City

B.10　Development Trend and Promotion Countermeasures of
Henan Cold Chain Food Industry　　　*Wang Xinzhe* / 110

Abstract：With the improvement of people's living standards and the change of dietary structure, the cold chain food industry is playing an increasingly important role in China's food industry. Cold chain food industry has formed an important part of the modern food industry system in Henan province. Henan cold chain food industry is playing an increasingly important role in stabilizing the economy, absorbing employment, earning foreign exchange through export and contributing to tax revenue. At present, the cold chain food industry in Henan is facing many challenges and problems. It is of great significance to study the development trend of Henan cold chain food industry and improve the countermeasures.

Keywords: Cold Chain Food; Modern Food Industry System; New Consumption

Ⅳ   Special Topic

B.11   Research on the Development Thought and Countermeasure

of New Industrialization in Henan Province

New Industrialization Research Group / 119

Abstract: To promote the practice of Chinese path to modernization in Henan, the most basic and key is to promote new industrialization. At present, Henan takes the high-quality development of manufacturing industry as the main direction, promotes the adjustment and transformation of industrial structure, and has achieved remarkable results in the industrial economy development, showing the development characteristics of "stable", "new", "intelligent", "green" and "excellent", laying a solid foundation for the construction of modern Henan. However, Henan is still in the late stage of mid-industrialization, the level of industrialization is lower than the national average. It is faced with problems such as slow industrial growth, low quality and efficiency, weak innovation drive, and weak enterprise strength. In order to accelerate the industrialization process and build a modern industrial system in Henan, it is necessary to adhere to high-end, intelligent, green, service-oriented and clustered, focus on the "six new breakthroughs", implement the "eight projects", and strive to build an advanced manufacturing province with significant national influence, so as to enhance the core competitiveness, comparative competitiveness and comprehensive competitiveness of modern Henan construction.

Keywords: New Industrialization; Chinese Path to Modernization; Industrial Economy

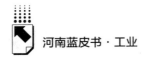
B.12　Research on the Development Status and Countermeasures
of Industrial Technology Innovation in Henan Province

Xu Weihua, Chen Shuze and Cui Jingjing / 135

Abstract："Revealing the list and take charge" is an important mechanism for
Henan Province to further improve the level of industrial technology innovation,
and it is also a powerful driving force to promote the high-quality development of
Henan manufacturing industry. In order to promote the innovation and development
of industrial technology, Henan Province has actively responded to the
implementation of the relevant policies of the national "unveiling the list", but
problems such as the list core technology is not focused enough, the acceptance
mechanism is not perfect, the government support power is low, and the
achievement promotion is not obvious. Based on this, this paper puts forward
countermeasures and suggestions such as strengthening the demonstration of the
demand for solicitation, reasonably setting the threshold for unveiling the list,
continuously improving the design of management system, increasing government
support, improving the results promotion system, and strengthening policy
propaganda and guidance, so as to promote the rapid development of industrial
technology innovation in Henan Province.

Keywords：Industrial Technology Innovation；Revealing the List and Take
Charge；Henan Province

B.13　Study on the Goal and Thought of Constructing Modern
Industrial System in Henan Province　　　　*Song Ge* / 149

Abstract：The report of the Party's 20th National Congress proposed to
build a modern industrial system. At present, the construction of Henan's modern
industrial system should be accelerated in accordance with the essential requirements
of China's modernization, with the goal of higher form, more complex division

of labor, more reasonable structure, greener chain and more employment. The focus is on shaping new landmarks of advantageous industries, promoting new breakthroughs in industrial strength, carrying out new breakthroughs in technology and equipment, cultivating new models of integration of data and reality, expanding new paths of industrial integration, and creating new geese array of enterprise subjects, and focusing on promoting the creation of new platforms, the upgrading of new technologies, the development of new products, the incubation of new brands, and the upgrading of new carriers.

Keywords: Modern Industrial System; Substantial Economy; Manufacturing

B.14   Research on the Integration of Henan Industry into the

High-quality Development of the Yellow River Basin

Yuan Bo / 159

Abstract: Henan is a big economic province, with GDP ranking the fifth among provincial administrative regions all the year round. Meanwhile, Henan is a big industrial province, with industrial added value ranking the forefront of provincial administrative regions. In recent years, the ecological protection and high-quality development of the Yellow River basin have been elevated to the national level. Henan Province is located in the middle and lower reaches of the Yellow River. Its total GDP and industrial added value both rank second among the provinces that pass through the Yellow River. Henan is a major economic and industrial province in the Yellow River Basin, responsible for promoting high-quality development in the Yellow River Basin. Henan's industry should integrate into the industrial development of the Yellow River Basin as soon as possible, ultimately promoting the overall high-quality development of the Yellow River Basin.

Keywords: Yellow River Basin; Digital Transformation; Henan Province

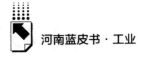
B.15 Research on the Promotion Strategy of Hydrogen Fuel
Cell Vehicle in Zhengzhou City Cluster

Zhao Xisan , Liu Xiaoping / 166

Abstract: Vigorously developing hydrogen energy industry has become a
strategic choice to achieve the carbon peak and carbon neutrality goals, ensure the
security of national energy supply and promote sustainable development. Since the
demonstration application of hydrogen fuel cell vehicles in Zhengzhou City Cluster
in 2021 was successfully approved, the development of Henan fuel cell vehicle
industry ushered in a window period. After a year and a half of demonstration
application, the industrial chain layout of hydrogen fuel cell vehicles in Zhengzhou
City cluster has been basically formed, the core technology has achieved
breakthroughs, the demonstration application effect of leading cities has been
prominent, the hydrogen energy multiple supply system has been gradually
established, and the policy system has been gradually improved. In the devel-
opment of the hydrogen fuel cell vehicle industry, there are also a series of
obstacles such as the homogenization of the industrial chain, the slow promotion
of demonstration applications, the lagging construction of hydrogen refueling
stations, and the insufficient capacity of local technological innovation. In the next
step, to improve the demonstration application effect of hydrogen fuel cell vehicles
in Zhengzhou City cluster, it is still necessary to strengthen the strategic
coordination at the provincial level, promote the "one group one corridor"
linkage dislocation development, improve hydrogen energy infrastructure, adjust
and optimize demonstration models and other fields.

Keywords: Hydrogen Energy; Hydrogen Fuel Cell Vehicle; Zhengzhou
City Group

Contents ↖↘

B.16 Research on Enhancing the Competitive Advantage of

Henan Industrial Clusters *Zhai Haiwen* / 175

Abstract: With the innovation of science technology and the transformation of industries, industrial clusters have become an important approaches to promote industrial development and enhance regional competitiveness. Countries around the world have made cultivating world-class clusters and enhancing the competitive advantage of industrial clusters as a key develop strategy. In recent years, Henan has paid great attention to the cultivation of industrial clusters, continuously improving their energy levels, upgrading their carriers, enriching their types, and optimizing their ecology, thereby enhancing the competitive advantage of Henan's industrial clusters. However, there are still problems such as incomplete industrial cluster planning, small number of clusters, low overall development level, and weak independent innovation ability. Based on the development foundation and reality of Henan, the next step is to strengthen the ability to extend the industrial chain, enhance scientific and technological innovation capabilities, accelerate the gathering of high-end factors, and seize precise investment opportunities to build the core competitiveness of Henan's industrial cluster and promote the construction of Henan's modern industrial system.

Keywords: Industrial Cluster; Modern Industrial Systerm; Henan Province

B.17 Research on the High Quality Development Strategy of

Henan County Manufacturing Industry *Sun Qiuyu* / 188

Abstract: The county manufacturing industry is an important part of Henan's industrial development, and it is also the bearer of industrial agglomeration area. All counties in Henan seize opportunities, actively cultivate characteristic leading industries, accelerate the realization of innovation-driven development, and improve the competitiveness of the county manufacturing industry. In recent years, the county manufacturing industry in Henan has developed well as a whole, and the transformation and upgrading of some county manufacturing industries has achieved remarkable results, but the county manufacturing industry in Henan has gradually highlighted certain problems in the face of new complex situations and high-quality development requirements. By analyzing the overall effect of the development of Henan county manufacturing industry, this paper aims to explore the specific countermeasures for the high-quality development of Henan county manufacturing industry, focusing on the balanced development of counties, industrial transformation and upgrading, supply of high-end factors, scientific and technological innovation, and optimization of the development environment.

Keywords: County Manufacturing; High-quality Development; Characteristic Leading Industry; Industrial Transformation and Upgrading

B.18 Study on the Development Countermeasure of Green Transformation of Henan Manufacturing Industry

Shang Sining / 200

Abstract: Green transformation is an important driving force for the high-quality development of manufacturing industry. In the face of the carbon peak and carbon neutrality visions and the "new industrialization" goal, in order to achieve a win-win situation of regional economic competitiveness and environmental benefits, Henan's manufacturing industry needs to make positive progress on the road of green development during the "14th Five-Year Plan" period. This paper reviews and discusses the achievements and difficulties of the current green transformation development of Henan manufacturing industry. Finally, focusing on policy incentives, environmental supervision, green development funds, technological innovation application, talent echelon construction, green open cooperation and other aspects, explore the green empowerment path suitable for local manufacturing industry, and help Henan green manufacturing to leap to a new level.

Keywords: Manufacturing; Green Transformation; Henan Province

V Regional Reports

B.19 Study on the Development of Industrial Economy in
Zhengzhou

Wu Zhongyang, Chen Jinfen, Ma Jipei, Ma Danfeng

and Jiang Lingling / 211

Abstract: 2023 is a crucial year for the implementation of the 14th Five Year Plan, and a tough year for Zhengzhou to accelerate the construction of a national advanced manufacturing highland. Since 2023, Zhengzhou has thoroughly implemented the spirit of general secretary Xi Jinping's important speeches and instructions on Henan and Zhengzhou. With the overall goal of "being a good national team, enhancing internationalization, and leading the construction of modern Henan", Zhengzhou strengthens the guidance of "three standards", focuses on the main direction of high-quality development of manufacturing industry, vigorously implements the strategy of "changing lanes to lead", deeply promotes the work of "chain leader system", and fully improve the level of advanced industrial foundation and modernization of the industrial chain, taking solid steps towards the construction of a national advanced manufacturing highland.

Keywords: Industrial Economy; Enterprise Services; High-quality Development

B.20 Operation of Luoyang Industrial Economy in 2023

Wei Bin, Hao Shuang / 221

Abstract: Luoyang is an important city in central China and an important industrial city in the Midwest of China. Since 2023, Luoyang has thoroughly studied the spirit of general secretary Xi Jinping's important speeches and instructions on Henan, fully implemented the new development concept, focused on "building a strong deputy center, forming a growth pole, and reviving the glory of Luoyang", and made every effort to promote the stable and healthy operation of the economy. At present, Luoyang's industrial economy maintains good resilience, gives priority to determining 5 advanced manufacturing clusters and 17 industrial chains, actively enhances enterprise competitiveness and industrial leadership, accelerates the construction of a modern industrial system, and strives to create a new situation in the construction of modern Luoyang.

Keywords: Industrial Economy; Industrial Chain; Modern Luoyang

B.21 Analysis and Prospect of Xinxiang Industrial Economy

Operation　　　　*Han Ying, Niu Mingjie and Guo Yingchao* / 233

Abstract: Since 2023, focusing on the major strategic deployment of the 20th National Congress of the Communist Party of China on the manufacturing industry and the goal of building a national advanced manufacturing base, Xinxiang adheres to prioritizing stability while pursuing progress. At present, the industrial scale of Xinxiang is gradually expanding, high-tech industry is growing rapidly, key industries are rebounding steadily, and the industrial economy is showing a positive trend. However, on the whole, Xinxiang is still under pressure to move forward, such as insufficient production capacity of industrial enterprises, sustained sluggish industrial investment, and insufficient boost in demand momentum. In the future, in order to further consolidate the momentum of industrial recovery, Xinxiang strives to improve the resilience and security level of the industrial chain and supply chain, implement cluster cultivation actions, increase innovation efforts, cultivate high-quality enterprises, and promote the deep integration of the digital economy and the real economy through digitalization and intelligent empowerment, promote the high-quality development of the industrial economy.

Keywords: Industrial Economy; Resilience; High-quality Development; Xinxiang City

B.22 Analysis and Prospect of Industrial Economy in Hebi

Hou Shuxian, Qin Fuguang and Ma Xiaoyu / 244

Abstract: Since 2023, facing a complex and ever-changing domestic and international environment, Hebi has deeply implemented the spirit of general secretary Xi Jinping's important speeches and instructions on Henan, practiced the mission and task assigned by the Provincial Party Committee and Government to accelerate the construction of a high-quality development demonstration city in the new era. Hebi actively implements various policy measures such as stabilizing growth, promoting reform, adjusting structure, and "six stability and six guarantees", and synergistically promotes the upgrading of advantageous industries, vigorously develops emerging industries, and accelerates the layout of future industries. The city's industrial economy maintains recovery growth, key industries run smoothly, and new growth points continue to emerge.

Keywords: Industrial Economy; High-quality Development; Hebi City

皮 书

智库成果出版与传播平台

✤ 皮书定义 ✤

皮书是对中国与世界发展状况和热点问题进行年度监测，以专业的角度、专家的视野和实证研究方法，针对某一领域或区域现状与发展态势展开分析和预测，具备前沿性、原创性、实证性、连续性、时效性等特点的公开出版物，由一系列权威研究报告组成。

✤ 皮书作者 ✤

皮书系列报告作者以国内外一流研究机构、知名高校等重点智库的研究人员为主，多为相关领域一流专家学者，他们的观点代表了当下学界对中国与世界的现实和未来最高水平的解读与分析。

✤ 皮书荣誉 ✤

皮书作为中国社会科学院基础理论研究与应用对策研究融合发展的代表性成果，不仅是哲学社会科学工作者服务中国特色社会主义现代化建设的重要成果，更是助力中国特色新型智库建设、构建中国特色哲学社会科学"三大体系"的重要平台。皮书系列先后被列入"十二五""十三五""十四五"时期国家重点出版物出版专项规划项目；自 2013 年起，重点皮书被列入中国社会科学院国家哲学社会科学创新工程项目。

皮书网

（网址：www.pishu.cn）

发布皮书研创资讯，传播皮书精彩内容
引领皮书出版潮流，打造皮书服务平台

栏目设置

◆ **关于皮书**
何谓皮书、皮书分类、皮书大事记、
皮书荣誉、皮书出版第一人、皮书编辑部

◆ **最新资讯**
通知公告、新闻动态、媒体聚焦、
网站专题、视频直播、下载专区

◆ **皮书研创**
皮书规范、皮书出版、
皮书研究、研创团队

◆ **皮书评奖评价**
指标体系、皮书评价、皮书评奖

所获荣誉

◆ 2008年、2011年、2014年，皮书网均
在全国新闻出版业网站荣誉评选中获得
"最具商业价值网站"称号；
◆ 2012年，获得"出版业网站百强"称号。

网库合一

2014年，皮书网与皮书数据库端口合
一，实现资源共享，搭建智库成果融合创
新平台。

皮书网

"皮书说"
微信公众号

权威报告·连续出版·独家资源

皮书数据库
ANNUAL REPORT(YEARBOOK)
DATABASE

分析解读当下中国发展变迁的高端智库平台

所获荣誉

- 2022年，入选技术赋能"新闻+"推荐案例
- 2020年，入选全国新闻出版深度融合发展创新案例
- 2019年，入选国家新闻出版署数字出版精品遴选推荐计划
- 2016年，入选"十三五"国家重点电子出版物出版规划骨干工程
- 2013年，荣获"中国出版政府奖·网络出版物奖"提名奖

皮书数据库

"社科数托邦"
微信公众号

成为用户

登录网址www.pishu.com.cn访问皮书数据库网站或下载皮书数据库APP，通过手机号码验证或邮箱验证即可成为皮书数据库用户。

用户福利

- 已注册用户购书后可免费获赠100元皮书数据库充值卡。刮开充值卡涂层获取充值密码，登录并进入"会员中心"—"在线充值"—"充值卡充值"，充值成功即可购买和查看数据库内容。
- 用户福利最终解释权归社会科学文献出版社所有。

社会科学文献出版社 皮书系列
SOCIAL SCIENCES ACADEMIC PRESS (CHINA)
卡号：154651125314
密码：

数据库服务热线：010-59367265
数据库服务QQ：2475522410
数据库服务邮箱：database@ssap.cn
图书销售热线：010-59367070/7028
图书服务QQ：1265056568
图书服务邮箱：duzhe@ssap.cn

S 基本子库
SUB DATABASE

中国社会发展数据库（下设 12 个专题子库）

紧扣人口、政治、外交、法律、教育、医疗卫生、资源环境等 12 个社会发展领域的前沿和热点，全面整合专业著作、智库报告、学术资讯、调研数据等类型资源，帮助用户追踪中国社会发展动态、研究社会发展战略与政策、了解社会热点问题、分析社会发展趋势。

中国经济发展数据库（下设 12 专题子库）

内容涵盖宏观经济、产业经济、工业经济、农业经济、财政金融、房地产经济、城市经济、商业贸易等 12 个重点经济领域，为把握经济运行态势、洞察经济发展规律、研判经济发展趋势、进行经济调控决策提供参考和依据。

中国行业发展数据库（下设 17 个专题子库）

以中国国民经济行业分类为依据，覆盖金融业、旅游业、交通运输业、能源矿产业、制造业等 100 多个行业，跟踪分析国民经济相关行业市场运行状况和政策导向，汇集行业发展前沿资讯，为投资、从业及各种经济决策提供理论支撑和实践指导。

中国区域发展数据库（下设 4 个专题子库）

对中国特定区域内的经济、社会、文化等领域现状与发展情况进行深度分析和预测，涉及省级行政区、城市群、城市、农村等不同维度，研究层级至县及县以下行政区，为学者研究地方经济社会宏观态势、经验模式、发展案例提供支撑，为地方政府决策提供参考。

中国文化传媒数据库（下设 18 个专题子库）

内容覆盖文化产业、新闻传播、电影娱乐、文学艺术、群众文化、图书情报等 18 个重点研究领域，聚焦文化传媒领域发展前沿、热点话题、行业实践，服务用户的教学科研、文化投资、企业规划等需要。

世界经济与国际关系数据库（下设 6 个专题子库）

整合世界经济、国际政治、世界文化与科技、全球性问题、国际组织与国际法、区域研究 6 大领域研究成果，对世界经济形势、国际形势进行连续性深度分析，对年度热点问题进行专题解读，为研判全球发展趋势提供事实和数据支持。

法律声明

"皮书系列"（含蓝皮书、绿皮书、黄皮书）之品牌由社会科学文献出版社最早使用并持续至今，现已被中国图书行业所熟知。"皮书系列"的相关商标已在国家商标管理部门商标局注册，包括但不限于 LOGO（▣）、皮书、Pishu、经济蓝皮书、社会蓝皮书等。"皮书系列"图书的注册商标专用权及封面设计、版式设计的著作权均为社会科学文献出版社所有。未经社会科学文献出版社书面授权许可，任何使用与"皮书系列"图书注册商标、封面设计、版式设计相同或者近似的文字、图形或其组合的行为均系侵权行为。

经作者授权，本书的专有出版权及信息网络传播权等为社会科学文献出版社享有。未经社会科学文献出版社书面授权许可，任何就本书内容的复制、发行或以数字形式进行网络传播的行为均系侵权行为。

社会科学文献出版社将通过法律途径追究上述侵权行为的法律责任，维护自身合法权益。

欢迎社会各界人士对侵犯社会科学文献出版社上述权利的侵权行为进行举报。电话：010-59367121，电子邮箱：fawubu@ssap.cn。

社会科学文献出版社